介護・福祉の支援人材養成開発論

尊厳・自律・リーダーシップの原則

第2版

福山和女・田中千枝子［責任編集］

(公社)日本医療ソーシャルワーカー協会［監修］

勁草書房

発刊によせて

公益社団法人日本医療ソーシャルワーカー協会

会長　野口　百香

　この度、『介護・福祉の支援人材養成開発論　第2版』を刊行する運びとなりました。初版から9年が経過し、少子高齢化・人口減少社会の進展に伴い労働人口は減少し、介護・福祉領域においても人材の確保及びその育成は、多くの現場が抱える喫緊の課題となっています。

　国は、「いつでも、どこでも、だれでも」希望する働き方で働ける「働き方改革」を進めており、多様な価値観、職業観を持つことが大前提とされる中で、介護・福祉の支援人材としてその人材開発の方向性を示すことは、決して容易なことではありません。

　そこで、前版において編集責任者を担当頂きました福山和女先生、田中千枝子先生に再度、ご依頼申し上げ、初版の構成はそのままに社会資源としての人材を①実習生とボランティア、②新人スタッフ、③新任やベテランスタッフに分けて課題を分析し、人材開発に関する諸概念について整理を行い、人材開発体制を稼働させるための方法について改めて概説して頂きました。

　今日、現場で求められている人材は、多様化・複雑化した個人や世帯の課題を適切に把握し、現状のサービスでは解決できていない問題や潜在的なニーズに対応するために多職種・多機関と連携や交渉を行い、支援をコーディネートしながら課題を解決できるだけでなく、課題の解決に向けて地域に必要な社会資源を開発できる実践能力を有する人材であるとされています。その目標を見据える時、人材の開発は、される側だけでなくする側にとっても責任の重いプレッシャーのかかる仕事です。

　公益社団法人日本医療ソーシャルワーカー協会では、本書を保健・医療分野のソーシャルワーカーのための実習指導者養成認定研修やその他の人材開発の研修でテキストとして使用しています。専門職を目指す学生にとっても、悩みを抱えている新人にとっても、孤独を感じながら迷いながら後輩の指導に当たっているベテランにとっても、新たな気づきを得てきっと視界が開けることと思います。多くの介護・福祉現場で大いに活用して頂きたいと願っています。

目　次

発刊によせて ……………………………………………………………………………………… i

序　章　人材開発概論——人材開発の諸課題を考察する ……………………… 1

第1節　背景と目的　1

第2節　社会資源である人材に関する現状と課題　2

　　(1)　実習生やボランティアの指導上の問題事象／(2)　新人に見る指導上の問題事象／(3)　新任やベテランスタッフに見る指導上の問題事象

第3節　人材開発体制について　4

　　(1)　人材開発の主体について／(2)　人材開発体制の枠組み設定

第4節　人材開発体制に関する諸課題の整理　7

　　(1)　実習生・ボランティア（同化体験・活用レベル）の課題と分析／(2)　新人スタッフ（同化・活用レベル＋分化体験・養成レベル）にみる課題と分析／(3)　新任やベテランスタッフ（同化・活用レベル＋分化・養成レベル＋統合体験・育成レベル）にみる課題と分析

第5節　人材開発に関する主要概念とその影響　9

　　(1)　人材の尊厳／(2)　リーダーシップ／(3)　業務満足・自律性・生産性／(4)　コミュニケーション・メディエーション（調整・媒介）

第6節　人材開発の2つの側面　13

　　(1)　FKグリッドの概念枠組み／(2)　人材開発の専門性の側面／(3)　運営管理の側面

第7節　人材開発の主要機能とその方法　17

　　(1)　業務のマネジメント／(2)　業務のプランニング／(3)　専門職の発達

第1部　実習生のための人材養成・開発

第1章　実習指導体制における実習マネジメント・システム ……………… 27

第1節　実習マネジメント・システムの現状と課題　27

　　(1)　実習事業を展開する上での課題／(2)　ミクロ・メゾ・マクロの各システムにみる課題

第2節　実習マネジメント・システムの定義　30

　　(1)　実習体制の構造的理解／(2)　実習マネジメント・システムと組織論

目 次

第3節 リスクマネジメント　34

(1) 実習体制におけるリスクマネジメントの捉え方／(2) リスクマネジメントの実際

第4節 マネジメント環境の整備　39

(1) 人／(2) もの／(3) かね

第5節 実習マネジメント・システムの実際　42

(1) 実習生の取り組み／(2) 実習機関の取り組み／(3) 実習マネジメントシステムを稼働させるための企画書・計画書の作成

第2章　実習プログラミング 51

第1節 実習プログラミング・システムの概説　51

(1) 学習理論／(2) 実習プログラミング・システムと人材開発体制／(3) 実習プログラミングの2つの側面

第2節 実習プログラミング・システムの実際　59

(1) 専門職養成制度と実習プログラム／(2) 実習生が行う実習プログラミング／(3) 実習指導計画のプログラミング

第3章　実習生のためのスーパービジョン 73

第1節 実習スーパービジョン・システム　73

(1) 実習スーパービジョン・システムの概説／(2) 実習スーパービジョン・システムの構造

第2節 実習生のためのスーパービジョンの機能　76

(1) スーパービジョンの機能と留意点／(2) 実習生に対する3機能の発揮（実習バイザー会議を中心に）

第3節 実習スーパービジョン・システムの展開と形態　79

(1) 実践の振り返りと省察／(2) 多職種連携とコンサルテーション／(3) スーパービジョンの形態

第4節 FK グリッドを使ったスーパービジョン　84

(1) FK グリッドと実習スーパービジョン／(2) FK グリッドを使ったスーパービジョンの実際

第4章　実習生のための評価システム 91

第1節 実習指導事業における「評価」とその必要性　91

第2節 実習における評価システムの枠組み　92

(1) 実習生に対するアウトカム評価／(2) 実習生と指導者の相互交流による同化体験のプロセス評価／(3) 実習指導体制に対する多面的ストラククチャー評価と波及効果

第3節　実習生のための評価システム整備や利用の実際　94

第2部　新人のための人材開発

第1章　新人のための人材開発マネジメント・システム　99

第1節　人材開発マネジメント・システムの現状と課題　99

　（1）　人材開発業務を展開する上での課題／（2）　ミクロ・メゾ・マクロの各システムにみる課題

第2節　新人に対する人材開発マネジメント・システムの定義　102

　（1）　新人に対するマネジメント・システムの構造的理解／（2）　組織上の位置づけ

第3節　リスクマネジメント　106

　（1）　新人養成におけるリスクマネジメントの捉え方／（2）　新人によるリスクマネジメントの実際

第4節　マネジメント環境の整備　110

　（1）　人／（2）　もの／（3）　かね

第2章　新人のためのプログラミング・システム　117

第1節　新人養成プログラミング・システムの概説　117

　（1）　業務としての取り組み／（2）　新人養成プログラミング・システムと人材開発体制／（3）　新人養成プログラミングの2つの側面

第2節　新人養成プログラミング・システムの実際　123

　（1）　新人の面接技術習得のためのプログラミング／（2）　面接技術指導計画書／（3）　面接技術の指導上、留意すべきこと／（4）　評価

第3章　新人のためのスーパービジョン　131

第1節　新人のためのスーパービジョン・システム　131

　（1）　新人のためのスーパービジョン・システムの概説／（2）　新人のためのスーパービジョン・システムの構造

第2節　新人のためのスーパービジョンの機能　133

　（1）　スーパービジョンの機能と留意点／（2）　新人に対する3つの役割の発揮

第3節　スーパービジョン・システムの展開と形態　137

　（1）　スーパービジョンの内容と展開／（2）　多職種連携とコンサルテーション／（3）　スーパービジョンの形態／（4）　実践の振り返りと省察（リフレクション）

第4節　FKグリッドを使ったスーパービジョン　142

　（1）　FKグリッドを使った新人のためのスーパービジョンの実際

目　次

第4章　新人のための評価システム ………………………………………147

第1節　新人養成事業における「評価」とその必要性　147

第2節　新人養成における評価システムの枠組み　148

　（1）　同化体験でのつまずき／（2）　同化と分化とのバランスの崩れ

第3節　新人のための評価システム整備の実際　150

第3部　新任・ベテランスタッフのための
人材養成・開発

第1章　新任・ベテランスタッフのための人材開発マネジメント・システム

…………………………………………………………………………………155

第1節　マネジメント・システムの現状と課題　155

　（1）　人材開発業務を展開する上での課題／（2）　ミクロ・メゾ・マクロの各システムにみる課題

第2節　新任・ベテランスタッフのための人材開発マネジメント・システムの
　　　　定義　159

　（1）　新任・ベテランスタッフに対するマネジメント・システムの構造的理解／
　（2）　組織上の位置づけ

第3節　リスクマネジメント　163

　（1）　新任・ベテランスタッフのリスクマネジメントの捉え方／（2）　新任・ベテランスタッフによるリスクマネジメントの実際

第4節　マネジメント環境の整備　166

　（1）　人／（2）　もの／（3）　かね

第2章　新任・ベテランスタッフのためのプログラミング・システム ………175

第1節　新任・ベテランスタッフ育成プログラミング・システム概説　175

　（1）　学習理論／（2）　新任・ベテランスタッフ育成プログラミング・システムと人材開発

第2節　専門職を取り巻くシステム　179

　（1）　医療・保健・福祉システムと新任・ベテランスタッフの育成プログラミング／
　（2）　FKグリッドの構造と新任・ベテランスタッフ育成のプログラム／（3）　業務としての新任・ベテランスタッフ育成プログラミング

第3節　新任・ベテランスタッフ育成プログラミング・システムの実際　183

　（1）　新任・ベテランスタッフ育成のためのケースマネジメント指導

第3章　新任およびベテランスタッフのためのスーパービジョン …………189

第1節　新任およびベテランスタッフのためのスーパービジョン・システム　189

（1）　新任およびベテランスタッフのためのスーパービジョン・システムの概説／
（2）　新任およびベテランスタッフのためのスーパービジョン・システムの構造

第2節　新任およびベテランスタッフのためのスーパービジョンの機能　192

（1）　スーパービジョンの機能／（2）　新任およびベテランスタッフが果たしうる4
つの役割

第3節　スーパービジョン・システムの展開と形態　195

（1）　実践の振り返りと省察（リフレクション）／（2）　多職種連携とコンサルテー
ション／（3）　スーパービジョンの形態

第4節　FK グリッドを使ったスーパービジョン　198

（1）　FK グリッドを使った新任およびベテランスタッフのためのスーパービジョン／
（2）　FK グリッドを使ったスーパービジョンの実際

第4章　新任・ベテランスタッフのための評価システム …………203

第1節　新任・ベテランスタッフ育成事業における「評価」とその必要性　203

第2節　新任・ベテランスタッフ育成における評価システムの枠組み　204

第3節　新任・ベテランスタッフのための評価システム整備の実際　205

おわりに——日本医療ソーシャルワーカー協会の歩みに寄せて …………209

事項索引　211

人名索引　213

執筆者一覧　214

序　章　人材開発概論
——人材開発の諸課題を考察する

第1節　背景と目的

　保健・医療・福祉・教育の領域においては医療保険や介護保険、社会福祉の保障などの諸制度・諸施策の創設・改正が繰り返され、多種多様の機関・施設が出現し、その後いろいろな発展過程を辿ってきました。これらの機関・施設では、専門職資格制度、研修体制を整備し、それぞれの職場でのニーズに対応させた常勤・非常勤の多様な雇用形態を織り交ぜ、従事する人材を育成・養成・活用してきたといえます。

　現在、人口動態の決定的な変化が実数として現れ、その影響は機関・施設が深刻な人材不足に直面することになり、人材確保の策を講じることが喫緊の課題となりました。その確保の手段や方法を模索する段階ではなく、実行に移さなければ、機関・施設が成り立たなくなってきた状況であります。

　また、その一方で従事する人材の定着に関する課題にも遭遇しています。いわゆるドーナツ型現象（中間層のスタッフ不在）や離職増などの事象が生じ、人材という社会資源の内容や質に深刻な亀裂が生じてきたのです。保健・医療・福祉的ニーズの激増、新規サービスの開発、サービス提供者である専門職の質・量の確保および研修など、現実に直面せずには通り過ぎることのできない課題が山積しています。これらの課題に前向きに取り組む必要があり、その意味では、人材開発としての総体的な成果についての精査が求められていると考えます。

　人材開発について、現代社会における人材という社会資源のマクロ的な巨大立体の構想であると概念規定すれば、その立体が直面している諸課題を考察することが、あまりにも巨大すぎて、ほぼ不可能なまでの作業であることは十分に理解できます。しかし、現状を目前にしたとき、将来の見通しへの多くの疑問や課題にいかに迅速に対応するか、真摯に向き合うこと、それがいま私たちにできる喫緊の取り組みであることも自覚すべきもう1つの事実なのです。

　そこで、本章では、施設・機関の人材、すなわち管理者からスタッフ、そして実習生やボランティア、すべてに焦点を当て、人材開発体制における現場での具体的な現象を取り上げ、その現実的な取り組みの対策について考察することを目指したいと思います。

　本章では、人材・スタッフという言葉を、実習生・ボランティアからベテランスタッフまでを含むものとして使用します。

　本章の構成は、以下のとおりです。まず、社会資源としての人材に関する現状での問題を列

序　章　人材開発概論

挙し、その解決策として、人材開発体制の枠組みを設定し、人材の概念整理を行います。次に、人材開発体制に関する諸課題の内容を、人材別に分析します。①実習生とボランティア（同化体験・活用レベルと３機能）にみる課題と分析、②新人スタッフ（同化体験・活用レベルから分化体験・養成レベルおよび３機能）にみる課題と分析、③新任やベテランスタッフ（同化体験・活用レベル、分化体験・養成レベルを経て統合体験・育成レベルと３機能）にみる課題と分析について述べます。

　また、人材開発に関する諸概念とその影響、すなわち、人材の尊厳、リーダーシップ、業務満足度・自律性・生産性、コミュニケーション・メディエーション（調整・媒介）について整理します。その後、人材開発の２つの側面について、専門性と運営管理とに分けて、詳細に検討します。そして、最後に、人材開発体制を稼働させるための主要機能とその方法について、業務のマネジメント、業務のプランニング、スーパービジョン関係に分けて概説します。

第２節　社会資源である人材に関する現状と課題

（1）　実習生やボランティアの指導上での問題事象

　実習生やボランティアに関して、現状ではどのような問題事象が生じているのでしょうか。実習生に関する諸事象を取り上げましょう。

　［例1］
　　実習生の参加姿勢が非常に受け身で、消極的であり、教員や実習指導者・スタッフらの言葉かけを待っていることが多く、朝の挨拶さえも自分からできない、ほとんど質問をしてこないなど、いわゆる社会性の無さが目立つこと。

　［例2］
　　実習生は自己中心的な振る舞いをすることが多く、少しでも難しい場面や課題に直面すると、また指導者から質問を受けると、自分に非があったとして「すぐに拒否姿勢」をとり、「すみません」「不安です」を連発し、その反面、声を掛けられることを待っていて、受け身的な対応が多く、興味を抱いているのかどうかが見えない。実習生自身の目標については、容易に取りさげ、新しい目標設定をするので、常に中途半端な成果となり、達成までの道のりを十分に歩むことができていないことが挙げられます。

次に、教員や実習指導者側に関する問題の諸事象を取り上げましょう。

[例3]

　実習生の遅刻や無断欠席などは、実習生自身が個人的に責任を取ればよいと考えていることから、叱責することや罰則を与えることに躊躇すること。そしてこの出来事に対して、実習生や教員、指導者の個人的な課題として捉え、実習指導体制の課題であるとの認識があまりなく、教員や指導者は指導法のまずさに結び付け、学生対応よりも、自己反省することに留まっていること。

[例4]

　実習指導は、実習指導者や教員に任されているというよりも、両領域の協働体制で遂行されることであり、両者の責任や機能の明確化が必要ですが、つい、指導効果が上がらないことを実習生の質の悪さによるものとして実習生を批判の対象にすることや両者間で一方的な相手に対する批判に終始することが多いと思われます。

　これらの問題事象は、実習生を「専門職の卵である」と捉えていることから発生しているのでしょうか。特に国家資格受験要件のための実習体験であることから、実習指導自体も、成果をだすのは当然であると考えられているのかもしれません。実習指導体制が整備された現在においても教育現場や実践現場では実習指導上の課題が山積しているといえます。

　ボランティアの場合、ボランティアとは現場に必要な専門的知識をもっていない人のことであるとの認識が多く、何かしてあげたい、援助してあげたいとの思いが強く、積極的に現場に出向いていくので、難しい局面やボランティアとしての責任を求められると、また被援助者から批判を受けると、すぐにボランティアをやめたい、別に無理してまで続けたいと思わないという人々が増えてきたと聞きます。その意味では、継続的な活動よりも単発的、短期的活動を選ぶ傾向があるとのことです。

　要するに、実習生もボランティアも、自分たちがもつ知識や技術に不足があり、プロフェッションとして振る舞うには程遠い状況にいるのかもしれません。

（2）　新人に見る指導上の問題事象

　新人という人材に関して、どのような問題事象が生じているのでしょうか。よく、職場で、新人であることが仕事のできないことの口実になっていることもあります。その例をあげましょう。

[例5]

　入職して上司に挨拶をした際に、「あなたは即戦力となってほしい」「あなたには大いに期待している」との上司からの言葉かけに、失望する人々がいると聞きます。上司とは面識がそれほどないのに、上司からの期待を掛けられるということが失望を抱かせることになってしまうとのことです。自分に対する期待がそんなに軽いものなのか、まだ、自分の力をみせたわけでもないのに、がっ

序　章　人材開発概論

かりしてしまい、こんなところでは働けないと考えてしまうとのこと。

　要するに、新人をすでに成熟した専門職であると理解して、相当のプレッシャーを新人にかけてしまう結果となり、結局はその新人が職場から離れていくことになるということかもしれません。

（3）　新任やベテランスタッフに見る指導上の問題事象

　新任やベテランスタッフという人材に関して、どのような問題事象が生じているのでしょうか。よく最近、耳にするのは、ベテランスタッフであるにもかかわらず、当該職場では新任であることから、責任を重視されるような立場にはあまり立ちたくないとのことです。このスタッフは現場での十分な経験があることは確かなのですが、だからと言って、「あなたには、リーダーシップを取ってもらいたい。」、「主任として部下を育ててほしい」との責任を課せられると、報酬との関係や労働条件から考えても、その任務が自分にとって重要であるとの実感がわかない。その意味では、スタッフが自己の存在に自信を持てないという、コンピテンスの弱化事象が見られるということです。

　役割や責任をあいまいにしたままで、業務への貢献を期待されても、それに応えられることへの自信の無さや、業務量の多さと負担感の重さとの関係から、敢えて責任を取る立場にいたくないとの気持ちが起こるとのことです。また、リーダーシップのとり方について訓練を受けていないことから部下に対して自信を持って指導できない。それならば、前線での担当者レベルで支援を展開することの方がやりがいを感じるということです。

　このような事象が生じているのは、各段階にいるスタッフに対する目標が明確でなく、管理職になると何が保証されるのかも不明であり、役割や機能の具体的な明確化が必要になると思われます。

第3節　人材開発体制について

（1）　人材開発の主体について

　人材開発に関わる者として、以下の4つの主体が存在します。

①　人材・スタッフが自身を開発する主体です。
②　管理者やリーダーがスタッフを開発する主体です。
③　組織が人材・スタッフを開発する主体です。

第3節　人材開発体制について

④　地域が人材・スタッフを開発する主体です。

　人材開発体制を考えるとき、これらの4つの主体がそれぞれ役割や機能を果たすことでその体制が稼働すると考えます。

(2)　人材開発体制の枠組み設定

　社会資源である人材の開発にみる問題事象の発生理由について具体的に考えるためには、実習生・ボランティア、新人、新任やベテランスタッフの位置づけを明確にする必要があると考えます。そこで、人材開発体制グリッドを設定し、上記の人材の位置づけをグリッド上に表示しました（図0-1参照）。

　人材開発体制グリッドは、以下の3つの軸からなる枠組みであると設定します。

　第1軸にプロフェッションの3つの開発レベル、第2軸に人材の3つの時系列的レベル、第3軸に人材開発の3つの機能を布置します。

　第1軸：プロフェッションの開発レベルは、①同化体験・活用レベル、②分化体験・養成レベル、③統合体験・育成レベルに区分します。

　第2軸：人材の時系列的レベル（開発プロセスから捉えた）は、人材を①実習生・ボランティア、②新人スタッフ、③新任スタッフ・ベテランに区分します。

　第1軸と第2軸を相互に組み合わせると、①実習生、ボランティア（同化体験・活用レベル）②新人スタッフ（同化体験・活用レベル＋分化体験・養成レベル）、③新任スタッフ・ベテランスタッフ（同化体験・活用レベル＋分化体験・養成レベル＋統合体験・育成レベル）に区分できます。

　第3軸：人材開発機能として：①マネジメント(M)、②プランニング(P)、③スーパービジョン(S)を上述の1軸、2軸の区分層と交差させ、1つのグリッドを構成します。

　プロフェッションの開発レベルは、ADI cycle の体験：同化体験（assimilative experience）・活用レベル、分化体験（differentiative experience）・養成レベル、統合体験（integrative experience）・育成レベルを繰り返すプロセスから成り立つと考えます。

　同化体験・活用レベルとは、心理学の Piaget, J.（ピアジェ）の概念を適用し、外からの知識を自分のものにすること、また有機体が環境を既存の自己の構造の中に取り入れるプロセスを活用するレベルであると規定します。つまり、人材・スタッフは、職場という環境や専門性という知識を自己の構造の中に取り入れるプロセスを体験すると捉えます。

　分化体験・養成レベルとは、家族療法での Bowen, M.（ボーエン）の概念を適用して、個体

5

序　章　人材開発概論

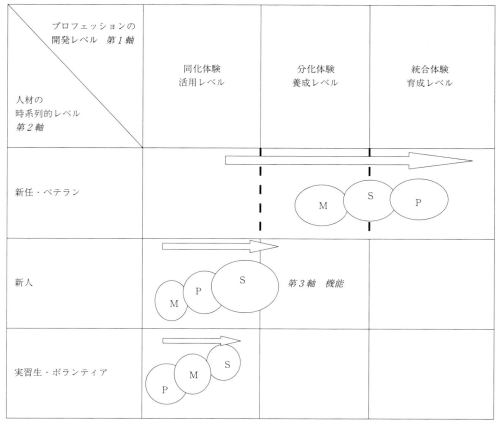

図 0-1　人材開発体制グリッド
注：第 3 軸：人材開発機能、マネジメント（M）、スーパービジョン（S）、プランニング（P）
出典：福山作成（2016）。

性と一体性とのバランスの取れた行動を体験する期間として、専門家を養成するレベルと規定します。個体性とは、自立した個の存在として有機体が自己の命令に自己を従わせようとして圧力をかける力です。この場合、人が個として振る舞うこと。人の個体性の発達程度は、情動で応じる条件付けから、知識獲得までの幅広い学習に影響を受けます。一方、一体性とは、有機体を他者の指示に従わせ、依存させ、他者と関わらせ、他と区別のできない存在にさせようとする力です。相手が自分のように行動し、感じ、考えるようにしむけると同様に、相手のように考え、感じ、行動するように自分を仕向けるのです。これも学習に大きく影響されます。これには情動や感情で応じる条件付けから価値や信念を獲得することまでが含まれます。つまり、この人材・スタッフは、職場や他スタッフとの関係性や専門性の獲得などの学習において、個としての振る舞いと、他と区別できない存在としての振る舞いとをバランスよく、自由裁量で動く体験をすることであると捉えます。

　統合体験・育成レベルとは、同化体験と分化体験の折衷型の体験であり、自己の統合へのプ

ロセスであると規定します。人材・スタッフは分化度の確立、自立・自律へのプロセスを体験し、専門家を育成するレベルであると捉えます。

次に、このグリッドの各セルのコンテキストを取り上げ、人材開発体制の構造、諸要件、方法論、ならびに評価からのそれぞれの課題を導き出し、具体的に考察します。

第4節　人材開発体制に関する諸課題の整理

人材開発体制グリッドの①実習生、ボランティア（同化体験・活用レベル）②新人スタッフ（同化・分化体験・活用・養成レベル）、③新任スタッフ・ベテランスタッフ（同化・分化・統合体験・活用・養成・育成レベル）とそれらに3機能：マネジメント、プランニング、スーパービジョンを対応させ、各レベルにみられる現状と、どのような課題があるのかについて具体的に概観します。

（1）　実習生・ボランティア（同化体験・活用レベル）の課題と分析

ここでは、人材の1つの時系列的レベルである実習生やボランティアが直面している現状や課題について概観し、このグリッドに当てはめて考察します。

実習生を例にとると、専門職の卵であると考えるのは適切でしょうか。実習生やボランティアは、プロフェッションの開発レベルにおいて同化体験・活用レベルであると考えてみましょうか。実習生が該当組織に同化する体験、すなわち組織への導入時期であると理解し、自己の持つ知識や技術などを活用し、特に国家資格受験要件のための実習体制に同化する体験、つまり自己の持つ知識や技術をマネジメントする機能が主となります。

学力の低下やコンピテンスの質の弱化、役割と責任のあいまいさなどが教育現場や実践現場での指導上の困難を生じさせていると考えるのなら、動機づけのあいまいな実習生に対しては、実習生を専門家として教育するのではなく、彼らの持つ専門性や技術が実習のプランにどのように活用できるかについて配慮することが先決であろうと思われます。要するに、実習生もボランティアも、自己がもつ知識や技術が不足していることは明らかであり、その範囲内での活用体験をさせることで、実習現場での同化が可能となると考えます。

（2）　新人スタッフ（同化・活用レベル＋分化体験・養成レベル）にみる課題と分析

人材の時系列的レベルである新人スタッフに焦点をあて、プロフェッションの開発レベルである第2レベル、すなわち同化体験・活用レベルと分化体験・養成レベルでの課題について考察します。

序　章　人材開発概論

　新人というのは、入職して１年未満をさし、同化した後、自らを養成するレベルに入ります。その意味で、「新人」という用語は１年経った後には使用しないことから、新人の格は、時間制限内でしか使うことができないことになります。新人へのスーパービジョンをすることで、組織内でのスーパービジョン体制の意義を高めることができるでしょう。分化とは、他スタッフに依存することと、独自に業務することをバランスよく適宜に行うことができる状態をさすので、新人スタッフは職場での分化体験をしながら、自らをスタッフとして養成していくのです。その意味では、リフレクティングの必要性やスタッフの尊厳の保持が求められます。特に、スーパーバイザーがマネジメントで新人意欲を引き出すことも可能となり、新人として業務遂行を積み重ね、特に成功体験の積み重ねが必要です。

　新人に対しては、短時間で職場の仕組みや仕掛けを学ばせ、業務すべてがスーパービジョンを受けて遂行できることを意識させることも必要です。特に、何を明確に進めるのか、他のスタッフに何を伝えるのかを意識させ、参画する会議で、職位、責任、同意、合意の表明を行うことの意味を学ばせることも重要です。

（3）　新任やベテランスタッフ（同化・活用レベル＋分化・養成レベル＋統合体験・育成レベル）にみる課題と分析

　ここでは、人材の時系列的レベルの新任やベテランスタッフに焦点をあてます。プロフェッションの開発レベルとしては、ベテランの格になって統合体験・育成レベルに入るのですが、まずは、ベテランとしての同化体験を活用します。その時点で、ベテランとしてのアイデンティティの形成をして、その後、分化体験に入り、自己やスタッフの養成に入ります。リーダー格になったことから、かつては同僚だった人と個体性と一体性をバランスよく使い分けて適合していく必要が生じます。すなわち、新任やベテランスタッフは、同化体験・活用レベルから、分化体験・養成レベルを経て、自律度が高まり統合体験へと移行して、本人並びに他のスタッフを育成する役割を担うのです。しかし、現場では、管理的立場になったから、すぐに統合体験を遂行するようにとの任を託されることになり、それが大きなプレッシャーとなって、その場から逃げだすことになったり、その格にいることを拒否したりすることが起こります。

　新任スタッフやベテランスタッフが自分の業務を意識し、雑務に追われて仕事ができないと考えている場合でもすべての行動は業務であり、マネジメント機能を中心に考え、チームワークを大事にしてきています。専門職としての彼らの能力をも信じる必要があります。新任スタッフやベテランスタッフは、意識向上のためにも職域、職務の尊厳を保持し、プランニングを提言することを求められます。また、ともに業務をする部下を信頼することが求められます。

　また、新任やベテランスタッフは、部下が所有する専門職、専門性を容易に信用しきれないかもしれませんが、その部下の専門性を信じること、部下とともに揺れることも大切であり、両者の契約に基づき業務を遂行することが求められます。

第5節　人材開発に関する主要概念とその影響

　ここでは以下のキー概念について概説し、人材開発の各レベルのコンテキストとその影響を明確にし、考察していきます。

（1）　人材の尊厳

　効果的な管理者は、命令口調を最小限に、確信やリクエストの言葉を最大限に使用します。管理者は部下に強制して業務をさせることができないことも知っています。本当の動機づけは、その人の内なるものから発生することも理解しています。管理者は、「スタッフが、肯定的に考え、感じ、業務遂行にベストを尽くしたいと思えるような雰囲気を作り上げるのです。このような管理者は、スタッフをサービス分配者としてみるのではなく、スタッフに配慮し、尊厳を持って接すること」（Brody 2000: 13）が求められます。

　その人材が、実習生であれ、新人であれ、新任やベテランであれ、いかなるレベルの人材に対してもこの尊厳の原則は通用できるものです。

（2）　リーダーシップ

　人材である管理者やスタッフ、さらに実習生は、どのようなリーダーシップのスタイルを活用しているでしょう。職場では柔軟なリーダーシップが望まれます。特に、周りのスタッフが変化すれば、それに応じて変化することができるリーダーシップが理想です。たとえば、組織のコンテキストや状況により、時には、指示的なリーダーシップの方が参加型よりも適切である場合もあり、周囲の環境に適宜に応じることも求められるでしょう。

　一方、どの管理者も、欠点を持っているといわれます。欠点のあるリーダーシップには、以下の9つのスタイルがあります（Brody 2000: 6-9）。

① 一目瞭然の管理者（最善のリーダーシップとはリーダーシップが存在しないものであることを反映する）
② 誤った方向に導く管理者（この種の管理者は、複雑に混合された意見や誤ったメッセージをスタッフに伝達する）
③ 押さえつける管理者（スタッフに仕事ができないとか、他者の前で、スタッフをけなすというやり方で、スタッフを見下す）
④ マイクロ管理者（微に入り細に入りスタッフの仕事に介入するために間違いを起こしやすい）
⑤ 傲慢な管理者（過剰にプライドを持ち、自信過剰で、自尊心が強く、おもいあがりがある）

序　章　人材開発概論

⑥　自己愛的管理者（自己満足のために、スタッフを道具として活用する）

⑦　ひとりで行動する管理者（部屋に閉じこもり、スタッフとの接触を持たないので、近寄りがたいと思われている）

⑧　魅力的な人（スタッフから気に入られようとする）

⑨　不信感を持つ人（自分が不安であるために常にスタッフの業務遂行や業務態度をチェックしている）

これらの欠点を、人材の特性とみなして、その人材を活用することも人材開発において求められますが、理想的なリーダーシップの要点として以下、7点を挙げておきます。

①　理念などをぶれずに伝えることができる。

②　責任を取ることについてリーダーとして覚悟する。

③　所在を明確にしておく。

④　危機管理と適切な対応ができる。

⑤　公平公正な態度を維持する。

⑥　考え抜いた方針を提示する。

⑦　職場の職員を心から愛する。

（3）　業務満足・自律性・生産性

スタッフは、「本来自分の行っていることに対して満足感を経験するべきであるといわれます。自分の行っていることに、価値があると信じれば、それに純粋にコミットしたいと思うものです。（中略）ヘルスケアの組織では、スタッフは貢献の機会があり、人々の生活の向上に役立てるという点で、利益追求型の組織にまさる利点があります」（Brody 2000: 142）。また、業務満足を向上させるものとしては職務充実化（job enrichment）というアプローチが使われています（Brody 2000）。

このアプローチでは、スタッフに最新の技術や手腕が必要な斬新な業務を経験する機会を与えます。スタッフに彼らの業務の成果を明確に見極めさせることができ、業務を遂行する上での新しいレベルの自立性、自律性、自由裁量を経験させることができるアプローチです。

新人の時期には、必ず業務で成功体験をさせることが大切であるとよく言われますが、ともすれば、「ミスから学ぶ」姿勢を植え付けている傾向が現場で見うけられます。

業務満足度とは、具体的な業務活動の体験に対する反応であると定義されます。その場合の業務活動とは、専門職としての役割遂行に必要な行動や達成課題をさします（福山 2005）。Bargal, D. & Buterman, N.（1997）は、業務満足度に影響する要素として、報酬や昇進の機会、労働条件、管理タイプのスーパービジョン、専門職の自律性を挙げています。また、自律性に

ついては、専門職上の、組織上の役割——すなわち状況や課題を認識すること、その判断に基づき、計画・実行すること、そして他のスタッフと協働することができることであるとの定義があります（福山 1992）。

　Fukuyama（1998）は、日本で調査を実施し、スーパービジョンにおける業務満足度と自律性、生産性との関係について、専門性が異質である管理者やベテランスタッフはスーパーバイジーの自律性を高め、逆に同質的管理者やベテランスタッフは、スタッフの自律性に限界枠を設けてしまうことを示唆しました。それはおのずとスタッフの生産性にも影響を与えるといえます。この場合の生産性とは、業務量を業務行動数で表わしたものです。

　実習生からベテランスタッフまでのどのレベルの人材においても、スーパービジョンがスタッフという人材の業務満足度や自律性、生産性に影響を与えるものであることが理解できます。

（4）　コミュニケーション・メディエーション（調整・媒介）

　ここでは、Kadushin & Harkness（2014）の提唱するスーパービジョンの管理的機能に含まれているコミュニケーション機能と Hawe（2013）のメディエーション（調整・媒介）機能について概説します。

1）　Kadushin（2014）の提唱するコミュニケーション機能

　管理者や上司は、管理的コミュニケーションの輪の中で、統合的なつなぎ役として行動します。横並びのコミュニケーションは、情報の流れとフィードバックによってもたらされたつながりを通して、機関の業務をより効果的に調整します。コミュニケーションの量は、社会的な機関における多様性の程度によって変わってきますが、複合的な組織ではかなりの量のコミュニケーションが必要になります。対人援助の組織においては、調整に向けた媒介としてのコミュニケーションは非常に重要です。業務そのものがあいまいで、業務手順を明示することが難しい場合には、特に必要となります。

　管理者や上司は、スタッフとのコミュニケーションを推奨し、話に耳を傾け、受容する雰囲気をつくりだす責任があります。逆に、関連情報についてはスタッフと共有する心構えが必要です。

　管理者や上司の業務にはほぼ全て、コミュニケーションのスキルが関わってきます。管理者や上司と部下との間で効果的な意思疎通がなされるためには、そこでのコミュニケーションに意味があり、歪曲されず、正確で、迅速で、十分に具体的であることが求められます。

2）　組織におけるコミュニケーションの課題

　管理経路を上下するコミュニケーションの流れには障壁があります。管理者や上司は管理責任がある人たち、あるいは、自分が管理責任を負わなければならない人たちにネガティブな情

報を伝えることを気重に感じることがあります。そして、スタッフから腹を立てられたり不満を持たれたりすることを恐れることもあります。同じように、その部下もネガティブな情報を管理者に伝えることに気が進まないこともあります。拒否されたり評価を下げられたり、あるいは反応を咎められたりするのを恐れるからです。

管理者や上司は、職場における公式・非公式の平行型コミュニケーションのネットワークについて認識し、同僚や仲間は組織や業務に関する非常に豊かな情報源であることを理解することが必要です（Kadushin ＆ Harkness 2014）。

3） Hawe（2013）のメディエーション機能

次に、コミュニケーション機能のなかでもメディエーション（調整・媒介）機能に特化して説明します。管理者や上司が人材開発のために遂行する機能として調整・媒介があり、これは4つの接点（Hawe 2013）で実施されます。図 0-2 に示すように、管理者や上司が、組織との接点、拡大チームとの接点、地域という環境との接点、関係機関との接点で、媒介の任を負うことになります。

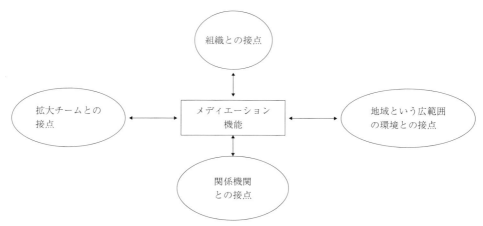

図 0-2　メディエーションの 4 つの接点

出典：Hawe（2013）に基づき福山作成。

その場合、メディエーション機能として、各接点との調整を行い、スタッフが業務を遂行しやすいように工夫をするのも管理者や上司の役割です。例えば、スーパービジョンの中で課題となったものを組織との接点で、明確にスーパーバイジーの役割を規定することにより、業務遂行を効果的に行うことが可能となると考えます。また、組織で行っている業務が地域という環境との接点での関わりを調整することが求められるでしょう。たとえば、クライエントの援助のために隣接領域の機関との接点で、どのような計画を推進していくのかについて協働という形で、媒介することが必要になってくるでしょう。

そして、拡大チームとの接点では、管理者とチームメンバーであるスタッフが入力される情報と出力される情報とを検討する時に、他職種を巻き込み、新たな情報を入手することで課題

がより達成しやすくなると考えますが、関係機関との接点を利用して、地域の関係機関との連携を通して、様々なネットワークを形成することもできます。そして、地域という広範囲の環境との接点を利用することにより情報交換が多職種、多領域間で行われることができると考えられます（表0-1参照）。

表0-1　拡大チームとの接点での情報交換

入力される情報	出力される情報
サービスに関するカストマーのフィードバック	サービスと資源についての情報
新しいニーズや合致しないニーズ	新しいサービスの企画やサービス開発
企画されたサービス開発に関する意見	意見に対する反応
サービスに影響する地域の変化	地方および国での施策と実践の変化

出典：Hawe（2013）に基づき福山作成。

　人材開発の対策を立てる上で、情報交換の内容は非常に重要であり、それが、スタッフ個人に帰するものではなく、組織レベルないしは地域レベルでの情報交換がなされてこそ、スタッフの職場での業務のやりがいなどを見い出せるのではないかと思われます。

第6節　人材開発の2つの側面

　人材開発で考慮すべき2つの側面について検討します。それらは、専門性の側面と運営管理の側面です。各側面の課題を述べる前に、FKグリッドの概念枠組みについて概説します。

（1）　FKグリッドの概念枠組み

　FKグリッドには、3つの次元を配置しています。これは、ソーシャルワーク実践と専門的

表0-2　FKグリッド

レベル	SW システム要素　能力	観察	理解	分析	応用	理論化
ミクロ	利用者本人・家族	表情の特性 行動の特性　→	行動と症状との関係			
	ソーシャルワーカー （実習生を含む）					
メゾ	組織					
	組織長					
	同僚・スタッフ間の関係					
	専門性（専門情報）	認知症者の行動 記憶・うなづき の行動　→	コミュニケーション・レベル			
マクロ	専門家集団					
	地域文化					
	社会資源					
	制度					

出典：筆者作成（2000）。

13

理論との関係について、その質と量、内容を可視化するための道具です。第1の次元（縦軸）では、ソーシャルワーク・システムのミクロからマクロまでの10の構成要素が布置されています。すなわち、利用者本人・家族、ソーシャルワーカー、組織、組織長、同僚・スタッフ間の関係、専門性（専門情報）、専門家集団、地域文化、社会資源、制度です。第2の次元（横軸）では、ソーシャルワーカーの持つ5つの能力——観察、理解、分析、応用、理論化が布置されています。第3の次元は、第1次元と第2次元の交差部分（合計50セル）に現実に存在する事象が明記されています。

　たとえば、このグリッドを活用することで、実習生が施設現場で高齢者の利用者と会話を交わした実習記録の内容を専門性から分析することができます。実習生は実習記録に、以下のように記しました。

　　私が、昨日は居室に行って認知症のAさん（89歳、男性）に近づくと、Aさんは私の顔をじっと見て、ただ笑みを浮かべるだけだった。ところが今日、居室に行ったところ、「昨日も来てくれましたね」といってAさんはにっこりと笑った。私は、「そうです。今日はお元気ですか」と尋ねた。Aさんは大きく首を縦に振って、「あなたも元気そうですね」と言った。

　この記録の文章は簡単な日常会話を記したもののように見えますが、これにはどのような専門性が含まれているのかを分析してみましょう。この実習生には昨日と今日とで、Aさんに何か違いが見えているのでしょうか。特に認知症の高齢者が1日前の記憶を実習生に告げたことは重要です。また、実習生に「あなたも元気そうですね」と配慮している点はAさんの人間関係の質が読みとれるところです。

　昨日のAさんの応答言動の部分は、縦軸の利用者と横軸の観察とを交差させたところのセルで、「表情の特性／行動の特性」が該当します。今日の記録の部分では、Aさんの言動については縦軸の利用者と横軸の理解とを交差させたセルの「行動と症状との関係」が該当します。次に、昨日の記録の部分では、縦軸の専門性、特に認知症者の観察という横軸と交差させたセルに、記憶・うなづきの行動が該当しますが、今日の記録ではその専門性の範囲が広がっていて、横軸の理解との交差させたセルに認知症者とのコミュニケーション・レベルが該当します。この実習生は、観察がきめ細かく、しかもAさんが変化したことを観察で見逃していないことが明らかになりました。実習生がAさんの認知症状を観察した時点に留まっているだけではなく、理解へと歩みを進めていることが読み取れます。この例からも分かるように、実習生の実践を可視化することで、この実習生が知識を学んでいくプロセスについても的確に把握することができます。

(2)　人材開発の専門性の側面

　人材開発の2つの側面のうち、専門性の側面について考えましょう。FK グリッドでいえば、縦軸の利用者・家族、ソーシャルワーカー、専門性（専門情報）、専門家集団、地域文化、社会資源および制度が該当します。つまり、これら 7 つのシステムにおいて、専門知識、技術、価値を活用できるのではないでしょうか。人材やスタッフを開発するためには、専門知識、技術、価値をスタッフが同化、分化、統合するという体験のプロセスを歩むことが必要であると思われます。実習生であっても、新人であっても、ベテランであっても、管理職であっても、専門知識、技術、価値を同化体験・分化体験・統合体験のサイクルを経て習得していくものであることをここで再度考えておきたいと思います。

(3)　運営管理の側面

　人材開発のもう 1 つの側面としては、組織運営上の管理があります。FK グリッドの縦軸のシステム、職員間、組織、組織長、同僚間の関係が該当します。これには、Kadushin（2014）の提唱する管理的スーパービジョンの項目を援用し、以下の項目について考えてみましょう。
　組織の管理者や上司としての職務には、スタッフの募集と選考、スタッフの就任と部署配属、権利擁護の担い手、リスクマネジメントとして燃え尽き症候群やストレスへの対応、管理運営の緩衝としての役割、そして変化の仲介者と地域連携の要としての役割が含まれます。

1)　スタッフの募集と選考

　管理者や上司は採用のプロセスに貢献しますが、管理者や上司が意見を表明する際には、常に慎重な配慮が必要です。管理者や上司は、どのようにスタッフと一緒に働くのか、職務分担、他者との作業調整などについて何らかの合意に達することが求められます。
　共通の目標に向かい協力・連携して業務をするためにスタッフを活用しますが、管理者や上司の職務は、ソーシャルワーカーの採用に、その機関にうまく「適応する」者を選ぶことです。その基準は、業務をするための価値や知識、技術を有していること、性格や態度、精神的成熟度を持ち、職場の皆にとって違和感もなく、組織目標の達成を受け入れていることなどです。特に、法規定のコンプライアンスに則って募集や採用にあたることが求められています（Kadushin 2014）。しかし、この基準を充たすことが難しい場合に、管理者や上司は、この基準を前提として、採用する人材が、人材開発体制グリッドのどのレベルに該当するのか、どのように発達する可能性があるのか、その人材の独自性をうまく活用するにはどのような策が必要かを考えることが求められるでしょう。

序　章　人材開発概論

2)　スタッフの就任と部署配属

　スタッフたちは組織の枠組みの中で自分の役割を見つけること、誰に報告をするのか（誰が彼らに報告をするのか）を明確に理解することで、機関の対人関係のネットワークの中での自らの位置を見出すことができるでしょう。新人が職場において自らが価値ある一員として受け入れられていると感じられるように、意識的、継続的な手助けが必要です。

　同化体験のプロセスは、スタッフが機関に就任する時から始まり、管理者や上司が管理上の責任を持ちますが、新人の導入に向けて組織においては、物理的、社会的、組織的に新人を位置づけることが第一の任務です。スタッフの最初の経験は、業務への感情を決定づけることから、これは重要なのです。管理者や上司は、新人に対して、配属された部署の機能、機関全体の運営方針との関連性、管理者やベテランスタッフとの関係、各々の役割と責任、その部署での新人と他のスタッフとの関係について説明することが必要です。結果として、何人かのスタッフが新人を取り込もうとするが他の者たちは無視するかもしれないことも自覚しておくことが必要でしょう（Kadushin & Harkness 2014）。

3)　権利擁護の担い手（リスクマネジメント、燃え尽き症候群、ストレスなど）

　管理者や上司は縦・横方向に広がるコミュニケーションを駆使し、運営管理側や他の部署、地域機関とともにスタッフを擁護します。下向きのコミュニケーションの場合はスタッフを理解し、受け入れることが求められます。同時に、管理者や上司は管理側のメッセージを説得力のある形で伝え、また積極的にメッセージを擁護して受け入れられるように努力し、スタッフのリスクマネジメントを通して、燃え尽き症候群、ストレスなどを防ぎます。

　管理者や上司は、管理者だけでなく事務職員とも一緒に部下であるスタッフを護らねばなりません。代弁が必要な場では、管理者や上司が明確に要点を述べ、検討すべき代替案を示すことができれば、評価され理解が得られると思われます。この関係における力のバランスは、管理者や上司が代弁者として、提案の受け入れに際して、合理的な主張に委ねるか、迎合的になるか、それとも何らかの代替案を交渉するかで決まります。洗練された管理者や上司となるためには、最も受け入れやすく、拒まれないような形に提案を練り上げることが求められます（Kadushin & Harkness 2014）。

4)　管理運営の緩衝の役割

　管理者や上司は機関のクライエントに対し、緩衝の役割を果たします。組織の長は、サービスに関する問題の処理を現場の管理者に期待します。結果として管理者や上司は担当者以外と話し合いをしたいと申し出た、不満を抱えたクライエントに対応する役割を果たすことになると思われます。

　管理者や上司はスタッフの決定に不満を持ち、上の立場の人と話したいと望むクライエント

の訴えを受け入れる準備をしておくことで、不都合な決定をされたクライエントの強い感情に
スタッフが対処しなくても済み、恣意的で不適切な決定を防ぐことができます。つまり、管理
者や上司はクライエントの不満を調整する道筋を提供します。それがなければ、直接支援にあ
たるスタッフはクライエントからの強い反発に対処するために余計な時間と労力が必要になり、
業務負担が過剰になるかもしれません。

　管理者や上司にとって、機関の方針を弁護して行動する責任はかなりの不満のもとになりま
す。管理者やベテランスタッフ自身、機関の方針や規則、手続の一部について賛同できないこ
とはめずらしくなく、彼らは役割上、スタッフらに方針を伝え、従うよう促さなければなりま
せん。管理者や上司の立場上、そのような役割を強いられるのは居心地が悪く、偽善的に感じ
ることでしょう（Kadushin & Harkness 2014）。

5)　変化の仲介者と地域連携の要としての役割

　組織の安定を維持するのは、実際、管理的機能のスーパービジョンそのものですが、管理者
や上司には同様に重要な、機関の組織的な変革を促進するものとしての管理的な責任がありま
す。緩衝としての役割を果たせば機関の保護には役に立ちますが、もし変革に対しかたくなで
非同調的な態度をとるとすれば、それは機関の維持を脅かすものになるでしょう。

　管理者や上司は機関の方針の策定や見直しに積極的に関与することができます。直接支援の
担当者を通してクライエントや地域のニーズについて知り、業務を遂行する際の機関方針の不
備や欠点などを把握できるので、管理者や上司は下から上がってくる情報伝達の経路として、
さらに積極的に行動することが求められます（Kadushin & Harkness 2014）。

第 7 節　人材開発の主要機能とその方法

(1)　業務のマネジメント

1)　業務配分

　部署全体の業務に関するプランを作成した後、管理者や上司はそのプランに沿ってそれぞれ
のスタッフに業務を選定しますが、様々な要素を考慮する必要があります。

　管理者や上司はこの責任を遂行するために、個々のスタッフの能力を正確に把握し、専門知
識の有無だけでなく、臨床現場の要望の複雑さに倫理的にも法律的にもうまく対処できるとい
うレベルを見込むことをも含まれています（Bogo and Dill 2008）。

　業務配分には、管理者や上司が担当するスタッフたちの抱える業務上のプレッシャーが関係
します。ケース数、その困難度、新たな業務配分への挑戦、それぞれのスタッフの現行の担当

件数など、管理者や上司は業務負担を公平にするために、新規ケースの配分について話し合うことが必要です。

　ある特定のクライエントについて、担当してもよいと言う者が誰もいない、あるいは皆が担当したくないと言った場合でも、管理者や上司はそのクライエントにサービスを割り振らなければなりません。

　管理者や上司にとってより包括的なケース配分は、ケースを自分の機関で割り振るのと他機関に紹介するのとでは、どちらが適切かを判断することです。これは機関や部署、スタッフにケースを課す際に、より調和のとれた状況でサービスを提供するのか、あるいは他の経験者に任せるのかというゲートキーパーとしての機能の発揮であると言えます（Kadushin & Harkness 2014）。

2）　業務の委譲

　業務を委託する場合は、その達成方法を示します。スタッフの自律性および裁量を最大限に尊重した配分が行われる場合には、業務配分の目標を明らかに提示しなければなりません。

　管理者や上司は直接委託した業務について「もし……すれば役立つかもしれない」、「……だったら望ましいかも」というようなアドバイスや提案をする傾向がありますが、アドバイスや提案、説得などは、担当者にとって直接的あるいは間接的にも十分とはいえない場合もあります。そのような場合、明確な指示を出すのは管理者や上司の責任です。

　スタッフに最大限の裁量が与えられている際にも、ソーシャルワークにおけるクライエントの自己決定と最大の利益への倫理的関心からもたらされる制約に気を配る必要があります。加えて資格に由来する役割と義務、ケアの基準の管理、法律の規定、機関の目的や組織の維持という観点からの制約についても配慮しなければなりません。

　時には、委託が割り振られた業務の域を超えることがあります。その場合、管理者や上司は自分のもつ権限をスーパーバイジーと共有することで、スーパーバイジーが決定を下すことができ、割り振られた業務を行えるようになると考えます。

　業務の委譲に関する決定と業務を実行するときにスタッフに与えられる裁量のバランスは、先進性、業務の複雑さ、スタッフの技術と関心のレベル、ケースの内容と数を考慮したスタッフの負担、クライエントの脆弱性とリスク、繊細な問題の内容、ミスが発生する見通し、管理者やベテランスタッフとスーパーバイジーがリスクを負うことへの覚悟、管理上の失敗に対する組織運営上の罰則などが決定要因です。

　表0-3に示した主要なプログラム活動に関するその他の文化の特性（Nadler 1984）において、これは、日本のマネジメント・タイプの特性を記しています。例えば、統制モデルの過去の取り組みパターンに着目し、上から下へのアプローチが主流で、個人の対人関係に基づくもので、委譲の無さは統制力の無さやコンピテンスの無さを意味する場合が多く、過去のパターンに頼り、管理者のみによる人材選定であると分析されています。これらの特性を問題視することな

表 0-3 主要なプログラム活動：特定文化とその他の文化

活動	特定文化の価値と実践	その他の文化の価値と実践
計画・改革	未来はコントロール可能；開始期と全行程の計画、変化することはよいこと、創造することは褒賞である。	未来はコントロールできないものであり、運に左右される。幹部による計画。伝統や歴史的経緯の尊重
組織化、統制化、主導化	目標と結果を見越した管理運営；生産に関する個人的責任、広範囲の委譲、コンピテンスの尊重	統制モデルの過去の取り組みパターンとリーダー、上から下へのアプローチ、個人の対人関係に基づく、委譲の無さは統制力の無さやコンピテンスの無さを意味する
人材募集と選定	資格要件地域や機関内外からの人材募集	過去のパターンに頼る 管理者のみによる選定
動機づけと報酬	コンピテンスへの報酬、生産利益重視、職位への報酬、業務責任の重視、パワーと金による動機づけ	忠誠心への報酬、スタッフ重視、友情志向、奨励；職位と名声の利得
問題解決、政策決定	チームアプローチ、最良の効果	上司による施策決定や問題解決 最も議論の少ないもの
葛藤解決	良好なマネジメントの本質的な部分；直接対処	回避型、葛藤が消え去るか、葬られるのを待つ、体面を失うことを避ける

出典：Nadler（1984）に基づき福山作成。

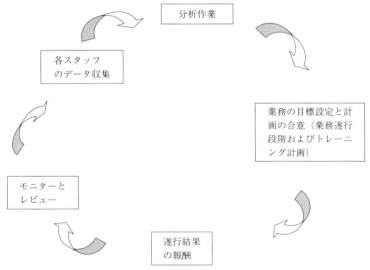

図 0-3 マネジメントを遂行するためのサイクル

出典：Howe et al.（2013：106）。

く、強みとして生かす策を練ることも管理者や上司に求められる役割であると考えます。

　また、マネジメントを遂行する際の業務のサイクルがあります（図 0-3 参照）。スタッフの業務に関するマネジメントでは、まず、各スタッフからのデータを収集し、そのデータの分析をして、その結果に基づき、業務の目標を設定し、業務計画の合意をスタッフと取り付けます。この目標と計画は、業務遂行に関するものだけではなく、トレーニングプログラムに関しても応用することができます。次に、その遂行結果を認め、報酬を与え、その後の状況をモニターし、レビューすることでマネジメントは終了すると考えられています。このサイクルが中断さ

序　章　人材開発概論

れると、マネジメント業務も中断してしまうことになり、効果を出せない場合があることを理解しておくことが大切です。

(2)　業務のプランニング

1)　組織スーパービジョンのプランニング

　表0-4は、人材の時系列的レベルとスーパービジョンの内容を整理したものです。無資格は人材開発体制グリッドでの実習生レベルに、試用期間、スーパーバイザー、スーパーバイジーの項は、グリッドの新人に、中堅、熟練管理者の項は、新任・ベテランスタッフに該当すると考えます。ただし、スーパービジョン・プランニングに協働の関係機関が含まれている点が、興味深いところです。特に、特定分野の知識を得るためにネットワークを活用し、新たな領域

表0-4　組織スーパービジョンのプランニング：レベルと特性

レベル	特性
無資格 （実習生など）	基準と照合して学生のアセスメントをする スーパービジョン技術とスーパーバイジーの責任を教える スーパービジョン基準に基づき、現場指導者との関係構築
試用期間	スタッフの募集と選定に基準を照合する スーパービジョンの方針と実践をプログラムに導入する スーパービジョンの基準にスーパーバイジーのアセスメントを組み込む
スーパーバイジー	資格認定の条件に従い、スーパービジョン契約を結び、改善の領域を確認する スーパービジョンの目標を個人の発達段階や参考資料に応じて作成する スーパービジョンのためのチーム発達計画をたてる 資格習得後の研修ではアセスメントしたスーパービジョン実践をする
スーパーバイザー	スタッフの募集、選定、導入にスーパービジョン基準を統合する スーパービジョン実践を360度からフィードバックを行う スーパーバイザーのスーパービジョン発展のための基準作り スーパービジョンを発展させた職場内外の業務習得研修を活用する―シャドーウィング、配置転換、コーチング、メンター制度、プログラム企画とアクション学習のグループ開催
中堅管理者	スタッフの募集、選定、導入にスーパービジョン基準を統合する スーパービジョン実践を360度からフィードバックを行う 彼ら自身のスーパービジョン発展のための基準作り スーパービジョンを発展させた職場内外の業務習得研修を活用する―シャドーウィング、配置転換、コーチング、メンター制度、プログラム企画とアクション学習のグループ開催 中堅管理者用のリーダーシップ、マネジメントの基準を統合する
熟練管理者	スーパービジョン方針 スーパービジョン改良計画や工夫 ベテランマネジャーが責任を率先してとる スーパービジョンでのモニタリングや評価基準は長期にわたる品質管理
パートナーシップ （協働）	特定地域でのトレーニングや教育の提供者と協働形成 研究調査との協力 保健、教育、独立型相談機関や民間機関など関係機関と合同学習の機会をつくる パートナーシップ・ネットワークを利用して、業務習得研修を活用する―シャドーウィング、配置転換、コーチング、メンター制度、プログラム企画とアクション学習のグループ開催など 協働ネットワークを活用し、特定領域の専門家からスーパービジョンを受ける

出典：Howe et al.（2013）に基づき福山作成。

の専門家にスーパービジョンを得ることが計画に入っていることは、人材開発が組織内だけでなく、組織外、地域、社会にまで、範囲を拡大して取り組まねばならない課題であることが明らかになったことを示すと思われます。

2) 人材開発のプログラム領域

　管理者や上司は機関の管理運営を担う者として、担当する職員集団が決定から実行までの生産的な業務の流れを維持できるように責任を果たしています。スーパービジョンの管理的責任は「仕事をやり遂げる」あるいは「業務細則を実行する」ことです。さらに管理者や上司は有資格のソーシャルワーカーとして、スーパーバイジーの実践を職務の倫理規定や法律上の職務指針に整合させるという重要な責任を負っています。

　業務を割り当て、調整する責任をもつ管理者や上司は、人的資源、スタッフ資源、そしてサービス資源を備えています。管理者や上司は活用できるスタッフ全員をまとめて業務計画を立て、業務を細分化して振り分け、部署に割り当てられた業務を達成し、職場の使命に貢献するように、スタッフとサービス資源を配分することが求められています。

　部署の管理者や上司には、短期的な計画のみならず、長期的な計画を立てる責任も課せられます。機関全体の予算に占める部署の予算を作成し、将来的に部署に課せられる業務量を見極めて、それを遂行するのに必要な財政的、技術的、人的な資源を見積もることもその任務に含まれています。

　図0-4にみるように、人材開発のプログラム業務としては、2つの軸があり、①トレーニングを実施することと、②組織ニーズを確認することから成り立っています。

　①トレーニングを実施するまでに、教育資源の入手や教育戦略の選定が、それぞれ影響しあっています。また、②組織ニーズを確認するには、業務遂行の明確化が必要であり、学習者の

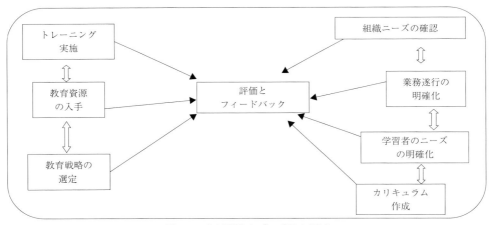

図0-4　人材開発のプログラム領域
出典：Nadler（1984）に基づき福山作成。

ニーズの明確化も求められ、それらに基づき、カリキュラム作成がなされている様が読み取れます。また、これらの2つの軸は評価とフィードバックで活性化がなされていることも理解できます。ここで重要なのは、業務遂行の明確化がなされてはじめて、プログラム作成の必要性が見えてくることと考えます。

3) スーパービジョン関係

　Howe et al.（2013）によると、スーパービジョン機能は、スーパービジョン関係を中心に、専門職の発達、業務のモニタリング・評価、運営管理の作業量、関係者との協働、という4つの次元の交互作用によって遂行されるものであると考えられています（図0-5参照）。そこで、スーパービジョン関係について、①専門職の発達、②業務のモニタリング・評価、③業務の調整（運営管理の作業量）と関係者との協働の順に概説します。

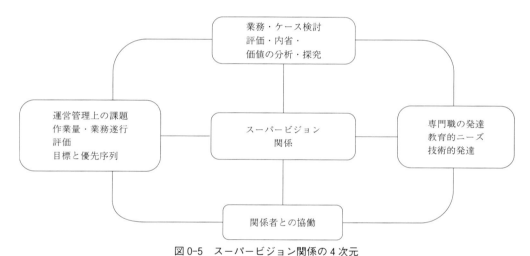

図0-5　スーパービジョン関係の4次元

出典：Howe et al.（2013）に基づき福山作成。

(3) 専門職の発達

1) スーパービジョン体制

　新人はスーパービジョンの目的や内容について、ほとんど何も知らないかもしれません。彼らがスーパーバイジーとしての役割を担えるようにするためには少し準備が必要です。スーパービジョンを「受ける」側だと考えている新人に対し、自分が何を期待できるか、より積極的にスーパービジョンに参加するには何をしたらよいかを理解することが先決です。ソーシャルワーク実践は法律で規制されており、管理者や上司は、担当するスーパーバイジーの実践に法的責任を負う立場にあります。管理者や上司はスーパーバイジーにこれらのルールや規制につ

いて書かれた文書のコピーを手渡し、このような行為は、スーパーバイジーがスーパービジョンの法的基盤への理解を深めるのに役立つことを説明します。そしてこのやりとりはスーパービジョンの記録として文書で残すべきものです。専門職の行動規範は常にルールと規制が中核にありますが、管理者や上司が適切な資格や経験を有し、必要なトレーニングを受けている旨を証明することが大切です。

2) 業務のモニタリング、評価

管理者や上司は適正な判断基準により配分した業務を委託し、決められた時間内で行われているか、機関手続きに従う方法で業務が行われているかどうかをモニタリングする責任を負います。

管理者や上司は、活用できる人的資源が減ることは常に起こり得ることとして考えておき、スーパーバイジーの遅刻や欠勤のパターンを見抜いておくことが必要です。スタッフは地域社会に対し、職場を代表する存在であり、管理者や上司は機関を代表する以上の役割を担います。スタッフが職場を去るような事態が発生したときは、管理者や上司が介入し、サービスの中断や遅延が多少起るとしても機関としては滞りなくサービス提供を行い、連絡が途切れることがないように、業務をいかにカバーするかを考えておく必要があります。

3) 業務の調整（運営管理の作業量）と関係者との協働

組織的な目標が効果的に達成されるためには、すべての分解された業務が調整・統合されていなければなりません。調整とは、総業務コンテキストのピースを組み立てることで、ひとりのユニットメンバーを他のメンバーと結び付け、ユニットを他のユニットと結び付け、ユニットをサポートサービスとを結び付け、この機関のユニットを他の機関の協働ユニットと結びつけるということです。

管理者や上司は、調整を通じてスタッフ間の関係を構築し、業務遂行における互恵的で支持的、補完的な関係を築き上げます。スタッフやユニットにおける協力は最大化し、葛藤は最小化することで、より大きな相補性が保証されることになります。

機関の組織図上では、管理者や上司はかなりの権限を与えられていますが、権限はあっても効果的に活用できなければ、その人のもとで働くスタッフは業務を効率的にこなすために必要な資源にアクセスできず、不利益を被ることになってしまいます。

本章の人材開発論の概論では、人材開発の枠組みを人材開発体制グリッドの作成で示す形になりました。人材開発とは、単に人材を確保・配置するだけではなく、多くの専門性を有した、かつ組織の運営管理の術を熟知して初めて成り立つものであることを明確にしました。次につながる章では、実習生、新人、新任・ベテランスタッフ、そして管理者に、それぞれ細かく枠組みを当てはめて、そこで必要な概念並びに実際について述べていきます。

序　章　人材開発概論

文献

Bargal, D. & N.Buterman, (1997) Career outcomes among medical vs family services social workers in Israel, in *International perspective on social work in health care*, the Haward Press.

Bogo, M. and K. Dill (2008) Working and Tightrope: Using Power and Authority in Child Welfare Supervision. *Child Welfare Journal* 87(6): 141-157.

Brody, Ralph (2000) *Effectively Managing Human Service Organizations*, Sage Publication Inc.

Drake, B. and J. Washeck (1998) A Competency-based Method for Providing Worker Feedback to CPS Supervisors, *Administration in Social Work* 22(3): 35-74.

Fukuyama,Kazume (1998) *Influences of selected characteristics of professional supervision、 productivity and autonomy of professional social workers in Japan*, Doctoral Dissertation, The Catholic University of America.

福山和女 (1992)「スーパービジョン研修：現状と課題」『ソーシャルワーク研究』19(3) 174-179.

福山和女 (2005)『ソーシャルワークのスーパービジョン』ミネルヴァ書房.

Howe, K. and I. Gray (2013) *Effective Supervision in Social Work*, SAGE.

Hackman, J. R. & Oldham, G. R. (1980) *Work Redesign*, Reading, Massachusetts; Addison Wesley Publishing Company.

Kadushin,A.& Harkness, D. (2014) *Supervision in Social Work* 5th Edition, Columbia University Press.

Lindsay, C. and B. Feigenbaum (1984) Rationing by Waiting Lists, The American Economic Review, 74(3): 404-417.

第1部
実習生のための人材養成・開発

第1章　実習指導体制における実習マネジメント・システム

　システムは、一般的に、骨格となる構造と構造を支える要素、機能などから形成されています。また、マネジメントは、人と組織を活かして成果を上げること（Drucker、1974）をその目的とします。人材養成・開発システムの中の実習指導体制における実習マネジメント・システムは、要素間の相互・交互作用とプロセスで構成されている実習指導体制を適切に機能させるために働きかけるシステムのことです。本稿では実習マネジメントシステムとは、実習体制を形成し、稼働させるソーシャルワーク実践であると定義します。

第1節　実習マネジメント・システムの現状と課題

　本節では、実習マネジメント・システムにおいて、実習機関の実習指導事業を展開する上での課題について、組織体制と方針、マネジメントの方法、さらに、実際のミクロ、メゾ、マクロレベルのマネジメント環境について述べます。

　実習生は、人材開発レベルとしては、同化体験・活用レベルにあると捉えます。実習現場に身を置いて、自らが身に着けてきた範囲内の知識や技術を活用し、同化する体験をします。

(1)　実習事業を展開する上での課題

　実習提供機関として実習事業の労力や経費はいくらでしょうか。実践現場の実習指導者は、専門業務、すなわち患者・家族への対応を優先させます。一方で、実習指導者は規定の就業時間内で実習生への対応や多くの責任を遂行するため、ケース記録や会議録、連絡調整などの業務を残業で賄うこともあるでしょう。実習生の受け入れに負担感を持つこともあるようです。ここでは、実習指導については、実習機関である組織の事業として位置づけ、組織体制、組織方針、マネジメントの方法論からその課題を述べます。

　実習は、組織体制として、教育機関と実習機関、2層の協働体制によって実施されますが、実習機関の組織体制を整備しておくことが、課題対応に求められます。

[例1] 教育機関と実習機関との協働体制の不備

　実習生が失語症の患者さんと会ってみたいと思い、実習指導者に無断で病棟に出向き、患者と面会したところ、病棟から医療相談室に苦情の電話が入りました。教育機関と実習機関の間で、実習前に実施可能な範囲の提示はしたのですが、実習内容に関する確認ができていなかったのです。こ

第1部　実習生のための人材養成・開発

のような不備は、実習生自身や患者を混乱させ、組織間の関係に葛藤を生じさせることにもなりかねません。

　また、組織方針の点では、実習生の受け入れに際して、実習機関と教育機関、両者の組織方針について実習指導目的、目標、契約など必要書類での明確な提示が必要ですが、これら諸項目が不明確であることによって様々な葛藤が生じることもあります。

［例2］実習機関側の方針の曖昧さ

　教育機関側から、熱心な学生なので利用者や患者との接触を持たせてほしいとの依頼に対して、実習機関の応じ方は重要です。実習生との接触による患者や家族の混乱、逆に、実習生が受けるリアリティショック、専門機関として患者からの苦情の発生も十分あり得ます。実習機関としての方針を明確にし、達成目標や実施可能な範囲に関する方針を提示することが大切です。

　組織の中で実習を行うための、マネジメントの方法論に関する課題としては、実習指導における実習マネジメント・システムを形成し、マネジメントの方法を確立しておくことが必要です。特に、関係機関や部署との連携・交渉の方法いかんによっては、相談室や実習生の質に関わらず実習が滞ることになります。

［例3］各部門に実習指導の協力を依頼していたのに、話が通じていなかったのか、実習プログラムの展開ができない。

　実習受け入れを、部門間会議で承認を得ていましたが、実習が始まって、他部門に見学や講義をお願いしたところ、話が通じていませんでした。実は、検討資料が未提出のため、組織の決済が下りていなかったのです。例えば、事前に実習事業企画書や実習指導計画書を提出しておけば決済を得て、協力内容を具体的に確認しておくことができます。また、実習指導事業への各部門の協力計画書の提示を依頼できますので、他部門からの担当部門への協力内容が明確になり、責任分担が明確になるでしょう。

(2)　ミクロ・メゾ・マクロの各システムにみる課題

1)　ミクロ・システムのマネジメント：利用者・家族、実習生、専門家

　これらのマネジメント主体は部門及び組織であり、客体は、利用者・家族、実習生、専門家です。実習生は、実習現場でのミクロ・システムとの接点で、観察や理解を通して自らもつ知識や技術を活用し、同化体験レベルで、色々な課題に直面します。

利用者・家族との接点におけるマネジメントの課題

　専門機関は、利用者や家族にサービスを提供しますが、実習生は利用者や家族との接点で、学びの対象として彼らに関わります。特に、利用者や家族は、専門機関からの依頼を断りにくい状況にあり、意向の確認が曖昧なまま、利用者や家族が実習生に曝されていることがあります。利用者や家族が意思表明しないことへの熟慮が必要です。その際、個人情報保護や個別化など、実習への協力者に対しての関わり方が問われます。

実習生自身や専門家との接点におけるマネジメントの課題

　実習生の履歴書等の個人情報を職員に提供する範囲に関して、組織として規定がなく、実習生の人格を傷つけることやストーキング、ハラスメントなどのトラブルが生じることがあります。

　他の専門家は、日常業務を遂行しながら、実習生を支える存在です。実習生にとっては、専門家のモデルに接し、様々なタイプの振る舞いや考えを学びます。実習生からの質問に容易に答えることで、個人情報に関するトラブルに巻き込まれる例もあります。専門職の倫理綱領、個人情報や人の尊厳に関する組織の考え方や規則を説明し、実習手引きに記載されていることが必要です。

2）　メゾ・システム：実習指導者、職員間、組織、専門性

　実習生にとって実習現場の仕組みや組織構造・規約などの学びは、実習期間中の出来事全てが組織レベルでのスーパービジョン体制で支えられています。実習指導者、職員間の関係、組織および専門性に関する知識や技術と自分のもつそれとの比較、理解が必要です。メゾ・システムは、実習生が組織内・外において同化体験・活用レベルを達成する上で、重要なシステムです。

　実習生は実習指導者との関わりの中で、様々な課題と取り組みます。実習指導者は、教育機関の方針に対応しながら、実習を推進する責任を負います。実習生の違反行為に対する管理責任について契約上不明確であると、実習機関側が実習生を処分し、教育機関との葛藤を起こす例もあります。

　職員間の関係は、日常業務を行っている部門内、部門間で形成されている人間関係や連携協働体制に見られますが、実習の連携協働体制としても活用できるものです。実習を組織の事業計画に位置づけ、体制づくりをしておくことで、実習生の混乱回避や、業務量の増加や職員間のコンフリクトの課題と取り組むことができます。

　実習は、教育機関と実習機関との機関間契約に基づく連携協働体制の中で行われますが、実習に関する組織方針の不明確さがこの体制づくりに支障を生みます。組織が実習事業に取り組む根拠や理由が明確である実習事業企画書が存在し、組織の決裁が下りていることが必要です。

　メゾ・システムの専門性とは、実習機関が専門機関として蓄積してきた独自の専門性の範囲

第1部　実習生のための人材養成・開発

を指します。実習生は実習現場でしか体験できない学びがあります。各機関が蓄積してきた独自の専門性を同化体験することで、教科書にはない現場での学びができます。ただし、実習指導内容の専門性に関しては、教育機関、実習機関の両者で事前調整が必要です。

3)　マクロ・システム：専門的情報・知識、社会資源および制度、専門職集団、
　　地域社会

　実習生は、社会で機能する実習組織を意識し、同化体験・活用レベルの達成を目指しますが、マクロ・システムとの関わりは、実習組織の外の環境との関係性を理解する上でとても重要なことです。

　マクロ・システムでの専門的情報・知識は、学術的検証がなされた知識や概念、理論、方法、技術、理念、価値、倫理などです。実習指導者から、現場では理論は使わないと言われ、実習生が混乱した例があります。実習では専門的情報・知識を活用して学生を支援しています。実習指導計画では実習に活用する専門的情報や知識に関する決裁を取っておきましょう。

　社会資源および制度には、機関、施設、サービス、制度、人、人の持つ技能などが含まれます。専門家の支援では、活用する資源や制度情報を事前に抽出し、部門の決裁を取っておくことが重要です。特に、実習生が関わる可能性があるならば、機関間の協力体制を確立しておく必要もあります。

　地域社会は、実習機関の活動範囲であり、地域文化をも含みます。地域の人々と実習機関との関係、施設や対象者のイメージ、習慣や行事など資源や制度情報を活用する場合に、実習指導目的や目標に照らして、事前に検討し、組織や部門として決裁を取っておくと指導効果が明確になります。

　専門家集団には、職能団体や学会などが該当しますが、実習生が実習中に職能団体の活動や学会に参加する機会があります。学会参加費などは事前に実習指導計画案に提示しておくことが重要です。

第2節　実習マネジメント・システムの定義

　実習生は人材開発レベルの同化体験・活用レベルのプロセスを通して、自分の持つ範囲内の知識や技術を活用することから、専門家養成のための実習とは、個人が「公式に特定の役割を担い、教育現場などで習得した福祉領域の知識・技術・価値を教育機関から担保され、福祉実践環境に適用するプロセスを体験する」ことであると捉えます。ここでは、実習体制の構造的理解、組織の定義、実習マネジメント・システムについて述べます。

第1章　実習指導体制における実習マネジメント・システム

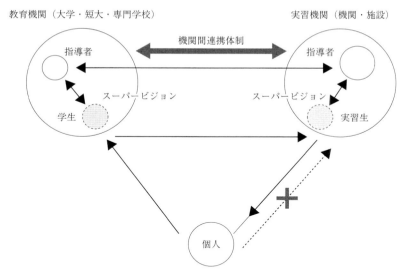

図1-1-1　実習生、実習機関、教育機関の構造的理解
出典：『新・医療ソーシャルワーク実習』(2008).

(1) 実習体制の構造的理解

　実習生は教育機関で学んできた範囲内での自らの技術や知識を同化体験・活用レベルで、実践現場の専門家の専門業務と関連させることが求められます。専門家が行う業務全てに意味や意図があることを意識し、専門職、職域、職務の尊厳の保持に関係することが実習体制の構造に含まれています。

1) 構成要素である実習生、実習機関、教育機関

　図1-1-1に実習指導体制を構成する主要な要素として、実習生、教育機関、実習機関の構造を示しました。実習指導体制では、教育機関と実習機関が機関間契約を締結することで、機関間連携体制が形成されます。実習機関は教育機関からの依頼で実習生を受け入れ、契約の範囲内の指導を実施します。実習生は、実習機関と教育機関の両方の指導者からスーパービジョンを受けることによって、2つの機関からバックアップされています。

　　［例］機関間と学生との関係
　　　実習を希望している学生が、教員から実習先は自分で確保するように言われ、自宅近くの病院に電話で問い合わせたところ、学校との契約を結ぶため、個人への対応はしていないとのことでした。実習機関側から、教育機関との機関間協働体制の構築が必要であることを連絡し、その後、実習体制づくりの話し合いがもたれました。

第1部　実習生のための人材養成・開発

2）　教育機関と実習機関の2層協働構造

　教育機関は、教育や研究を目的とし、学術的、教育的な機能を発揮します。一方、実習機関は、専門サービス提供を通じ、機関の機能を果たし社会貢献しています。組織内においては、組織の決裁を取り付け、部門間、部門内、個々のスタッフと共に、さらに、組織外においては、利用者・家族、関係機関、地域住民、専門職団体などと共に、組織方針やプログラムへの理解と協力を求める協働体制、すなわち実習マネジメント・システムを形成し稼働させていきます。

　教育機関ならびに実習機関ではそれぞれの組織内で実習指導体制を形成し、その目的や理念に即した実習指導方針・機能を各々の実情に応じてプログラムの企画・運営をします。双方の実習指導体制の内容を確認し合いながら、機関間の契約を締結します。

　以下に機関間協働体制を稼働させた2例を示します。

　　[例1]　実践現場の実習指導者の役割
　　　実習機関から、実習生の能力や到達レベルに対する能力評価的なコメントが提示されることがありますが、成績評価は教育機関側が行うことを確認しました。教育機関から実習指導者には、実習現場での実習生の観察・理解のプロセスを提供してもらうこと、そして、プロセスや実習体制の評価を依頼しました。

　　[例2]　企画書の内容と組織との関わり
　　　医療福祉相談室長は、実践機関の事務長に実習生を受け入れる上で必要な経費や物品について相談したところ、実習を受け入れることで、所属組織にどのようなメリットがあるのかと問われました。そこで室長は、組織が受け入れる根拠やメリットについて、教育機関との関係を再考し、実習事業企画書を提出することにしました。

(2)　実習マネジメント・システムと組織論

　実習マネジメント・システムの形成は、組織の内外で行われます。組織には、使命や理念、事業目的があり、それらを実現していくために努力します。実習生は実習機関においての期限内ではスタッフの一員として扱われることから、実習生として組織を理論的に理解し、実習生自身を含むすべての人材の尊厳を重要視することを求められます。

1）　組織論

　ここでは、社会システム論の Barnard, C. I.（1968）の提唱する公式組織を参考に述べます。組織については、「二人以上の人々の意識的に調整された活動や諸力の体系」であり、組織が成立する要素に、共通目的に向かって協働する意志（貢献意志）、協働のプロセスを支えるた

めの意識的調整（コミュニケーション）が含まれています。組織は、明確な目標を定め、構成員が貢献意欲を持ち、かつ、彼らの行動がルールに則って意識的に調整されていることが重要なのです。

2）　組織の目的とのすり合わせ

　組織の使命・理念・事業目的と実習事業の目的とに整合性があれば、実習企画事業に決済がおり、実習は組織の業務として位置づけられ、組織体制の中で責任を分担することになります。

［例 1］組織の理念
　所属機関は理念として地域貢献や地域に開かれていることを掲げています。この理念に教育機関との連携や専門職の養成への貢献が含まれている場合には、実習事業への取り組みは、組織の理念と合致しているといえます。

3）　協働を支える仕組み

　実習事業の成果は、各部門、担当部門の職員の貢献意欲（協働意志）に影響を与えます。組織の決裁を受けている事業目的や目標であれば、部門が成果を出そうとしていることや、責任の所在も明確になることから、事業が成り立つことになります。

［例］予算化ができなかった実習指導
　実習生の受け入れについて、実習事業を具体化するための企画書や実習指導計画書、リスクマネジメント計画書が担当部門から管理部門に提出されておらず、実習にかかわる残業の予算が確保できませんでした。実習指導担当者はサービス残業が 20 時間を超えてしまい、次年度からは担当を外してほしいという申し出がありました。

　このようなとき、実習事業について、組織の決裁が下りて業務として成り立っていれば、部門内のスタッフの役割分担、責任の所在、他部門への協力依頼、経費、物品などが明確になり、実習が事業化されていれば、組織からのバックアップ体制下で実習が行われるため、職員間の貢献意思が醸成されていくと思われます。

4）　コミュニケーション

　実習生は振る舞いやコミュニケーションについて事前に学んでおくことが必要です。職員がとるコミュニケーションは組織を支える要素ですが、実習マネジメント・システムの形成や稼働のためには、メディエーション機能（調整・媒介）の発揮が求められ、これにはコミュニケーションスキルが必要となります。

第1部　実習生のための人材養成・開発

　組織内では、まず、部門長と組織長、部門内の部門員と部門長、部門員同士のコミュニケーションの質が重要です。さらに、他部門に対して協力要請したい場合、メディエーション機能を発揮します。組織外のマネジメントの場合も同様に捉えることができます。

　実習生が同化体験・活用レベルを達成するためには、実習担当部門内、実習機関内・外の様々な人との間での、コミュニケーションが必要になります。

　　［例］実習指導者へのバックアップ体制について（部門員と部門長）

　　実習指導担当者から、実習開始7日前に、自分は未だ5年目であり自信がないので、担当を辞退したいという申し出がありましたが、部門長は、この担当者にスーパービジョンを実施し、具体的なサポートを提供したことで、この担当者は責任を果たすことができました。

第3節　リスクマネジメント

(1)　実習体制におけるリスクマネジメントの捉え方

　対人支援職の所属する組織には、業務として保健・医療・福祉サービスを提供する使命があります。厚生労働省は2002（平成14）年に「福祉サービスにおける危機管理（リスクマネジメント）に関する取り組み指針〜利用者の笑顔と満足を求めて〜」を発表しています。そのなかで、福祉サービスにおける危機管理（リスクマネジメント）の基本的な視点として、「より質の高いサービスを提供することによって多くの事故が未然に回避できる」という考え方（クオリティーインプルーブメント（quality improvement: QI））で取り組むことをあげています。これは、「個人の尊厳の保持」を旨とする福祉サービスを提供する福祉施設等の危機管理に必要な視点です。実習は、そのことを実習生が体験して学ぶ機会です。

　リスク（risk）とは、一般にある活動に伴う危険や損失という意味で捉えられてきましたが、活動に伴う変化には、よい成果として表れる好ましい影響もあれば、事故に象徴される好ましくない影響もあり、リスクの定義も変化しました。ISO（国際標準化機構）で開発され2009（平成21）年に発行されたリスクマネジメント規格であるISO31000では、リスクを「目的に対する不確かさの影響」と定義しています。また、注記として、「影響とは、期待されていることから、好ましい方向および／または好ましくない方向に乖離することをいう」としています。

　これまで、リスクは安全管理の視点を重視し、何らかの好ましくない結果を得る可能性に限定して捉えられてきました。しかし、組織が設定する目的との関連でリスクを認識すると、目的が達成できた場合、より高い成果が得られ、好ましい影響をもたらすリスクがあったといえます。

　また、ISO31000ではリスクマネジメントについて、「リスクについて、組織を指揮統制する

ための調整された活動」と定義しています。つまり、組織を運営管理することは、組織の目的を達成するためにリスクに対するさまざまな取り組みをすることです。この組織運営そのものに適用される手法がリスクマネジメントです。これは、リスクが、ある事象の結果とその発生の起こりやすさとの組み合わせによって表現されることであり、利益や安全にもたらす影響の幅を考慮して判断を行い、リスクマネジメントが組織の意思決定や運営そのものを支援する重要な活動であり、組織マネジメントと一体化していることです。

対人支援職が実習生を受け入れるために、実習指導も業務の一環であるという視点に立ち、単に事故を防ぐということだけではなく、より質の高い実習を安全に行うための準備が必要です。実習指導者が所属する組織は支援を必要とする利用者や家族が利用する場であることから、実習内容や方法や場所をどう設定するか、それでも問題が発生した場合にどのように対応して損害を最小限にするか、問題の再発をどのように防ぐかを、実習マネジメント体制の構築の際に考えねばなりません。

人材養成・開発としての実習生に対するリスクマネジメントは、組織にとって重要な業務であり、実習生が観察し、判断行動ができるように促すことを目標とします。しかし、リスクマネジメントを行っていても、実習中に予期せぬ問題が生じることがあります。実習生だけでなく、利用者や部門の業務にかかわる事故が起きることも想定して、被害と加害の両方を補償する保険に加入していることが必要になります。

教育機関では学生が入学時に学生教育研究賠償責任保険に加入します。実習契約を締結する前に、保険加入の有無と補償内容についての確認をしておきましょう。同時に、実習機関が実習生に損害を与える場合もあります。実習中に感染症に罹患させてしまうことなどがその例です。その場合の補償を確認し、養成機関にも説明して了承を得ておきます。また、専門職として倫理綱領や業務指針を遵守することや、組織の職員規定や就業規定など日常的に私たちが拠り所としているさまざまなものを判断と行動の根拠として教育機関と共有して活用することが大切です。

(2)　リスクマネジメントの実際

実習生は、組織間契約に基づき、外部機関である教育機関から実践機関に派遣されて所定時間の実習を行います。実習のリスクマネジメントは、実習指導者が組織の運営を実習中も円滑にする目的で行われます。一方で、実習生にとっては、リスクとはどのようなものかを学び、組織におけるリスクマネジメントの意義を理解することを目的とします。

実習生は、実習期間中は組織の一員に準じて行動するため、実習プログラムとして体験し、組織の業務としてのリスクマネジメントの意義を理解することを目標とします。具体的には、実習生が、事故発生の構造を理解し、実習先で構築されたリスクマネジメント体制が稼働しているからこそ職員が業務活動を実施できることを理解します。実習中に利用者や組織の職員、

第 1 部　実習生のための人材養成・開発

地域社会に接するため、実習生として状況を観察し判断して実習指導者や教員に報告します。

　人材開発体制グリッドのプロフェッションの開発レベルでいえば、実習生は同化体験・活用レベルの段階の課題を有しており、リスクマネジメントもそのことを前提として行う必要があります。

　実習生にとっては、リスクマネジメントをプログラムとして学び体験することそのものに意義があるのです。リスクマネジメントには、なぜ組織の中に対人支援部門があるのかということや、対人支援部門は組織にどんな貢献をしているのかということを理解するためのヒントがたくさんあります。実習生は、職員の活動によって未然に防止できるリスクや、リスク発生時の判断や対応を学びます。また、どれだけ対策づくりをしてもリスクが発生することも体験します。

　実習生のリスクマネジメントを可視化したものには、実習契約書など機関間で交わされる文書や部門で作成したリスクマネジメント計画書があげられます。実習生が、実習がどれだけ綿密に準備され、実習にかかわるすべてのものに対する倫理的責任を果たすために手続きがなされているかを理解することも必要です。

1)　対象システムの範囲

　実習マネジメント体制を構築する際に、実習にかかわるシステムに対して起きうるリスクをアセスメントし、実習前にリスクマネジメント体制を構築しておく必要があります。対人支援職が働く組織では、クライエントである利用者や家族を中心に、職員や連携する他機関や地域住民など業務にかかわるシステムも多様です。ここでは、リスクマネジメントが必要な対象システムとして、①実習生②クライエント（利用者や家族など）③部門や機関内チーム④組織⑤地域⑥教育機関を列挙します。これらのシステムは、ミクロ・メゾ・マクロレベルにわたります。リスクマネジメントについても、実習施設内だけでなく地域社会にも配慮した体制を構築する必要があります。

　実習生は教育機関で実習中の行動や専門職の職業倫理についても学んでいますが、社会経験に乏しく自分の行動の結果を予測できません。教育機関との打ち合わせを活用して準備します。問題が生じた場合も、予防できなかったことをリスクマネジメントの課題と捉えて教育機関と実践機関とで共有して対応し、再発を防止します。

2)　リスクアセスメントシートの作成

　実習を受け入れる前に実習指導者の所属する部門で予測されるリスクを知り対応策を練っておくことが有効です。その予測に従って、リスクアセスメントシートを作成しましょう。

　リスクアセスメントシートの例を表 1-1-1 に示します。リスクアセスメントシートでは、リスク領域については、感染症、ハラスメント、個人情報、その他の事故を設定し、事前の予防策（想定される具体的な状況、予防策、対処方法）と発生時の対応（発生した事故、実施した対処

第1章　実習指導体制における実習マネジメント・システム

表 1-1-1　リスクアセスメントシート

メインリスク	事前			事後		
	想定される具体的な状況	予防策	対処方法	発生した事故	実施した対処内容	再発防止策
感染症						
ハラスメント						
個人情報						
その他の事故						

出典：日本医療ソーシャルワーカー協会『実習指導者養成認定研修テキスト』。

内容、再発防止策）について整理しておきます。

　これは、新人職員も管理職もそれぞれの立場でリスクに関する課題に取り組むことができるため、業務改善にも活用できます。組織によってリスクの種類や対応方法は異なります。リスクアセスメントについては、実習指導者だけでなく実習にかかわる異職種の職員からも意見をもらって実習生が巻き込まれるおそれのある課題について予測の範囲を広げておきましょう。

3)　リスクマネジメント計画書の作成

　実習を受け入れるにあたり、リスクアセスメントを部門内で承認したあと、リスクマネジメント計画書を作成しましょう。リスクマネジメント計画書の書式例を図 1-1-2 に示します。

　リスクマネジメント計画書を作成することで、実習を受け入れることによるリスクを事前に予測することができます。業務の見積もりができるため、実習生指導と業務を並行する実習指導者は余裕をもって行動できます。実習生もリスクについて事前に知ることで、安心して実習に臨むことができます。

　万が一、何か事故が発生したときにも多少なりとも落ち着いて判断と行動ができることでしょう。もっとも重要な点は、このような取り組みを積み重ねることで、リスク発生時に被る損害を最小限に止めることです。その結果として、部門の業務を滞らせず守ることができます。

　リスクマネジメント計画書の作成にあたっては、人材開発体制グリッドとともに、FK グリッドを大いに活用することができます。実習マネジメントにおいて予測されるリスクの範囲や程度について、FK グリッドを用いて分析するだけでなく、実習プログラムの作成や実施に伴うリスクの予測や対応策を検討することにも、FK グリッドを用い、現実的で具体的なマネジメントができます。保健・医療・福祉システムを構成する主体のすべてに対して実習は責任を有するものであり、FK グリッドによるミクロ・メゾ・マクロレベルの実践領域を網羅したリスク検討はそれぞれの主体の尊厳を保持するためにも必要です。

　リスクの検討は、組織に実習指導を業務として企画提案する際にも安全対策の根拠として活用でき、教育機関との交渉や契約締結にも活用できます。契約締結後は、実習を円滑に運営す

第1部　実習生のための人材養成・開発

リスクマネジメント計画書　　　　　　○ 年 ○ 月 ○ 日

1）実習受入れ機関・部署
2）実習受入れ責任者名（部署責任者と職位）
3）受入れ担当者名・スーパーバイザー名と職位 　　　　　　　　　　　　　　　　　　　　　　　　印
4）指導連携チームメンバー（職種職位）
リスクとして考えられるもの 例）感染事故、転倒事故、秘密保持違反、盗難、贈答、個人的関係、取決め・約束違反等

実習生に生じる、また起きる可能性のあるリスク（具体的箇条書き）	予防策と発生時対策
対患者・家族	
対実習生（ハラスメント等）	
対職員	
対組織	
対地域	
その他	

図 1-1-2　リスクマネジメント計画書

出典：（社）日本医療社会事業協会（2008）『新医療ソーシャルワーク実習：社会福祉士などの養成教育のために』p. 88.
　　　現 日本医療ソーシャルワーカー協会.

るために事前指導から実習評価に至るまで教育機関との連携を促進し、実習生にも計画書が開示されることで真摯に実習に臨むことの大切さを意識させることができ、実習機関への信頼関係を構築することにもつながります。

また、FK グリッドを事前訪問や実習時のリスクマネジメントの説明時に活用すると、実習生が検討事項を可視化して考えることができます。実習生の理解を促進するとともに、実習生の知識や技術のレベルが実践現場で想定したプログラムとのミスマッチが生じたときも、現在の彼らが持つ力を実習プログラムにどのように活用できるかを話し合い再検討して実習のリスクを回避することができます。

実習指導者が実習生と協働することにより互いの尊厳を保持し、実習現場での同化体験を深めることが可能になります。組織内においては、実習を業務の一環として企画し承認を受けることにより、組織間契約である実習マネジメント体制を安全に確立できます。教育機関と実習指導者は、実習マネジメント体制で常に意見交換をすることが可能です。教育機関と学生の間では実習教育やオリエンテーションにより実習に必要な態度や行動を習得することができます。

実習指導者と実習生の間では、事前訪問の機会を利用して実習生に実習中は対人支援職としてのルールを理解して職員に準じて行動することの大切さを認識させることも重要です。また、実習についての適切な情報公開や広報活動により、地域社会に対する影響を把握することもできます。大学で作成する実習の手引きなどとともに、実習施設でも実習のしおりなどの資料を作成して実習生が事前学習を円滑に行い、実習施設での行動規範が理解できるように努めましょう。

第4節　マネジメント環境の整備

実習マネジメント・システムを組織上に位置づけ、実習システムを稼働させるためにはマネジメント環境を整備することが必要です。マネジメント環境とは、人、もの、かね、情報を指します。

人材開発論における人材の尊厳に関する側面として、実習生をも含め、どの職員も人としての尊厳の原則が貫かれている環境の整備が必要です。

(1)　人

実習マネジメントについて、利用者や家族、実習生、スタッフ・部門チーム、他部門の長・フタッフ・チーム、実習機関（所属組織）、教育機関、関係機関や地域住民は客体と主体という両側をもっています。

利用者や家族は、実習機関や教育機関、実習生の立場から見ると、実習マネジメントの客体

第1部　実習生のための人材養成・開発

ですが、利用者や家族は実習への協力者として意志を持った主体として捉えます。

　　利用者が実習に協力する場合、利用者は自分の役割や協力内容などを実習指導者に確認したり、実習生と約束したり、スタッフに自分の意向を伝えるなど、利用者自身が協力者としてマネジメントの主体となります。

　実習生は、実習機関や教育機関から見ると、実習マネジメントの客体ですが、同時に、実習生も、実習に取り組む主体として、事前・実習中・実習後において実習マネジメントの主体となります。

　実習生は、教育機関や実習機関から、実習目的や目標の承認を得て、実習生としてマネジメント環境を整備しておきます。健康診断を受け、体調を整えること、加害・被害に対する保険加入、実習費用の準備、プライバシー侵害やハラスメントへの知識と対応方法を身に着けておくことなどがマネジメントです。

　実習担当部門のスタッフや部門のチームは、実習体制を稼働させていく主体であり、同時に、部門内体制を整備する部門長からみると、スタッフやチームはマネジメントの客体です。組織内の実習体制は部門間の協働体制でもあり、担当部門は他部門など協力部門に、実習生を受け入れる上でのマネジメント整備を行います。そして、実習機関の組織長が実習指導担当部門に決裁を下しマネジメント環境を整備します。

　　スタッフや部門チームは、各々の視点や専門性からの貢献やリスクを予測し、実習事業企画書や実習プログラムの原案作成に取り組みます。実習体制の形成や稼働は、部門長のリーダシップとスタッフや部門チーム員がマネジメントの主体となって促進させます。また、組織内で実習体制を確立するプロセスは、組織長の業務そのものです。組織長は、実習を組織の事業として位置付けることの整合性やその意味、組織としての成果やリスクなどを吟味し、決済を下します。

　教育機関は、実習機関に対して実習の実施のための様々なマネジメントを行う主体です。実習機関も、教育機関をマネジメントの対象として機関間の実習体制の形成と稼働を促進させます。

　　実習機関には、教育機関としての方針や規定や実習教育内容を提示し、実習機関との役割分担と責任体制、実習中の巡回訪問、スーパービジョン体制、緊急事態の対処方法を取り決め、契約を締結します。

　関係機関や地域住民（他機関の利用者、民生委員や自治会、老人会の人々）を対象に実習機関は、

マネジメントを行います。同時に、関係機関や地域住民も実習体制を形成・稼働させる主体でもあります。

実習機関は、地域の関係機関や住民の団体などに対して、実習事業の組織方針や目的を説明し、事前に協力の了解を得ます。特に、地域住民や他機関の利用者に不利益にならないように協力体制を形成しておきます。

（2）　もの

実習マネジメントの内容として、実習生、実習機関、教育機関が整えるべき物理的環境の整備について述べます。

実習機関の物理的環境の整備は、必須です。

実習生の机、いす、ロッカー、ロッカーの鍵、休憩室、ユニホーム、ネームプレート、PC、コピー機、図書館、外出時の移動手段（自転車など）、照明、室温、音、換気などが考えられます。特に、実習生は実習機関で様々な人に会いますが、実習生であることを明らかにするためには、ネームプレートが必要です。

実習生が整える物理的環境の整備も必要です。

上履き、実習にふさわしい服装、ノート、筆記用具、実習日誌、参考書、ファイル、健康保険証、学生証、などが考えられます。

実習生がスマートフォンで、実習指導者の板書の写真を撮影しました。その後、SNS に板書内容がアップされていました。実習指導者は、教育機関と話し合い、スマートフォンの持ち込みを禁止にし、実習規定の改正を求めました。

教育機関で整える物理的環境の整備としては、実習依頼書、実習委託契約書および協定書、出勤簿、実習規約、実習の手引きなどが考えられます。

実習規約、実習契約書および協定書、実習の手引きは、実習生を指導する上での責任体制や具体的な対処方法が記載されたものです。これに準ずることで実習機関側が過度な責任を負わずにすみます。

第1部　実習生のための人材養成・開発

（3）　かね

実習にはマネジメント経費が必要です。
実習生が準備する経費には、リスクマネジメント上、大切なものも含まれています。

　交通費、実習費、書籍代、健康診断料、予防接種費用、学生賠償責任保険の保険料、などが考えられます。学生賠償責任保険は、実習中に実習生が加害者の場合と被害を受けた場合にその全部又は一部を補償するために加入します。加害とは、意図的な行為でなかった場合でも、利用者に怪我をさせたり感染症をうつしてしまったりすることがあります。被害とは、利用者間に流行している感染症、出勤や退勤の際の事故、実習機関内での事故などを指します。

教育機関の経費は、実習を継続する上で、大切なものです。

　実習巡回指導に関する交通費や人件費、教育機関として負う範囲の賠償責任保険の保険料、会議費、帰校日の人件費などがあります。実習事業の展開には、組織内・外で会議が開かれます。会議の目的と目標、召集するメンバー、会議成果などから、会議に出席する人の会議当日の時給を考慮すると、相当の費用がかかっています。

実習機関の施設を実習生は利用し実習をします。

　水道、光熱費、電話代、コピー代、電気代、実習指導者の資格取得費用、残業代、会議費などがあります。実習指導者は、日常業務の中で優先順位の低い業務を残業に回し、実習生への直接的な指導時間に当てています。実習中には残業代がかかりますが、実習事業企画書に残業代が記載されていない場合は予算計上されませんので、実習指導者がサービス残業をすることになります。

第5節　実習マネジメント・システムの実際

（1）　実習生の取り組み

1）　実習前の取り組み

事前学習の段階は、専門科目や実習演習およびソーシャルワーク演習の履修が条件です。

教育機関では実習担当教員とのスーパービジョンが開始され、実習生は、実習計画書を作成します。また、実習機関に関する予備知識、事前課題、実習先での振る舞いなどを学習しておきます。

実習現場の見学や打ち合わせで、実習機関のスーパーバイザーからのスーパービジョンを受け、実習生も物理的環境整備を準備します。

2) 実習中

実習は事前に打ち合わせされた実習機関で作成された実習指導計画書（基本プログラム）と、教育機関で教員の指導の下実習生によって作成された実習計画書をすり合わせて作成した実習指導計画書（個別プログラム）に沿って実施されます。

実習生は、実習指導者からスーパービジョンを受けて、体験したことを様々な角度から検証していきます。特に、実習日誌は、毎日記入し、実習指導者に提出します。教育機関の担当教員による巡回訪問、また、帰校日を利用して、教育機関の実習担当教員からのスーパービジョンを受け、微調整が行われます。実習の最終段階では、実践現場と教育現場から実習プロセスや達成程度などについて評価のスーパービジョンを受けます。

3) 実習後

実習の終了後、実習生は、教育機関に実習報告をし、実習後のスーパービジョンを受け、現場で学んだ内容をさらに深めます。

教育機関内では、実習報告会をし、まとめの段階に入ります。実習機関への報告とお礼状を送付し、実習先から実習記録と評価が返却され、学生として教育機関から成績評価を受け取ります。

(2) 実習機関の取り組み

1) 実習前

実習機関は、実習事業企画書とリスクマネジメント計画書、実習指導計画書などを作成し、複数の会議や交渉が主要な活動となり、保健・医療・福祉システムにおけるミクロ、メゾ、マクロの各レベルにおいて、マネジメントを実施します。

組織内・外で、実習環境の整備を行い、所属組織、教育機関・実習生との間で、利用者・家族との間で、更に、関係機関や地域社会との間で実習体制を稼働させるマネジメントが必要です。

表 1-1-2 は、実習体制を稼働させるためのマネジメント対象をミクロ・メゾ・マクロの規模で設定し、運営管理上必要となるのは実習事業企画書、リスクマネジメント計画書、実習協力依頼計画

第1部　実習生のための人材養成・開発

表 1-1-2　実習マネジメントシステムを稼働するための企画書・計画書

実践システムの規模	書類名	作成主体	目的及び効果	マネジメント対象（提出先）	決済／合意／協力関係
メゾ・マクロ	実習事業企画書	実習担当部門	実習マネジメント 実習を組織の事業とする。責任の所在の明確化・専門性の証明	組織の意思決定機関	決済
メゾ	リスクマネジメント計画書	実習担当部門	実習マネジメント 実習事業のリスクマネジメント 安全な実習実施	組織の意思決定機関、安全管理部門等	決済 契約
ミクロ・メゾ	ケースマネジメント指導計画書	実習担当部門	実習プログラミング 実習内容の明確化	実習担当部門・教育機関・実習生	決済 契約
ミクロ・メゾ	面接指導計画書	実習担当部門	実習プログラミング 実習内容の明確化	実習担当部門・教育機関・実習生	決済 契約
ミクロ・メゾ	実習計画書	実習生	実習マネジメント・実習プログラミング・実習スーパービジョン 実習生自身の学習内容・学ぶ主体性の醸成	実習担当部門・教育機関・実習生	合意・契約
ミクロ・メゾ	FKグリッド	実習生	実習スーパービジョン 実習生の関心の焦点／能力養成の可視化、実習成果	実習担当部門・実習生	合意・協働
メゾ・マクロ	協力依頼Ⅰ・Ⅱ	実習担当部門	実習マネジメント 機関内・外の連携協働体制の構築と稼働	Ⅰ：実習機関内 Ⅱ：実習機関外	Ⅰ：決済 Ⅱ：協力関係

出典：山田美代子作成（2024）.

書です。プログラミングに必要な計画は実習指導計画書（基本プログラム、個別プログラム）、ケースマネジメント指導計画書や面接指導計画書等です。組織内のマネジメントは、部門内と他部門、管理部門に対するマネジメントですから、企画書や計画書を作成していく技術と部門内・部門間会議の運営技術を要します。経営会議では、実習を事業化する根拠を示す必要があり、説得力があり判りやすいプレゼンテーション技術が必要です。なお、教育機関としても実習機関の取り組みと同様です。

実習事業企画書は、実習が組織の事業として運営管理される体制を作っていくための、重要なものです。理事長や施設長などの組織のトップが実習事業の効果について納得できるようなものであることが必要です。

実習スーパーバイザー会議

実習機関と教育機関による事前準備として、機関間会議が重要になります。会議には、組織内と組織外の会議があります。機関間会議の場合は、組織の代表という立場で発言することになりますので、事前に組織内会議で決裁を得、部門長からスーパービジョンを受けておきます。

会議の目的と目標を定め、会議資料（実習指導計画書等の実習のプログラムにかかわる資料、実習事業企画書、リスクマネジメント計画書、実習規約、契約書、必要書類などの管理運営上必要な資料）を送付しておきます。資料は先に目を通しておくと、会議効率がよくなります。

この会議を利用して、実習生と実習指導者のマッチングや実習ニーズと実習内容のすり合せができます。実習生が作成した実習計画書案と実習指導者が作成しておいた実習指導計画書案（実施内容：手段と達成レベル、達成の証拠、理論的根拠等）を確定しておくことで、実習スーパービジョンの実施が可能になります。

実習協力者との間のマネジメント

実習機関は、地域の一機関として専門機能を発揮し、地域で貢献している組織です。地域において日常業務でかかわる人や集団、関係機関等との交互作用を視野に入れたマネジメントが必要です。組織の理念や方針と実習事業の実施の妥当性や地域社会へのメリットも含め、利用者や家族、民生委員や関係機関、職能団体や研究会・学会等との間のマネジメントを実施していきます。その場合、先方の利用者や住民のプライバシーを守ると同時に、実習生のプライバシー保護やハラスメントに留意したマネジメントが重要です。

　　実習への協力を依頼するため、地域包括支援センターに挨拶にいきました。実習指導者は、協力依頼書を持参しましたが、先方からは、実習生の守秘義務に関する宣誓書、連携会議への出席を希望するならば、組織の決済と利用者への承諾が必要であり、実習生の履歴書や実習計画書、実習指導計画書、事前レポートなどの情報公開を求められました。実習指導者は、教育機関や所属組織の方針、実習規約等の確認が必要である旨を伝え、職場に戻りました。

2) 実習中

実習前に実習体制の形成がスムーズにいくと、実習中のマネジメントに費やすエネルギーは最小限で済みます。実習中は、実習指導計画書等に沿った実習プログラムの実施とスーパービジョンを行います。モニタリング機能の発揮により、進捗状況の確認をして、実習体制が適切に稼働していることを確認します。

教育機関の巡回訪問の際には、緊急性の高い調整事項を確認し、課題や体制の補強に関すること、現状の体制の強みなどを意識したマネジメントをします。

　　実習生の能力養成レベルが、利用者と直接面接をしても大丈夫なレベルに達成していたため、指導者の同席面接による面接指導を行うことになりました。実習指導者が担当しているＡさんに協力依頼をしたところ、「協力したいのはやまやまだが、今は、自分の病気のことで頭がいっぱいなので、できれば、私以外の患者さんに依頼してほしい」との返事でした。その後、「やはり、お世話になっているので協力します。」と協力の意思表明がありました。

第1部　実習生のための人材養成・開発

3）　実習後

実習終了後には、スーパーバイザー会議（評価）を開催します。この目的は、教育機関と共に実習を振り返り、現行の実習体制の成果、改善点について話し合うことです。受託契約をした組織としての事業評価も必要です。マネジメントは、事前・実習中・事後のどの段階でも必要であり、PDCAサイクルを作っていきます。

（3）　実習マネジメントシステムを稼働させるための企画書・計画書の作成

実習マネジメントの企画書や計画書は、組織の運営管理上のものと、実習生への個別指導上のものと2種類があります。

運営管理上、必要なのは実習事業企画書・リスクマネジメント計画書で、個別指導上の計画書には、実習指導計画書・ケースマネジメント指導計画書・面接技術指導計画書などがあります。ここでは、実習マネジメントのための企画書・計画書の作成について述べます（図1-1-4参照）。

1）　実習事業企画書

実習事業企画書は、実習を、所属組織の事業として位置づけることを目的としたものであり、リスクマネジメントを含む運営管理面で重要なマネジメントの手段です。

この企画書は、実習事業企画の目的や目標、概要が分かるものであり、リスクマネジメント計画書と共に実習の運営管理する実習マネジメント体制の骨核をなすものです。実習指導計画書、ケースマネジメント指導計画書や面接指導計画書は実習機関が提示できる実習プログラムの内容です。

これらの企画書や計画書は担当部門が組織方針の決定機関に提出し決済を取るための書類ですが、組織によっては起案書などという場合もあるでしょう。提出先は決裁権者を指しますので各組織によって異なります。担当部門と責任者名を記入するのは、部門の決裁を取っているという意味です。さらに、担当者名（複数の場合もあり）、指導連携チーム、地域・機関およびその特性は、責任の所在や連携協働体制を明確にしていくために必要なマネジメントのためのツールとなります。

［実習事業企画書　解説］
　　実習設定期間や時期や受け入れ条件は、所属組織から教育機関に示す条件となり、リスク管理上も必要な項目になります。さらに、実習にかかる経費については予算後、獲得することにもなります。
　　実習事業の目的は、所属組織の社会的使命、理念、事業の目的に実習との整合性や接点があるも

第1章　実習指導体制における実習マネジメント・システム

```
（組織運営管理）
　●実習事業企画書
　●リスクマネジメント計画書

（個別指導）
　●実習指導企画書
　●面接技術指導計画書
　●ケースマネジメント指導計画書
```

図 1-1-3　実習事業企画書と計画書

出典：山田美代子作成（2024）.

実習事業企画書

年　　　　月　　　　日

1）機関・部署
2）提出先 印
3）担当部門責任者（　　　　　　部門　　　　　職位　　　　　　） 印
4）受け入れ担当者（スーパーバイザー名と職位　複数可）
5）指導連携―チームとメンバー（部門・職種・職位）
6）地域・機関および職務の特性
7）実習設定期間・時期および受け入れ条件・経費等
8）実習事業の目的
9）実習事業の目標
10）実習の枠組み（時間的経過ごとの実施項目と達成程度、達成手段・留意点　その理由・理論的根拠、 　　具体的証拠）

図 1-1-4　実習事業企画書

出典：田中・福山（2008）を参照し、山田作成.

第1部 実習生のための人材養成・開発

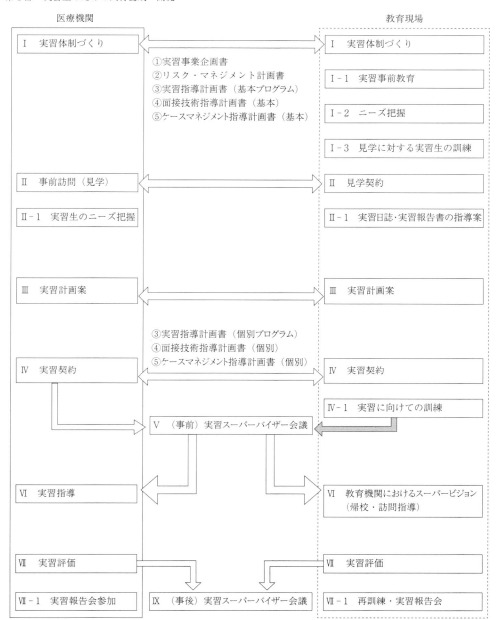

図 1-1-5 実習マネジメントシステム形成図

出典:山田美代子作成(2024).

のです。たとえば、所属組織の機能が教育を含むのであるならば、専門職の養成に協力することであり、矛盾がないでしょう。また、所属組織の理念が、地域における包括的ケアを展開した貢献を目指す組織であるならば、地域社会に存在する教育機関との協働は、より貢献度を増すことにもなります。

つまり、実習事業企画書の作成は組織が実習を事業計画に位置づけることですから、企画を読んだ組織の幹部が組織としての意義やメリットを感じられる内容であることが必要です。一学生のために、組織が動くことはありえませんので、組織の使命と関連させて考え、目的を設定していきましょう。

目的が定まったら、目標を設定します。目的は目指す方向を指しますので、目的を果たしていくために、具体的な目標を2～3個ぐらい設定します。組織として、実習事業を通じて、何が達成されれば良いのかを明示します。

・実習事業をすることで組織として蓄積してきた専門性を提示し、専門機関としての質を広報する。
・実習指導を通じて、所属機関が教育機関と協働体制を構築しながら地域社会に貢献していることを、他機関や住民に広報する。

実習事業企画書は、リスクマネジメント計画書（p. 38）、実習指導計画書（pp. 65-66）、面接指導計画書（pp. 129-30）、ケースマネジメント指導計画書（p. 187）と連動性があります。運営管理におけるマネジメントと高い専門性を示すプログラミング、スーパービジョンのためのツールとして、企画書や各計画書の作成は重要です。

参考文献

Barnard, C. I. (1938) *The functions of the Executive*, Harvard University Press.= 山本安次郎訳（1968）『新訳　経営者の役割』ダイヤモンド社.

Drucker, P.F. (1973) *MANAGEMENT: TASKS, RESPONSIBILITIES, PRACTICES*. Harper & Row Publishers, Inc. = 上田惇生（2001）『マネジメント（エッセンシャル版）基本と原則』ダイヤモンド社.

福山和女（2002）『保健医療ソーシャルワーク――実習生とスーパーバイザーのための基礎』川島書店.

桑田耕太郎・田尾雅夫（1998）『補訂版　組織論』有斐閣アルマ.

社会福祉士養成講座編集委員会（2013）『新・社会福祉士養成講座(11)福祉サービスの組織と経営』中央法規出版.

武居敏（2015）『社会福祉施設経営管理論』全国社会福祉協議会.

田中千枝子・福山和女（2008）『新・医療ソーシャルワーク実習』川島書店.

第2章　実習プログラミング

　人口減少による人材確保が社会的課題となる今、「実習」の在りかたが近未来の地域や施設・機関、対人援助職の姿を反映するとするならば、実習プログラミング・システムには一体何が求められるのでしょうか。

　本章では、人材養成・開発における理論背景、実習システムの構成や交互・相互作用を通し、実習プログラミング・システムについて考えていきます。

第1節　実習プログラミング・システムの概説

(1)　学習理論

　ここでは、対人援助における実習生のための人材活用・養成を目指す実習プログラミング・システムを考える上で、学習理論の幾つかを紹介します。

1)　デューイの経験学習モデル

　和栗（2010）は、Dewey, J.（デューイ）の経験の定義について次のようにまとめています。プログラミングを考える上で、プランを作成する時の目的と目標の関係を説明している点で、参考になる意見です。Dewey は、人は経験から学ぶとして、「経験」（Experience）を2つの種類に分けたのです。1つは、「思考錯誤的」な経験、すなわち、いきあたりばったりの経験、もう1つを「熟慮的」（reflective）な経験としました。思考は、行為と結果との間に特定の連鎖があり、両者が連続的になるように意図的な努力をするのですが、この思考によって、「目的」（purpose）に向かって行動することが可能となり、それは目標を持つためにも必要であるとの考えを述べています。また、目的を設定するときには、見通しや展望を持って行うことで目的を遂げるための計画（plan）を立てることができるとも記しています。

　また、理論と実践を統合するプロセス（図1-2-1参照）は、①用意された体験を（Impulse）（I：1、I：2、I：3）、②観察し（Observation）（O：1、　O：2、　O：3）、③知識として獲得し、理論と結びつけ（Knowledge）（K：1、K：2、K：3）④判断、実践できる（Judgment）（J：1、J：2、J：3）という4つの行為を繰り返しながら目的に向かっていくとしています。

　実習プログラミングについての課題は次の2例が考えられます。

[例1] 事前学習や実習目的・目標を設定しないとき

計画性のない実習指導者なら、日々、実習を展開するのは綱渡りのようでしょう。実習生を1日中机に縛り付け、ただ調べ物をさせ続けたり、何の意図も示さず突然に実習指導者の後ろにいるよう指示したり、実習指導者の考えだけを延々と聞かせ続けたり、実習指導者の独りよがりの時間だけが過ぎていきます。

[例2] 事前に実習生の実習目的・目標や事前学習の状況を把握する

実習目的・目標に沿う実習プログラムを作成し、実習生や養成校に提示し合意を形成した実習指導者は、決められた実習期間の中でどのような実習体験が目標や目的を達成することができるのかについて、ある程度の予測ができ、実習生と意図的に関わることができるでしょう。

実習プログラミングにおいて、実習生・養成校・実習指導者の実習関係三者がチームとして共通の目的を持ちます。デューイの経験学習モデルを実習プログラミングに適用してみると、実習生の場合、体験－観察は実習中に行われますが、実習期間中に完結するものではなく、実習後に養成校など教育機関で理論と結びつける作業が行われ、判断－実践ができるようにその学びを深めていくという構図が成立します。

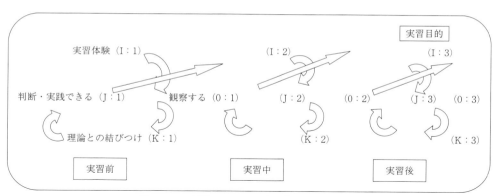

図1-2-1　実習における理論と実践の統合の構図
出典：Kolb（1983）：34の学習経験モデルを星野が作図修正。

2) コルブの経験学習モデル

Kolb, D.（コルブ）（Kolb 1983）は、Dewey, J.（デューイ）やLewin, K.（レヴィン）の学習理論を解説し、「経験から学ぶプロセス」を経験学習サイクルとしてモデル化しています。これは、知識付与型の学習とは異なり、①「具体的経験（Concrete Experience）：CE」を通して、②「内省的観察（Reflective Observation）：RO」でじっくりと振り返り、③そこから「抽象的概念化（Abstract Conceptualization）：AC」として得られた教訓を抽象的な概念に落とし込み、④「能動的実験（Active Experimentation）：AE」の段階では新たな状況下で積極的に試みること、としています。これをさらに続けて、新たな具体的経験を積むことになり、経験学習はサ

イクルとして循環していくという理論です。

　また、松尾（2006：79）はコルブ（1983）の学習プロセス：具体的経験⇒内省的観察⇒抽象的概念化⇒積極的実験のうち、個人がどのモードを相対的に重視するかによって、学習スタイルが以下の4類型に分けられるとしています（図1-2-2参照）。

① 分岐型（diverging style）：これは、「具体的経験」と「内省的観察」を重視するスタイルであり、想像力に優れており、具体的な経験を多様な視点からとらえることができる。
② 情報統合型（assimilating style）：これは、「内省的観察」と「抽象的概念化」を重視するスタイルであり、多様な情報を理論的・抽象的概念によってまとめることができる。
③ 収束型（converging style）：これは、「抽象的概念化」と「能動的実験」を重視するスタイルであり、アイディアや理論を使って問題解決・意思決定することができる。
④ 適応型（accommodating style）：これは、「能動的実験」と「具体的経験」を重視するスタイルであり、挑戦的な経験を好み、リスクがあっても計画を実行することができる。

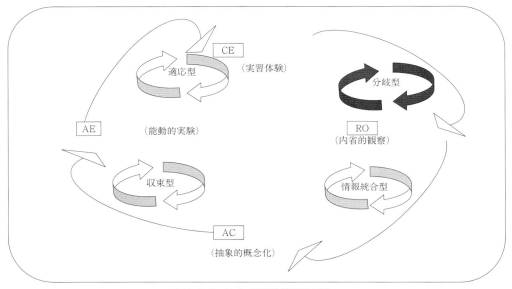

図1-2-2　Kolbの経験学習モデル
出典：Kolb（1983）をベースに松尾（2006）の成長プロセスを合成し、星野が加筆修正。

　実習プログラミングは、この4つの学習スタイルの中で主に①分岐型にあたり、実習体験とそれに関する内省的観察を重視するスタイルと捉えることができます。たとえば、実習生は実習体験を実習先から帰った後、実習日誌を作成しながら振り返ることなどがそれにあたります。

　以上、これらの学習理論を援用し、実習プログラミングを個人のためのものではなくシステムとして捉え展開していくことを、実習プログラミング・システムと呼びます。これは、人材

第 1 部 　実習生のための人材養成・開発

開発・養成の観点から、組織や社会の中で今後ますます求められると予測されます。

（2）　実習プログラミング・システムと人材開発体制

　福山（2016）は、本書序章で示す通り、実習生に関しては「人材開発体制グリッド」において「同化体験・活用レベル」と位置付け、「職場という環境や専門性という知識を自己の構造の中に取り入れるプロセス」と定義しています。「実習生の持つ専門性や技術が実習のプランにどのように活用できるかについて配慮することが先決」とし、その範囲での活用体験をすることによって、実習現場での同化が可能となると述べています。

　　以下、福山の理論を中心に実習プログラミング・システムについて明らかにしていきます。

1）　実践領域の規模（ミクロ・メゾ・マクロレベル）とソーシャルワーク技術との関係

　ここでは、ソーシャルワークの実践領域の規模について検討します。

　ソーシャルワークは、ソーシャルワーカーの専門性を保証するための技術として位置づけられており、それは次の3つのレベルに分類することができます。

①　ミクロレベルの効果を出すために用いる技術

　個人や家族に対してウェルビーイングを高める技術：ソーシャルケースワーク、ソーシャルワーク・リサーチ、ケアマネジメント、アウトリーチ、プレゼンテーション

例えば、実習プログラミングでは、このレベルの学習を目標に設定し、面接技術・アセスメント力の向上などを実習成果に導くことを目指し、実習生のスキルの向上を目的とした学習プログラムを作成する。

②　メゾレベルの効果を出すために用いる技術

　グループや組織などがウェルビーイングを高める技術：ソーシャルグループワーク、ソーシャルワーク・リサーチ、スーパービジョン、コンサルテーション、ソーシャル・アドミニストレーション、ネットワーキング、アウトリーチ、ファシリテーション、ネゴシエーション

　例えば、実習プログラミングでは、このレベルの学習を目標に設定し、対人援助職のチーム・部門として効果を引き出すために、チームや部門と組織の交互作用から効果を生み出すプログラミングが求められます。対人援助部門が組織の中で円滑に作用することで、利用者や地域に組織が役立つよう、組織をスタンバイ状態にさせることを目的として実習プログラムを作成します。

③　マクロレベルの効果を出すために用いる技術

　地域社会のウェルビーイングを高めるための技術：ソーシャルアクション、ソーシャルプランニング、コミュニティワーク、ソーシャルワーク・リサーチ

例えば、実習プログラミングでは、このレベルの学習を目標に設定し、対人援助職の職能として社会の中で効果を引き出すプログラミングが求められます。地域ケア会議への参画など。職能として地域包括ケアシステムの構築のために地域活動をすることで、地域社会の新たなシステムを構築していくことを学習させるための実習プログラムを作成します。

2) ソーシャルワークの定義との関係

　国際ソーシャルワーカー連盟（IFSW 2014）の「ソーシャルワークのグローバル定義」では、社会福祉の対人援助職の従事者は、「ウェルビーイングを高める」ことを目指し、社会開発・変革、社会的結束、エンパワメントと解放を促進し、生活課題に取り組み、人々やさまざまな構造に働きかけるとしています。

　この定義によるソーシャルワークの効果について、福山（2014）は以下の通り示しています（図1-2-3参照）。ミクロ・メゾレベルの効果としては、①生活課題に取り組むこと、②ウェルビーイングを高めるように人々と社会構造に働きかけること。メゾレベルの効果としては、①エンパワメントと解放を促すこと、②実践に基づいた専門職、③ソーシャルワークの理論、社会科学、人文学、地域・民族固有の知を基盤とすること。マクロレベルの効果としては、①社会開発・変革、社会的結束を促進すること、②社会正義、人権、集団的責任、多様性の尊重の諸原理に基づくこととしています。

　実習プログラミングでは、実践領域のミクロ・メゾ・マクロまでを対象範囲として扱います。

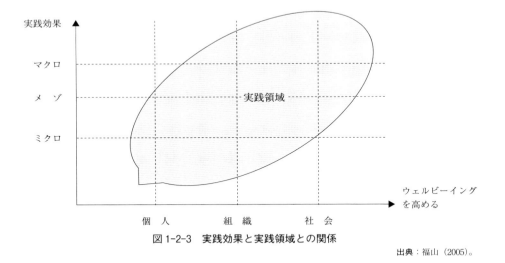

図1-2-3　実践効果と実践領域との関係

出典：福山（2005）。

3) 専門職を取り巻くシステム

　福山（1996）は、対人援助職の実践現場を取り巻く医療・保健・福祉システムの相互関係を図1-2-4の通り示しています。

第 1 部　実習生のための人材養成・開発

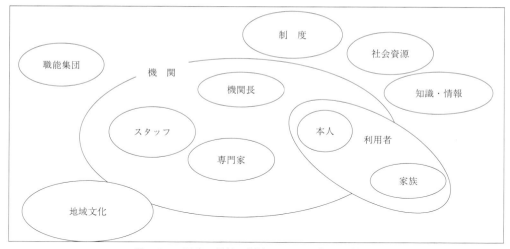

図 1-2-4　医療・保健・福祉システムの相互関係図

出典：福山（1996）。

　福山によると、対人援助職はさまざまなサブシステムの影響を受けながら、業務をおこなっており、特に、①制度（医療、福祉、保健、保険、法規定、教育）の制定や改正、②社会資源やサービスの不足、設置、開拓、③専門的知識・技術の学問発達による進化、④専門家が所属する職能集団（日本社会福祉士会、日本医療ソーシャルワーカー協会など）、⑤組織の機能や役割、方針、ミッションや活動範囲、⑥機関長の機能や使命、⑦スタッフの職種、種類と人数、⑧地域文化や住民の要望や習慣、⑨対象者本人や家族の意向、生活状況、⑩専門家の機能や役割、業務内容など。

　これらのサブシステムは交互作用し合いながら、他のサブシステムに影響を与え、再び専門家の支援業務の範囲、目標、計画、内容に大きく変化を与えるとしています。

　ここで、実習プログラミングでは、この保健・医療・福祉システム全体やその中のサブシステムおよび交互作用に焦点化し、作成します。例えば、あるケース（A氏の事例）を実習プログラムのために実習指導者が用意したとしましょう。A氏の全体像を掴むためには、彼の家族状況、機関の内容・組織・地域の状態、ソーシャルワーカーとその職能団体との関わり具合など、客観的な状態や相互関係など把握しようとするでしょう。

4）　FK グリッドの構造と実習プログラミング

　ここでは、福山（2005）が作成した FK グリッド（表 1-2-1 参照）を使いプログラミングの実際を考えます。

　専門家養成の枠組み項目の縦軸（関心の焦点）には、前述の医療・保健・福祉システムの 10 項目を、また、横軸（能力養成の段階）には、実習生の観察力、理解力、分析・評価力、応用力、

第 2 章　実習プログラミング

表 1-2-1　FK グリッド

関心の焦点 \ 能力養成の段階	観察	理解	分析と評価	応用	理論化
ミクロ　実習生					
ミクロ　対象者					
ミクロ　専門家					
メゾ　実習指導者					
メゾ　職員間					
メゾ　組織					
マクロ　専門性（知識、情報、概念、理論、方法、技術、理念、倫理など）					
マクロ　社会資源及び制度					
マクロ　地域社会					
マクロ　専門家集団					

出典：福山（2002）。

理論化を布置しています。さらに 10 項目と実習生の能力 5 段階とを交差させたところで、実習生が、学習した内容や質を把握できるとしています。また、実習プログラムを作成するにあたり、事前訪問時にこの FK グリッドを活用し、実習生と実習の目的・目標を明確化したり、目標を達成するための観察（体験）する対象を 10 の医療・保健・福祉システムから選択し能力養成の段階を設定していきます。実習の段階では、「観察」までか「観察 – 理解」に重点が置かれることが多いでしょう。さらにこのときの「理解」とは、単に「わかる」のではなく「納得」のレベルを指します。

（3）　実習プログラミングの 2 つの側面

1）　実習 4 要素間の関連と 2 つのプログラム

実習における、実習マネジメント・プログラミング・スーパービジョン・評価の 4 要素は、それぞれが関連して存在していると捉えることができます（図 1-2-5 参照）。

実習マネジメントと実習プログラミングとの関連について考えてみると、①組織の中で他部門の協力を得ること、②組織に対し部門の実習プログラムを提示し承認を得ることや、③そのプログラムを活用した結果の評価を組織に報告することは、組織体ではごく普通の営みです。また、実習プログラムを養成校や地域社会に提示することで、実習教育に影響を与え、さらには社会の中でその職種の理解が広がり交互作用が進むなどの効果も生まれます。これは、対外的実習プログラム（メゾ・マクロ・レベルの効果）と捉えることができます。

実習スーパービジョンとの関連について考えてみましょう。日々の実習スーパービジョンを効果的・効率的に展開するための戦略として、実習プログラミングを捉えることができます。

第 1 部　実習生のための人材養成・開発

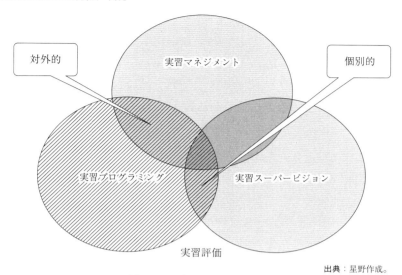

図 1-2-5　実習 4 要素間の関連

出典：星野作成。

これは個別的実習プログラム（ミクロ・レベルの効果）です。

　実習評価と実習プログラミングとの関連について考えてみましょう。実習自体を効果的・効率的に展開させるための戦略が実習プログラミングだとするならば、実習評価の内容はそのプログラムに必ず反映されることになります。つまり、実習指導者は自身が作成したプログラムについて、評価項目に対応する体験項目が設定されているかを事前にチェックします。

　このように実習プログラムを基にして個々の実習生に対する実習計画を立てていくことは、実習体験の機会や環境を保証することになり、効率的に集約された準備をもとに最大限の効果を引き出します。一方、所属の組織や教育現場、社会に対して統一した実習プログラムを示すことは、その対人援助職の価値・知識・技術に裏付けされた専門性を対外的に示し、交互作用を生むことに繋がります。

2）　業務としての実習プログラミング

実習プログラミングとバランススコアカード

　ここではバランス・スコアカード（永田 2015）（以下、BSC）に基づき、実習プログラミングを組織の業務の側面から考えます。保健・医療・福祉の現場でも、この BSC を組織全体で導入しているところがあります。

　BSC とは、「財務」、「顧客」、「業務プロセス」、「学習と成長」の 4 つの視点から組織の目的を達成するための戦略を立て、実践状況を評価するフレームワークです。

　目的を達成するために、①戦略目標（KGI＝Key Goal Indicator）をさだめ、①を成功させるための②重要成功要因（CSF＝Critical Success Factor）と、③重要評価指標（KPI＝Key Performance Indicator）を決め、③での目標達成数値（結果）を④ターゲットとして設定。最終

第2章　実習プログラミング

表 1-2-2　実習プログラミングにおける BSC の例

4つの視点	①戦略目標 （KGI）	②重要成功要因 （CSF）	③重要評価指標 （KPI）	④目標達成数値 ターゲット	⑤アクション プラン
財務	退院支援加算 算定アップ	早期のスクリーニ ング面接体制	前年の算定件数 点数費	前年比 10％増	MSW 増員 人員確保
顧客	入院早期の 相談対応	相談体制の充実	初回面接迄の日数	入院 7 日以内の 面接	早期介入体制の 見直し
業務プロセス	対外的実習プログ ラムの標準化	対外的実習プログ ラムの個別化	実習プログラムの 活用回数	2 件の個別的実習 プログラム作成	実習生 2 名分実習 プログラム作成
学習と成長	実習指導者養成	実習指導者確保	研修会開催数	年 2 回の研修参加	研修会への参加

出典：星野作成。

的にどんな行動をすればよいかを⑤アクションプランとして決定します。これらを表にまとめ、4 つの視点から各項目を埋めたものが BSC です。

　たとえば、実習プログラミングを業務と捉えると、この BSC にどう表現されるでしょう。ここでは、業務プロセスの視点に実習プログラムを組み入れてみました（表 1-2-2 参照）。

　この組織は、今までの部門の実習プログラムから、年度内に 2 名の実習生受け入れるために個別の実習プログラムを作成するアクションプランを立てています。この 2 つの個別的な実習プログラミングの評価から、標準化された実習プログラムの強化を図ります。

PDCA サイクルからみる実習プログラミング・評価との関連

　PDCA とは、Plan（計画）、Do（実施・実行）、Check（点検・評価）、Act（処置・改善）の 4 つのプロセスの頭文字をとった言葉で、業務改善を図るためのフレームワークです（永田 2015）。この 4 つのプロセスは循環させることでさらに効果を発揮するので PDCA サイクルとも呼ばれています。これを先程の実習プログラミングの例で考えてみましょう。

①　Plan（計画）：今までの部門の実習プログラムを個別的実習プログラムに変換する。
②　Do（実施・実行）：個別の実習プログラムを実習で展開する。
③　Check（点検・評価）：個別の実習プログラムの活用状況を評価する。
④　Act（処置・改善）：評価結果から対外的実習プログラムを作成・改善を行う。

　このサイクルを繰り返すことで、実習プログラム自体の改善や質の向上が望めることになります。また、このように実習プログラミングの展開を日常業務として捉え活用していくことで、組織の業務の一環として位置づけられ、さらには実習の充実が図られます。

第 2 節　実習プログラミング・システムの実際

　実習プログラミングにおいては、実習生が教育現場での指導を受けて作成した実習計画書が

第 1 部　実習生のための人材養成・開発

どの程度実践現場で、実現可能であるかの見極めをすることや、また、実践現場での実習指導計画案との相補性を担保するために書類を実習生や教育現場の担当教員と照合していきますので、上で紹介した種々の理論の考え方を適用して、実習指導計画書を綿密に作成することになります。その意味では、それぞれの理論で導きだされる効果や成果を明確にしておくことが必要です。

(1)　専門職養成制度と実習プログラム

実習プログラミングを考えるとき、実習を受け入れる実践現場側は、専門職の養成教育の状況や制度的背景を把握しておく必要があります。特に、国家資格取得の要件となっている実習は、国でその内容や期間が設定されています。

ここでは、社会福祉士の実習プログラミングから実習プログラミング・システムの実際を紹介します。

社会福祉士の国家資格取得の要件とされているソーシャルワーク実習では、厚生労働省により設置された 5 つのねらいと 10 の教育に含むべき事項を指標に、機能の異なる 2 カ所以上の実習機関で 240 時間以上の実習を実施することとなりました。また、一般社団法人日本ソーシャルワーク教育学校連盟では、この指標達成のために必要な体験項目をまとめた「ソーシャルワーク実習教育内容・実習評価ガイドライン」（別添資料 1-2-1. pp. 68-69）を提示し、各地域で実習生のプログラムや実習評価項目が作られています。

この「ソーシャルワーク実習教育内容・実習評価ガイドライン」から、具体的にはどのような実習プログラムが立てられるのでしょう。

[例 1]

実習のねらいについては、「生活上の課題（ニーズ）に対応するため、支援を必要とする人の内的資源やフォーマル・インフォーマルな社会資源を活用した支援計画の作成、実施及びその評価を行う。」という目的の下、実習目標（教育に含むべき事項）を「利用者や地域の状況を理解し、その生活上の課題（ニーズ）の把握、支援計画の作成と実施及び評価」することとして、これを目指すとしましょう。

実習生が「支援計画の作成」ができるようになるには、その実習生の事前学習を考慮に入れ、実際に「各種計画の様式を使用して計画を作成・策定及び実施することができる」ことを目標に、Dewey（デューイ）の学習モデルのプロセスの中の実習前に焦点を当て、特に具体的な実習体験（Impulse）について検討していきます。

ここで扱われる具体的な実習体験の内容は実習生により個別ではありますが、養成校での教育カリキュラムや実習評価基準、実習目標設定を参考に、実習スーパーバイザーの組織の中でどのような実習体験（Impulse）の用意が可能なのかあらかじめ洗い出し準備します。

[例2]

　一般社団法人日本ソーシャルワーク教育学校連盟では、より具体的なプログラミングや評価ができるよう達成目標の下にさらに行動目標を定めています。厚生労働省通知であるソーシャルワーク実習の「ねらい」及び「教育に含むべき事項」と「ソーシャルワーク実習の教育目標（達成目標・行動目標）」の対応関係について「ソーシャルワーク実習教育内容・実習評価ガイドライン」（別添資料1-2-1）を参考にして、以下に、効果的な実習体験をするための実習計画書を作成した手順例を記します（図1-2-6参照）。

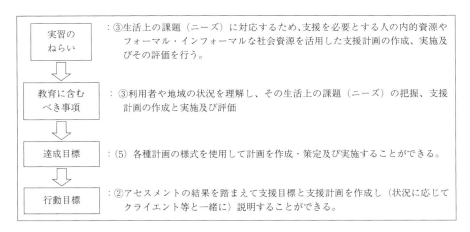

図1-2-6　効果的実習を目指した実習計画書作成のための手順例

出典：星野作成。

（2）実習生が行う実習プログラミング

　実践現場が実習プログラムを作成するのと同じく、実習生も教育現場の指導のもと実習計画書（図1-2-7）を作成します。このプログラムは、実習生の実習ニーズを表現したものであり、実習テーマと共にその目的・目標およびその達成方法などが時系列で記述されるようになっています。教育現場によりその様式や指導などは異なるものの、実習開始前の事前訪問時に実習生と実践現場側の実習スーパーバイザーが、実際の実習プログラムについて打合せする際に利用することができます。前述の国家資格取得に必要な実習は、国で内容や期間を設定していますので、実習を受け入れる側の実践現場側は、実習生の実習計画書に盛り込まれている専門職の養成教育や制度的背景を把握しておく必要があります。

　こうして作成された実習プログラムは、実習生や教育現場側と実践現場側（実習関係3者）の間で事前訪問やスーパーバイザー会議などで、その内容について互いに検討し合うための機会を持ちます。実習前・実習中・実習後指導と続く一連の教育システムの構築には、実習関係3者が実習プログラムにおいてもその目的や役割期待・分担意識を明確化することが求められます。

第1部　実習生のための人材養成・開発

実習計画書　　　　　　　　　　　　　　　　　年　月　日

作成年月日	学生番号 氏　　名	実習予定機関 スーパーバイザー名
実習目的 テーマ		
実習目標 必ず達成できる （2〜3つ）		
目標を達成する方法 と時期について記述 する		

出典：星野作成。

図1-2-7　実習計画書様式

（3）　実習指導計画のプログラミング

1)　実習指導計画書の構造

　ここでは、実習指導プログラムについて、「ソーシャルワーク実習」のために公益社団法人
日本社会福祉士会が作成した「ソーシャルワーク実習　基本プログラム　プログラミングシー
ト」保健医療分野版（別添資料1-2-2. pp. 70-71 参照）を例に説明します。

このプログラムは社会福祉士養成のために実習生が初めて実践現場に触れることを想定しその組立てを、実習生の経験と実習時期に関し、「事前・職場・職種・ソーシャルワーク実習」の4段階としています。また、①事前学習・事前訪問実習：実習生・養成機関と実習スーパーバイザーが実習目的・目標を踏まえ事前学習の確認および実習プログラムのすり合わせを行う時期。②職場実習：職場の構造（仕組み）と機能（働き）を全体的に理解することを目指します。③職種実習：職場の中での、実習スーパーバイザーの職種の位置づけと職種の業務内容、職種にとっての対象者の特徴について全般に理解することを目指します。④ソーシャルワーク実習：実習スーパーバイザーの専門性を現すソーシャルワーク実践の実態を理解し、実習生自らがソーシャルワーク実践を試行することを目指します。

前述の「事前・職場・職種・ソーシャルワーク実習」の4段階と10の「教育に含むべき事項」を交差させてつくられたのが、「ソーシャルワーク実習　基本実習プログラム　プログラミングシート」です。このツールで実習指導者はソーシャルワーク部門の基本となるプログラムを準備し、個々の実習生の実習時間数・実習目的・課題・事前学習・実習経過の状況に応じこの基本プログラムから個別プログラムを作成していきます。

この基本実習プログラムで現わされているのは実習中の4段階までですが、Dewey（デューイ）の学習モデルのプロセスで考えると、実習後を加えた5段階と捉えることができます。実習プログラムとして提供された実習体験を内省・概念化していく最終段階で、実習報告会や実習スーパーバイザー会議などが実施されます。実習スーパーバイザーは、事後も含めた全体の実習期間を考慮し、実習生の実習動機・目的・課題・事前学習や実習経過などにより、5段階の配分について細やかな配慮をしていきます（図1-2-8参照）。

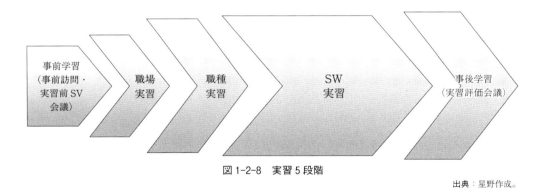

図1-2-8　実習5段階

出典：星野作成。

2）実習指導計画書の解説

実習の準備として実習指導計画書（図1-2-9参照）を作成してみましょう。

実習指導者側は、①実習全体の指導責任体制を確認し、②実習生にどのような実習内容を提供するかを前もって組織として計画し、③実習中や実習後その実行状況を評価することが可能

第1部　実習生のための人材養成・開発

となります。事前訪問などで、実習生が作成した実習計画書と照らし合せることで、実習目的や目標について明確化できます。また、実習生への事前に、多様な業務の中で達成できる程度と範囲を前もって示すことで、実習に臨む実習生のニーズや姿勢も定まっていきます。さらに、実習生にとって目的達成の程度や体験項目・理解内容等を言語化・文章化することによって、形成的評価（ポートフォリオ）に貢献することにもなります。教育現場にとっては、授業で教えている点と教えていない点を事前に確認することに使用でき、事後指導の参考にもなると考えられます。

［実習指導計画書記入要綱］

① 受け入れ機関・部署は、組織全体の実習マネジメント計画書の内容と変わりません。まず教育機関との契約締結相手である実習指導者の所属機関名、所属部署を記載します。

② 受け入れ責任者とは、実習生のさまざまなリスクや組織的対応に対して最終的に責任を持つ部署の管理者です。管理者は実習計画書そのものに許可を出し、実習中止の決定権を持ち、本計画書には管理者の承認が必要となります。また実習体制や個々の指導者の指導内容についてもスーパービジョンを行います。

③ 受け入れ担当者とは、実習指導者である「あなた」とその職位です。

④ 指導連携チームメンバーとは、チームとして実習生の教育に関与してもらうこととし、その範囲を定めます。担当者を中心に養成チームを作り、実習指導に関する目的や指導方針を共有します。個人で全てを対応する形は極力避け、ネットワーク技術などを活用しチームで対応することが望ましいでしょう。

留意点：実習事業企画書やリスクマネジメント計画書などと矛盾がないか確認すること。

⑤ 地域・機関の特性は、組織全体の実習マネジメント計画書と同様になります。職務の特性は組織における部門の歴史や役割期待など、また組織の課題など、多様に考えます。そして対人支援職としての多様な活動の中で、自身が提供しうる実習体験内容を計画して下さい。

留意点：リスクマネジメント計画書との関連性をもたせていることを確認すること。

例）組織の個人情報保護規定を遵守する対応について学ぶ。

⑥ 実習設定期間・時期および受け入れ条件は、実習マネジメント計画書とは異なり、個別の計画なので、受け入れる実習生の条件をより具体的に設定して下さい。ここではプログラミングの訓練として180時間で設定して下さい。

⑦ 実習の目的とは、実習生がこの実習体験によって得られることのできる価値・知識・技術に基づく専門性を、イメージして記入します。自身の所属機関で目的に設定しうる、ソーシャルワーカーの専門性で重要と考えられるものを、1つ選んで「（実習指導者は）実習生が〜すること」の形で記述して下さい。

⑧ 実習の目標とは、目的を達成するための具体的な行為の固まりとして「AがBのようにできるようになること」の形で、箇条書きで3〜5つを記述して下さい。さらにその目標に実習生の達成レベルとして、実習終了時までに何がどの範囲でどのくらいできるようになるかを設定して下さい。また、実習評価表がある場合は、その評価項目を網羅するよう計画を立案します。

第 2 章　実習プログラミング

実習指導計画書様式①

○年 ○月 ○日

1）実習受け入れ機関・部署
2）受け入れ責任者名（部署責任者名と職位） 印
3）受け入れ担当者名（実習指導者名と職位） 印
4）指導連携チームメンバー
5）地域・機関および職務の特性
6）実習設定期間・時期および受け入れ条件
7）実習目的
8）実習目標

出典：星野作成。

図 1-2-9　実習指導計画書①

65

第 1 部　実習生のための人材養成・開発

実習指導計画書様式②

実習の枠組み（実習前＋実習 4 週＋実習後　時間的経過ごとの実施／体験項目と達成程度、達成手段
留意点　その理由・理論的根拠　何によって達成したことがわかるのか具体的証拠　等）

時期　　　　　　　　　　　実施／体験項目　　　達成程度　　　　手段と留意点　　　　理由・根拠
実習前

初期
（職場実習）

（職種実習）

中期
（ソーシャルワーク実習）

後期

実習後

出典：星野作成。

図 1-2-10　実習指導計画書②

第 2 章　実習プログラミング

⑨　実習の枠組みとは、具体的な実習指導計画に当たるものです。まず実習期間を分類します。その期間ごとに目標と実施（実習生にとっては体験）項目を上述の目的・目標に沿った形で記述します。その目標の達成度と、達成するための手段や必要な資料・教材、達成にかかわる留意点、理論的根拠などを示します。また「何によってその目標が達成したことがわかるか」具体的証拠や根拠なども考えて下さい。

　　達成度については前述の「FK グリッド」の「能力養成の段階」が活用できます。

参考文献

福山和女（1996）『シリーズソーシャルワークを学ぶ　3 次元の立体把握──役割システム的アプローチについての理解』FK 研究グループ、p. 14.

北海道医療ソーシャルワーカー協会（一般社団）(2014)『保健医療分野における者期福祉実習～実践的実習マニュアル～』.

Kolb, D. A.（1983）*EXPERIENTIAL LEARNING Experience as the Source of Learning and Development*（Second Edition）Pearson, pp. 34, 51.

松尾睦（2006）『経験からの学習　プロフェッショナルへの成長プロセス』同分舘出版.

中原淳（2013）「経験学習の理論的系譜と研究動向」『日本労働研究誌』No. 639/October.

永田豊志（2015）『フレームワーク図鑑』KADOKAWA.

日本医療社会福祉協会（公社）(2016)『2015 年度実習指導者養成認定研修【東京会場】』.

日本医療社会事業協会（社）監修（2008）『新医療ソーシャルワーク実習　社会福祉士などの養成教育のために』川島書店.

日本社会福祉士会（公社）(2022)『新版　社会福祉士実習指導者テキスト』中央法規出版.

日本ソーシャルワーク教育学校連盟（一般社団）(2021)『最新　社会福祉士養成講座 8　ソーシャルワーク実習指導ソーシャルワーク実習［社会専門]』中央法規出版.

和栗百恵（2010）「『ふりかえり』と学習──大学教育におけるふりかえり支援のために」『国立教育政策研究所紀要』第 139 集.

第1部　実習生のための人材養成・開発

別添資料 1-2-1　ソーシャルワーク実習教育内容・実習評価ガイドライン

○本実習教育内容・実習評価ガイドラインにおいては、科目「ソーシャルワーク実習」の通知に規定されている「教育に含むべき事項」(①～⑩)に対応した「教育目標」を設定している。教育目標は、「達成目標」と「行動目標」で構成している。

○「達成目標」は、実習生が実習を終えた時点において「できる」ことが到達点として求められる行動を示している。達成目標の習得の深度や難易度は、実習施設の種別や課程の違い等を表している。

○「行動目標」は、達成目標をより具体的かつ観察可能な行動を示している。

○ソーシャルワーク実習では、実習施設・機関等が位置する地域を含め、ミクロ・メゾ・マクロの全てのレベルにおいて支援（介入）の対象が存在するため、それぞれのレベルで想定される対象を念頭に置いた行動目標を設定する。本ガイドラインでは、ミクロ［メゾ］［マクロ］を以下の通り定義する。

　ミクロレベル：直接・個別的支援の対象である個人と家族の属性。
　メゾレベル：家族ほど親密ではないが、グループや学校・職場、近隣など有意義な対人関係のあるレベルで、クライエントに直接、影響するシステムの変容を目指すレベル。
　マクロレベル：対面での直接サービス提供ではなく、社会問題に対応するための社会計画や地域組織化。

○なお、教育に含むべき事項①～⑩の項目配列の順序は実習過程の順序を示したものではないため、各項目を関連付けて行動目標を立案する。

厚労省通知 ねらい・教育に含むべき事項「ソーシャルワーク実習」	教育に含むべき事項	達成目標	ソーシャルワーク実習の教育目標 行動目標
①ソーシャルワークの実践に必要となる各科目の知識と技術を統合し、社会福祉士としての価値と倫理に基づく支援を行うための実践能力を養う。 ②支援を必要とする人や地域の状況を理解し、その生活上の課題（ニーズ）について把握する。 ③生活上の課題（ニーズ）に対応するため、支援を必要とする人の内的資源やフォーマル・インフォーマルな社会資源を活用した支援計画の作成、実施及びその評価を行う。 ④施設・機関等が地域社会の中で果たす役割を実践的に理解する。 ⑤総合的かつ包括的な支援における多職種・多機関、地域住民等との連携のあり方及びその具体的内容を実践的に理解する。	①利用者やその関係者（家族・親族、友人等）、施設・事業者・機関・団体、住民やボランティア等との基本的なコミュニケーションや円滑な人間関係の形成	(1) クライエント等と人間関係を形成するための基本的なコミュニケーションをとることができる。	①クライエント、クライエントの家族、グループ、地域住民等との挨拶や自己紹介、声掛けを行うことができる。 ②クライエント、クライエントの家族、グループ、地域住民等、様々な人と関わる場面において、その人々の状況に合わせて言語的コミュニケーションと非言語的コミュニケーションを使い分けることができる。 ③ミーティングや会議等において発言を求められた際に具体的に説明することができる。 ④カンファレンスや会議等において、クライエント等の状況を説明することができる。 ⑤地域住民をはじめ、広い範囲に発信するための広報やメッセージを作成することができる。
	②利用者やその関係者（家族・親族、友人等）との援助関係の形成	(2) クライエント等との援助関係を形成することができる。	①クライエント等との信頼関係（ラポール）を構築する際の留意点や方法を説明することができる。 ②クライエント等に対して誠実かつ一貫した態度で関わり、信頼関係を構築することができる。 ③クライエント等との対話場面で傾聴の姿勢・技術を相手に示し、コミュニケーションをとることができる。
	③利用者や地域の状況を理解し、その生活上の課題（ニーズ）の把握、支援計画の作成と実施及び評価	(3) クライエント、グループ、地域住民等のアセスメントを実施し、ニーズを明確にすることができる。	①現在または過去のクライエント等の各種記録を参考に、収集すべき情報を説明することができる。 ②クライエント、グループ、地域住民等のアセスメントを行い、その結果を説明することができる。 ③クライエント等のエコマップやジェノグラムを作成し、クライエントを取り巻く環境（クライエントシステム）やその人々の状況に合わせて信頼関係を構築することができる。 ④本人の家族やキーパーソン、クライエントを取り巻く環境についてアセスメントを行い、身体的・精神的・社会的状況を理解することができる。 ⑤収集した情報を統合してアセスメントし、クライエントのニーズを明らかにすることができる。
	④利用者やその関係者（家族・親族、友人等）への権利擁護活動とその評価	(4) 地域アセスメントを実施し、地域の課題や問題解決に向けた目標を設定することができる。	①地域アセスメントの意義や方法、活用可能なツールについて説明することができる。 ②地域の課題や問題解決に向けた情報収集を行い、収集した情報を統合して地域をSWOT分析等で分析を行い、地域の顕在的・潜在的な課題を明確にすることができる。 ③特定のクライエントシステムの課題や問題を地域全体の課題として捉え、地域福祉の視点から解決に向けた目標を設定することができる。
	⑤多職種連携及びチームアプローチの実践的理解	(5) 各種計画の様式を使用して計画を作成・策定及び実施することができる。	①実習計画の様式をミクロ・メゾ・マクロのそれぞれのレベルに対応した実習計画、事業計画等を作成することができる。 ②アセスメントの結果を踏まえて支援目標、支援計画を作成し、実施することができる。 ③目標を達成するために必要な実習指導者等と一緒に計画を立案・策定し、実施及び実施後のモニタリングに基づき、計画の修正を行うことができる。
	⑥当該実習先が地域社会の中で果たす役割の理解及び具体的な地域社会への働きかけ	(6) 各種計画の実施をモニタリング及び評価することができる。	①現在または過去の各種記録等を参考に、モニタリングおよび評価の方法について説明することができる。 ②モニタリングを行い、地域を対象とした活動を含めて評価することができる。
	⑦地域における分野横断的・業種横断的な関係形成と社会資源の活用・調整・開発に関する理解	(7) クライエント及び多様な人々の権利擁護並びにエンパワメントを含む実践を行い、評価することができる。	①クライエント及び多様な人々を理解し、尊重する価値観、倫理観、生活習慣等を尊重した言動をとることができる。 ②クライエント及び多様な人々の持つ「強み・力」（ストレングス）と「課題」を適切に評価することができる。 ③権利擁護並びにエンパワメントの観点から実施状況を評価し、その結果を説明することができる。
	⑧施設・事業者・機関・団体等の経営やサービスの管理運営の実際（チームマネジメントや人材管理の理解を含む）	(8) 実習施設・機関等の各職員の専門性や業務内容等を説明することができる。	①実習施設・機関等の各種の専門職の種別や役割について把握し、それぞれの職務および機能と役割を説明することができる。 ②チームに係る社会福祉士の役割を理解し、チームビルディングの必要性を説明することができる。
	⑨社会福祉士としての職業倫理と組織の一員としての役割と責任の理解	(9) 実習施設・機関等と関係する社会資源の機能や役割を説明することができる。	①実習施設・機関等の各種業務について把握し、関係者、関係機関等の役割を説明することができる。 ②関係機関等との関係性や業務内容等について説明することができる。 ③事例検討会・ケースカンファレンス等に同席し、出席している関係者、関係機関の持つ機能と役割を説明することができる。
	⑩ソーシャルワーク実践に求められる技術の活用	(10) 地域住民、関係者、関係機関等と連携・協働することができる。	①協働するための社会資源をマッピングしながら収集することができる。 ②活動目的や内容に即した関係機関等の役割や関係性を共有することができる。 ③連携・協働した活動を実施するための必要な調整や交渉を行うことができる。 ④実習施設・機関等が関係する地域住民、出向く、関係機関等に連携を促す働きかけができる。 ⑤包括的な支援体制における実習施設・機関等の持つ機能と役割を説明することができる。

68

出典：一般社団法人日本ソーシャルワーク教育学校連盟「ソーシャルワーク実習指導・実習のための教育ガイドライン（2021年8月改訂版）」より引用。

項目	達成目標	行動目標
	(11) 各種会議を企画・運営することができる	①カンファレンスや地域ケア会議等を同僚と企画し、職種ごとの業務の特徴や役割分担やアセスメントの視点からの留意点について説明することができる。 ②多職種によるチームアプローチとして、目標設定や役割分担の合意形成の留意点等について共に実施することができる。 ③職員会議、委員会、合同会議など組織内で開催される会議を同席し、運営する会議の種類や目的について説明し、会議の種類や目的について説明できる。 ④他機関との合同会議、住民参加の会議など、必要な状況に説明し、必要に応じて参加者への説明・共有することができる。 ⑤参加・同席した会議の記録を適切に作成し、必要な状況を説明し、会議の進行（ファシリテーター）を担当することができる。 ⑥実習施設で必要な会議を企画・実施し、会議の進行（ファシリテーター）を担当することができる。
⑥当該実習先が地域社会の中で果たす役割の理解及び具体的な地域社会への働きかけ	(12) 当該実習先が地域社会の中で果たす役割を理解し、その具体的な地域社会への働きかけ	①実習施設・機関等が行っている取組みを理解し、説明することができる。 ②事業報告書、月次報告書、実績報告書、調査報告書等を閲覧し、課題を発見し、説明することができる。 ③クライエントや地域の問題解決に向けた実習施設の役割と方法を実践することができる。
	(13) 地域における社会資源の活用、施設・機関等の役割の理解	①地域住民に働きかける方法（地域組織化、当事者組織化、ボランティア組織化や事業化）を実践することができる。 ②関係機関や住民組織との連携を図り、問題解決に向けた役割を説明し、関係構築を実施することができる。 ③情報発信の具体的な方法と方法を実施することができる。
⑦地域における分野横断的・業種横断的な関係形成と社会資源の活用・調整・開発に関する理解	(14) 地域における分野横断的・業種横断的な関係形成と社会資源の開発に関する理解	①地域における関係機関・関係者との社会資源をマッピングし、実習施設・機関等を取り巻く社会資源の状況を説明することができる。 ②実習施設・機関等の有する分野横断的な関係性について明らかにし、説明することができる。 ③地域の問題解決に向けた新たな社会資源が必要な場合、開発するための方法を説明することができる。
⑧施設・事業者・機関・団体等の経営やサービスの管理運営の実際（チームマネジメントや人材管理の理解を含む）	(15) 実習施設・機関等の経営理念や戦略を分析に基づいて説明することができる	①実習施設・機関等の事業・活動と関係する社会資源をマッピングし、SWOT分析等に基づいて意見を提示できる。 ②実習施設・機関等の経営戦略について説明できるとともに、経営を改善する機関の機能について説明することができる。 ③各種委員会における多職種連携及び協働の過程と方法を説明することができる。
	(16) 実習施設・機関等の法的根拠、財政、運営方法等を説明することができる	①実習施設・機関等が設置されている法的根拠と関連する法制度を自ら確認し、説明することができる。 ②実習施設・機関等における運営方法を決定する機関等を自ら理解し、説明することができる。 ③事前学習で調べた組織図、事業報告書及び決算書に関して質問し、不明点や疑問点を適切に指摘することができる。
⑨社会福祉士としての職業倫理と組織の一員としての役割と責任の理解	(17) 実習施設・機関等における社会福祉士の倫理に基づいた実践及びジレンマの解決を適切に行うことができる	①実習指導者等の業務を観察し、クライエントや地域住民、関係者等との関わりにおいて、倫理的ジレンマが生じた場面に気づき、関係者との関わりにおいて、倫理的ジレンマが生じた場面に気づき、説明することができる。倫理判断、倫理判断 ②①により抽出した倫理的判断に基づく運営方法や価値・倫理に基づいて振り返り、解決に基づいて振り返り、解決に基づいて ③自分自身や組織が抱える倫理的ジレンマについて、クライエントや地域住民における専門性や立場から発信することができる。 ④多職種連携におけるチームアプローチ場面で振り返り、倫理判断 ⑤個人情報保護のための取組みについて説明することができる。
	(18) 実習施設・機関等の規則等について説明することができる	①実習施設・機関等の規則等をモデル的体系的に整備されていることを理解している ②実習施設・機関等の規則のうち、労働条件が規定されている就業規則等を理解することができる。 ③実習施設・機関等の規則のうち、職員が遵守すべき事項を規定している服務規律を理解することができる。 ④実習施設・機関等の規則のうち、各職員の職務分掌や職務権限を規定している規定を理解し、説明することができる。 ⑤実習施設・機関等の規則のうち、文書の保存や廃棄、記録の保存や廃棄について説明することができる。
⑩ソーシャルワーク実践に求められる以下の技術について目的、方法、留意点についての理解 ・アウトリーチ ・ネットワーキング ・コーディネーション ・ネゴシエーション ・ファシリテーション ・プレゼンテーション ・ソーシャルアクション	(19) 以下の技術について目的、方法、留意点について説明することができる ・アウトリーチ ・ネットワーキング ・コーディネーション ・ネゴシエーション ・ファシリテーション ・プレゼンテーション ・ソーシャルアクション	①具体的な事例を踏まえ、各技術の目的、方法、留意点について説明することができる。 ②各技術を実施することができる。 （アウトリーチ） （ネットワーキング） （コーディネーション） （ネゴシエーション） （ファシリテーション） （プレゼンテーション） （ソーシャルアクション）
	(20) ソーシャルワーク実践に求められる以下の技術の実践的な理解 ・アウトリーチ ・ネットワーキング ・コーディネーション ・ネゴシエーション ・ファシリテーション ・プレゼンテーション ・ソーシャルアクション	(1)~(3)への取り組みを踏まえて、実習施設・機関等を取り巻く問題等を上げられない状態にあるなどの理由で潜在化している問題や困難に気づき、解決に向け (4)~(9)の取り組みを踏まえて、当事者自身が声を上げられない状態に向け出かけていくことができる（ネットワーキング） (8)・(9)・(11)-(2)・(11)-(2)③・(14)・(13)-2・(11)-2・(14)-5の取り組みを対象となる地域住民、（コーディネーション） (10)-3・(11)・(14)-④への取り組みを踏まえて（ネゴシエーション） (4)-3・(10)-3・(11)-(1)-2・③への取り組みを踏まえて（ファシリテーション） (10)-(2)・(11)-(2)⑥・(13)への取り組みを踏まえて（プレゼンテーション） (11)-5・(13)・(14)-5の取り組みを踏まえて、人がより良く生きることを阻害する法律・制度等の存在に気づくことともに、それを変えるための戦略を検討し、実施することができること（ソーシャルアクション）

別添資料1-2-2　ソーシャルワーク実習　基本実習プログラム　プログラミングシート

作成日：202_年_月_日

第1部　実習生のための人材養成・開発

実習施設名：　　　　　　　作成メンバー：

ソーシャルワーク実習 教育に含むべき事項（国通知）	達成目標（評価ガイドライン）※各達成目標の具体例は行動目標を参照	学生に求める事前学習	当該実習施設における実習の実施方法及び展開				指導上の留意点 / 活用する資料・参照物
			具体的な実習内容				
			SW実践の場の理解に関する内容	SWrの理解に関する内容	SW実践の理解に関する内容	SW実践の理解に関する内容（発展的）	
① 利用者やその関係者（家族・親族、友人等）、施設・事業者・機関・団体、住民やボランティア等との基本的なコミュニケーションをとることや人間関係の形成	(1) クライエント等と人間関係を形成するための基本的なコミュニケーションをとることができる						
② 利用者やその関係者（家族・親族、友人等）との援助関係の形成	(2) クライエント等との援助関係を形成することができる						
③ 利用者や地域の状況を理解し、その生活上の課題（ニーズ）の把握、支援計画の作成と実施及び評価	(4) クライエント、グループ、地域住民等のアセスメントを実施し、ニーズを明確にすることができる (5) 地域アセスメントを実施し、地域の課題や問題解決に向けた目標を設定することができる (6) 各種計画の様式を使用して計画を作成・策定及び実施することができる (7) 各種計画の実施をモニタリング及び評価することができる						
④ 利用者やその関係者（家族・親族、友人等）への権利擁護活動とその理由	(3) クライエントへの権利擁護及びエンパワメントを含む実践を行い、評価することができる						
⑤ 多職種連携及びチームアプローチの実践的理解	(8) 実習施設・機関等の各職種の機能と役割を説明することができる (9) 実習施設・機関等と関係する社会資源の機能と役割を説明することができる (10) 地域住民、関係者、関係機関等と連携・協働することができる (11) 各種会議を企画・運営することができる						
⑥ 当該実習先が地域社会の中で果たす役割の理解及び具体的な地域社会への働きかけ	(12) 地域社会における実習施設・機関等の役割を説明することができる (13) 地域住民や団体、施設、機関等に働きかけることができる						

第2章　実習プログラミング

⑦	地域における分野横断的・業種横断的な関係形成と社会資源の活用・調整・開発に関する理解	(14) 地域における分野横断的・業種横断的な社会資源について説明し、問題解決への活用や新たな社会資源を検討することができる	
⑧	施設・事業者・機関・団体等の経営やサービスの管理運営の実際（チームマネジメントや人材管理の理解を含む）	(15) 実習施設・機関等の経営理念や戦略を分析に基づいて説明することができる	
		(16) 実習施設・機関等の法的根拠、財政、運営方法等を説明することができる	
⑨	社会福祉士としての職業倫理と組織の一員としての役割と責任の理解	(17) 実習施設・機関等における社会福祉士の倫理に基づいた実践及びジレンマの解決を適切に行うことができる	
		(18) 実習施設・機関等の規則等について説明することができる	
⑩	1 アウトリーチ	(19) 以下の技術について目的、方法、留意点について説明することができる	
	2 ネットワーキング	・アウトリーチ	
	3 コーディネーション	・ネットワーキング	
	4 ネゴシエーション	・コーディネーション	
	5 ファシリテーション	・ネゴシエーション	
	6 プレゼンテーション	・ファシリテーション	
	7 ソーシャルアクション	・プレゼンテーション	
		・ソーシャルアクション	

出典：「新版 社会福祉士実習指導者テキスト」(2022) p. 125 より引用。

第3章 実習生のための スーパービジョン

第1節 実習スーパービジョン・システム

(1) 実習スーパービジョン・システムの概説

　福山はスーパービジョンを「専門職養成の教育的援助過程である」と定義しています（福山1985）。また過程であることの意味を「単発の指導方法では無く、継続的なスーパーバイザー（以下バイザー）／スーパーバイジー（以下バイジー）間の相互作用の過程を経て、効果を出すようにするものである」と説明しています（萬歳2005）。Dessau, D.（デッソー）は、「ケースワークなどというものは勝手に自分流で開業するものではない。講義を聞いただけで、または参考書をよんだだけで実行してはいけない。講義結構、参考書結構、他の人の仕事を見るのもすべて結構。ただし一番大切なものは正規のスーパーバイザーの指導を受けて長時間実習することである」（Dessau 1970）と述べ、対人支援専門職、特にソーシャルワーカーの養成における実習及びスーパービジョンの大切さについて言及しています。

　対人支援の専門職の養成には実習は欠かせません。日本でも社会福祉士や介護福祉士、精神保健福祉士等の養成カリキュラムや関連法が改正され、実習要件やカリキュラム改正が行われ、実習科目の重みづけがさらに高まってきました。実習体制の中でスーパービジョンがシステムとしてうまく機能することで、実習生指導が人材開発体制の中で生きてきます。

　実習スーパービジョン・システムのめざすところは、実習生が専門性や実習環境に関わる刺激を自己の中に取り込む同化体験（自己活用レベル）を通じて、「対人支援専門職の業務行動のすべては、専門的技術であることを証明する」（福山 2015）ことです。またスーパービジョン体制をシステムとしてとらえた場合、改めて対人支援専門職の実践におけるミクロばかりでなく、メゾ・マクロ領域についても専門職として影響を受ける、また及ぼす関係のサブシステムとして規定しています（福山2008）。

　序章「人材開発概論」で述べられているように（p. 7）、現場実習とは、学生が実習生という役割を担い、教育現場などで習得した福祉領域の知識・技術・価値を利用して、実践現場という環境を刺激として体験することで、それらを自分なりに自己の中に取り入れるという同化の体験をすることです。実習スーパービジョンでは、そうした同化体験について、学生が「何を見たのか」「どのように理解したのか」について、指導者が確認していく作業を、学生との交

第1部　実習生のための人材養成・開発

互作用の中で展開させることです。つまりこれによって、スーパービジョン・システムが機能することになります。

（2）　実習スーパービジョン・システムの構造

実習スーパービジョン・システムは「関係」と「体制・業務」から構成されています。

1）　実習スーパービジョン関係

スーパービジョンでは基本的にスーパーバイザー（以下、バイザーとする）とスーパーバイジー（以下、バイジーとする）の2つの役割があります。バイザーとは、組織の理念や方針に沿った業務を促進するために、スタッフの力を活用し育てる責任を引き受ける人のことです。具体的には、施設長、主任指導員、相談室長、主任相談員、実習指導者、実習担当教員等、中堅以上のスタッフがバイザーの役割を取ります。

バイジーとは、業務遂行上、上司・ベテランスタッフの確認、助言、指導、サポートを得る立場にいる人です。具体的には、部下、新人、実習生、中堅スタッフ等がバイジーの役割を取ります。これらの人は、自身が養成されるべき人材であることを常に認識し、積極的にスーパービジョンを活用していくことが必要です。このようなバイザー/バイジーの関係をスーパービジョン関係といいます。実習スーパービジョンとは、バイジーである実習生がバイザーである指導者とのスーパービジョン関係の中で同化体験を通して学ぶことです。

スーパービジョン関係は「契約」関係です。バイザーは契約によりスーパービジョンを請け負っている以上、バイジーの業務行動を確認する責任があり、さらにスーパービジョンを行うことによって、バイジーの業務行動へ承認を与えることになります。また、バイジーはバイザーの指導に従うという義務が生じます。

2）　実習スーパービジョン体制

実習教育システムは、教育機関と実習先事業所との機関間で成立している契約事項です。つまり、すでに実習指導体制として教育機関と実践機関双方のマネジメントにより、（実習を受け入れる）事業所等においては組織の事業計画として位置づけられることになります。また、事業所内の部署においても、業務として実習指導のプログラミングがなされていますので、実習指導はスーパービジョン業務として位置づけられます。

こうした実習指導体制下で実習スーパービジョンが行われます。実習生（バイジー）は、まず事前に教育機関でスーパービジョンを受けます。ここでは、実習先の機関特性を調べることやそれに基づく制度政策・社会資源等を学習することにより、学生として実習機関を理解します。それに基づき教育機関の担当教員の指導を受けます。スーパービジョンの内容としては、実習指導体制下で行なわれる実践機関と教育機関間での事前スーパーバイザー会議（後述 p.

第3章　実習生のためのスーパービジョン

78）で取り決められた注意事項や、すでにすり合わせが行われた実習目的、目標、関心の焦点化について、スーパービジョンが行われることになります。またこのスーパービジョンでは、実習先機関や利用者に対して予測されるリスクのマネジメント、倫理的行動についても指導を行います。

　その上で、実習生は実習先機関へ赴き実習が開始されます。実習中は実習生として実践現場のバイザーによるスーパービジョンを受けながら、その指導や訓練を通して実践現場を体験します（同化体験）。そして、帰校日や教員による現場訪問の時には、再度教育機関のバイザーによるスーパービジョンを受け、実習の振り返りと気づきの焦点化・言語化によってエンパワメントされる体験をします。そして再度実践現場のバイザーのもと、スーパービジョンによって同化体験を深化させます。実習期間中はこの繰り返しが行われることになります。

　実習スーパービジョン体制では、実習生は教育機関と実践機関との二重のスーパービジョンを受けることになります。つまりバイジーは実習生ですが、バイザーは実践現場の実習指導者と教育機関の実習担当教員との二層のスーパービジョンが並立しているシステムになっています。そのため教育機関と実習先である専門機関との協力体制をつくることが重要です。

　この協力体制をつくる一環として実習の事前と事後に、教育機関と実践機関とは、両機関のバイザーたちが出席する実習スーパーバイザー会議を開催します。この席で両者の実習体制についての意見や課題を検討し、円滑に実習が進むようにバイザーによるマネジメントが展開されます。

3）　実習スーパービジョン業務

　実践現場における実習指導（スーパービジョン）業務は、「職員が実習生に対して、実習生としての行動を促すために行なう指示を含む業務行動」です。つまり、クライエントに対する責任を持つ支援専門職である実習指導者は、実習生が実習期間中に適切な行動をとれるように、組織を運営し管理できなければなりません。実習生はクライエントではなく、またお客様でもありません。組織として責任を持って実習生を実習生としての行動がとれるように、指示し管理していくことが必要です。その業務行動はスーパービジョンを介して行なわれることになります。その点で、スーパービジョン業務は基本的に組織として、部署として、運営管理的機能を発揮して行なうものです。

　実習生は、専門性の理論やスキルの習得を中心にした教育的スーパービジョンを期待し、希望することもあるかもしれません。しかし実践機関のスーパービジョンでは、それをメインにしなければいけないことはありません。必要時はもちろん随時行いますが、それよりも実習生としての姿勢、つまり専門職として「しなければいけないこと」と「してはいけないこと」「考えなければならないこと」を実習生と共有することは、現場の価値実践について自己に取り込む体験（同化体験）をすることになり、大きな教育的効果を得ることができます。

　また実習スーパービジョン業務を通じて、実習生の行動や思考パターンを観察し、把握する

第1部　実習生のための人材養成・開発

必要があります。その上で実習生としての行動範囲を明示していきます。その実習生がどの程度の指示でその通りに行動するか、別の解釈をして危険を招く傾向がないか、分からなくとも分かったような態度をとる傾向があるか等、実習生自身のオリジナル行動パターンなど独自性についての理解を深め、前もってその後の行動を予測し、失敗の可能性も考慮に入れておきます。そうしたバイザーによる実習生の行動予測のアセスメントはリスクマネジメントとしても重要ですし、それを見込んでリスク防止の実習プログラムを作成することもあります。例えば実習生には「報告・連絡・相談（ホウレンソウ）」の話をした後、報告義務を課して、連絡・相談によって失敗を未然に防ぐ、大きくしない方法の提示と具体的指示が必要です。よくバイザーが、「とんでもない実習生の行動」を嘆くことがありますが、それは、スーパービジョン業務として、リスクマネジメントにおける実習生とその環境に対する予測のアセスメントが甘かった可能性もあります。

　実習スーパービジョン業務では、開始時に実習生の実習目標を明確にした上で、具体的実習課題を確認しておき、課題の到達レベルの評価について事前に実習生と共有し、一緒に評価をしていく必要があります。実習前及び実習中にはスーパービジョン業務を通じて確認作業を行うようにします。さらに、実習生は今後成長する存在として、実習生の特性を把握し、2人（3人）のバイザー（2ヶ所の実践現場の実習指導者と教育機関の実習担当教員）はそれを理解した上で、実習スーパービジョン業務を行う必要があります。実習生の抱く不安や自信の無さといったパワーレスな状態についても理解し、配慮することが求められます。実習生としての取り組みを評価し、支持的に関わることが必要です。

　また業務計画の中に実習スーパービジョン業務が位置づけられていますが、環境に対する働きかけとして、組織の別の部署や他職種への協力についても、組織に対し計画的に依頼し、理解と協力を得ておく必要があります。

第2節　実習生のためのスーパービジョンの機能

（1）　スーパービジョンの機能と留意点

　実習スーパービジョンには3つの機能があります。管理的機能、教育的機能、支持的機能です。

　そしてバイザーがスーパービジョンで確認すべき項目を以下、4点示します。

①　実習生としての行動範囲、役割、実習機関の機能について確認する
②　実習内容・実習目標の計画性を確認する
③　専門性に関する理論・情報・価値の活用を確認する

④　実習の効果予測を確認する

　バイザーは 3 機能ごとに視点や見方を変えて、上述の①から④の点を押さえていきます（福山他　2000）。

1）　管理的機能

実習生としての行動範囲、役割、実習機関の機能について確認する

　実習先である機関は、自機関を利用する利用者への責任があります。そのため、実習生の行動範囲や責任、実習目的や目標に適った役割を確認し、実習生と共有しておくことが必須となります。また、自機関の機能についても共有し、その中で適切な実習生としての振る舞いや行動について具体的に確認しておくようにします。

実習内容・実習目標の計画性を確認する

　実習生のニーズを確認し、実習目的やそのための達成課題（実習目標）について事前にすり合わせを行って合意形成しておきます。すでに実習生のニーズと自機関の機能とのすり合わせについては、実習スーパービジョン・システムの中で教育機関と交換されている実習事業企画書（計画書）や実習指導計画書等で行われており、達成可能な実習目的と目標が選択されています。実習生自身がその目的をどのように達成したいと思っているのか、その計画が自機関の業務の範囲で行えるものなのかといったことについて検討します。

専門性に関する理論・情報・価値の活用を確認する

　実習目的の達成には、様々な理論や情報が必要です。これまでどのような理論を学び、実習生活の中でどのように活かしていきたいと思っているのか、社会資源等の情報についてどの程度持っており、何が必要なのかを確認します。

　また、援助職としての価値や倫理について、正しく理解されているのか、その視点を持っているのかについて確認をしていきます。

実習の効果予測を確認する

　実習を終えた後の教育機関からのフィードバックも含めた実習の効果について予測しておくことも重要です。実習期間は通常、1 〜 4 週間であり、その期間での実習目的の達成が難しいかもしれません。実習の効果としてどの程度まで期待しているのか、何が必要なのかといったことについて確認しておくようにします。

　特に、リスクマネジメントの重要性について、実習生と実習指導者が体験したことを共有することは、実習生自身が管理的な視点を得ることができ、実習の評価の 1 つとして考えることができます。また、実習生自身が実習を通じて自身の目的・目標をどの程度達成したと思って

第1部　実習生のための人材養成・開発

いるのかを確認することで、実習の評価について共有できるようになります。

2）　教育的機能

　　個別スーパービジョンの場面における教育的機能は、実習スーパービジョン・システム内では基本的には教育機関での役割となります。実習先の専門機関では、実習を進めていく中で上記の①〜④における専門的知識、情報、技術等の不足部分について確認し、目的や目標達成に不可欠である場合に指導することになります。また、教育機関と連携を行い、どういった点が不足しているのかについて情報交換し、今後のフィードバックに活かせるようにします。

3）　支持的機能

　　実習生は実習期間中に社会人としての職場を体験し、利用者と触れ合うことになります。事前に教育機関でスーパービジョンを受けているとはいえ、不安や自信の無さが伺えます。そこで、実習先機関では、特に実習生の不安な気持ちを理解し、上記①〜④について「何に悩んでいるのか」「何が不安なのか」「何に自信がないのか」を検討することで、支持的な機能を発揮することが期待されます。特に、クライエントへの興味や関心の焦点化が上手くいかない場合も散見されると思われますが、実習生の伝える内容を傾聴し、その気づきについて共有して、関心の焦点化を行い、さらに焦点を広げていく作業を行うことは、対人援助職としての態度そのものを示すことになり、実習生へ支持的に関わることになります。

（2）　実習生に対する3機能の発揮（実習バイザー会議を中心に）

　　教育機関では実習先を決めるに当たって、予め事業所から提出されている実習事業企画書等の資料に基づき、実習生の実習計画書のニーズ（目的・目標）とのすり合わせを行なったうえで、配属先が決定されます。実習スーパービジョン体制として、教育機関と実習先事業所とは、事前にプログラミングされている実習事業企画書や実習生の実習計画書とのすり合わせ等をマネジメントしながら、実習スーパーバイザー会議を行います。

　　この段階で実習契約は結ばれているので、会議ではまず実習の実施主体は教育機関にあることを確認します。そして、契約内容の確認や、リスクマネジメントにおける具体的な内容と対処方法、実習形態や実習時間、評価の方法や項目、連絡体制等について実践機関と確認をしていきます。そして実習生の実習計画書を通じてニーズ（実習目的や目標）について確認し、実習スーパービジョンの方針や内容についての検討を行います。その結果、教育機関では予め実習生に対し、実践機関とのこの会議で話し合った内容について指導を行い、実習前スーパービジョンを行うことができます。

　　実習スーパービジョンではしばしば実習先の事業所と実習生との事前訪問（オリエンテーション）という形で、実習機関と実習生との事前スーパービジョンが行われます。事業所の事業

計画に基づく実習指導計画書や面接技術指導計画書、ケースマネジメント指導計画書に沿って指導を行い、実習生の実習目的や目標とのすり合わせを行います。なおオリエンテーションが行われない場合は、そのすり合わせは実習のはじめに指導業務の中で行われます。

表1-3-1 事前実習スーパーバイザー会議における検討事項（例）

・実習契約内容（実習保険の有無や責任の所在等）の確認
・リスクマネジメントに基づく具体的な内容とその対処方法、連絡先や担当者の確認（実習中止の場合やその決定の方法、学生の状況等）
・スーパービジョンの位置づけ
・実習形態や実習時間の確認
・評価の項目や方法
・連絡体制（時間帯、曜日等）の確認
・実習スーパービジョンの方針や方向性、内容についての指針

出典：実習指導者養成認定研修（日本医療ソーシャルワーカー協会主催）より佐原作成。

　実習後に実習生は教育機関に帰り、実習内容について教育機関のバイザーからスーパービジョンを受け、実習に関するフィードバック等を話し合います。実習生は事後のスーパービジョンを受けることで、自分の体験したことが省察され内在化され、同化体験を繰り返し、将来自身が専門職となった時のイメージを掴むことができるようになります。

　さらに同時期に事後実習バイザー会議が開催され、実習目的や目標の達成程度や実習生の理解度、あらかじめ決められている項目に基づく評価等が行われ、実習スーパービジョン体制における今後の課題が確認されます。これを受けて、教育機関のバイザーは実習後のスーパービジョンを継続的に行い、実習生に対して科目としての実習の最終評価を行うことになります。

第3節　実習スーパービジョン・システムの展開と形態

（1）　実践の振り返りと省察

　省察（リフレクション）とは「過ぎ去った自らの体験に光を当てるようにして能動的に振り返り、何かに照らして熟考し、省察すること」（南2007）といった意味合いであり、ある事象について検討する際に、結果に変化をもたらすのではなく、実践経験を振り返りそのプロセスについて考察し、新しい意味づけを行うことです。つまり、援助者が行った実践について、どのような根拠でそのようなプロセスをたどったのかを省察的に検証し、そのプロセスを明確にすることで自身に内在化させていく作業であると言えます。つまり省察はスーパービジョンの中心機能であるといえます。

　Schon, D.（ショーン）は「有能な実践家は皆合理的に分別されたり完全に記述することができない現象を認識することができる」と述べています（Schon, D. ／佐藤学他訳2001）。そして、それを受けて南は「この暗黙の認識と判断のプロセスにおいて、それを記述することを通して

第1部　実習生のための人材養成・開発

言語化・客観化して「問題状況」とそこに「関わる自己」をあぶりだそうとする。その試みが省察である。」（南 同上）と述べています。

　スーパービジョンと省察は、その発展過程においてどちらも教育哲学者であるデューイの影響を強く受けているという点では共通しており、共に教育的・支援的機能を担うという点では一致しています。実際、対話的省察とは個人スーパービジョンと近似していますし、集団的省察はグループ・スーパービジョンと同じような方法を取ります（南 同上）。

　実習スーパービジョンでは、実習生の気づきを共有し、専門的意味づけを行い、実習生としての望ましい態度（専門職としての態度）について確認する作業を行います。ただし、そうした時に実習生が、クライエントのニーズや取り組み課題について、「バイザーの神業のように状況を把握し、解決策を導き出しているように」、バイザーを実習生が思うとすれば、その実習生は、その支援プロセスの共有について理解できていないと考えられます。それは、その実習プロセスや体験が実習生の意識に内在化（成果として残るもの、評価できること）されなかったということになります。これは専門職養成の場面では大いに危惧されることです。そうした事態を防ぐには、まずは実習生の気づきを明確化しその意味を確認し、その理解度を測りながらスーパービジョンを進めていく必要があります。その際バイザーの意図を遺漏無く伝えるためのツールとして FK グリッドを利用します。FK グリッドは実習指導においては、バイザーとバイジーの共通言語になるツールとなります。

　実習生はそうした専門職の実践を目の当たりにして、そのやり取りや行動の意味を知ることで、省察を進めることができ、言語化や行動化することで専門的な業務行動を自身に内在化できるようになります。ただしこうした一連のスーパービジョンは、実習生に自己覚知を迫るものではなく、あくまで刺激によって気づきの蓄積を促し、結果として内在化していくことを促す目的で行う必要があります。それが同化体験と重なります。

　さまざまなクライエントを目の当たりにすると、その刺激で実習生自身の体験や思いが吐露され、実習生自身がクライエント化することも考えられます。それに対して現場の指導者はあえて実習生をクライエントとして扱うことはしません。実習生の内面的課題は、限られた実習期間の間で解決されることとは性質を異にするものです。また実習の目的はクライエント体験をすることではなく、専門職養成のための同化体験の促進として契約されています。その意味でも実習生を支援対象として扱うことは避け、その課題は二重体制のバイザーである教育機関の担当教員に申し送ることが重要です。

(2)　多職種連携とコンサルテーション

　スーパービジョンと同じような機能を持つものとして、コンサルテーションがあります。実習スーパービジョン・システムにも、他職種によるコンサルテーションにあたる場面が存在します。

第 3 章　実習生のためのスーパービジョン

　基本的にスーパービジョンでは同質性、つまり同業種や同じ視点からの相互作用が求められますが、コンサルテーションの場合は異質性、つまり異業種や異なる視点からの交互作用となります。どちらもバイジー（コンサルティ）が悩むケースについての検討を行うものです。しかしスーパービジョン関係が契約であり、バイザーはバイジーの言動、そしてその先にあるクライエントへの影響について協働で責任を持つのに対して、コンサルテーションではそのような関係性はありません。クライエントおよびその環境に対する影響についてコンサルタントには責任が及びません。コンサルティの自主責任となります。

　スーパービジョンにおいては多くが上司と部下のような上下関係となるのに対し、コンサルテーションではあくまで対等な関係が維持されます。またコンサルテーションでは、コンサルティのこだわりや葛藤、不安といった、コンサルティの内面に関する課題は扱わず、あくまで支援専門職の幅広い視点や知識を提示することで、コンサルティのストレングスを強化し、専門性を発揮できるように支援します。

　会議や連絡・相談によるコンサルテーション場面は、養成実習機関であれば多職種連携を体験するために必須であると言えます。所属する組織の中で各職種は専門化されており、その値打ちを見出していくと同時に、自ら学んだ専門性と他の専門職とを区別する手がかりを見出していけるようにします。そうした組織内の枠組みを明確にし、役割を理解する目的でそれぞれの専門職の役割を体験し、自己理解することで関心の焦点の広がりを促すこともできます。

　その際には事前に連携部署への周知・連絡を行い、実習指導業務として承認を受けておく必要があります。つまり、バイザーは実習指導業務として実習生の同席の可否が検討され、他部署への配慮を行い、承認を受けておくようなマネジメントが必要です。その上で、実習生とのスーパービジョンが行われている必要があります。そのスーパービジョンは連携部署や他の専門職についての知識や理解を得るため、また連携場面にふさわしい態度等について指導を行っておきます。特に守秘義務の遵守や傾聴の姿勢、メモの取り方や扱い方等について、時にはロールプレイを交えて指導を行うことは、そのままリスクマネジメントにもつながり、部署・組織を守ることにもなります。そして、何より連携の際にクライエントの利益を考えることは、クライエント尊厳の保持という原理を実習生と共有することになります。

（3）　スーパービジョンの形態

　スーパービジョンには様々な形態があります。バイザーとバイジーが 1 対 1 で、個々に行なわれること以外に、グループの相互作用を活かすように集団を組んだり、モデリングとして実際やってみせたり、同僚どうしなど立場性を変えたりします。それぞれのスーパービジョン場面で、より効果的な形態や方法をとることが求められます。ここでは実習スーパービジョンに即して、以下 5 つの形態についての長所や短所を理解し、バイザーの職場や部署の業務状況や内容、実習生とのスーパービジョンの課題等に合った形で、スーパービジョンが行えるように

81

第1部　実習生のための人材養成・開発

します。

1）　個人スーパービジョン

　個人スーパービジョンはバイザーとバイジーの1対1で行われるスーパービジョンです。実習指導として一般的に行われている形態です。個人スーパービジョンでは深く関わることができるため、実習生の知識や観察を振り返り、実習生自身の言葉で理解を促したり、課題を把握したりするためのスーパービジョンには特に有効です。

　しかし、忙しい日常業務や不定期な勤務形態等で毎日開催することが難しい場合があります。そうした時間を確保し、スーパービジョン体制を維持していくためには、業務のマネジメントが重要になります。また、実習生との合意形成について確認するためのツール等（実習日誌や報告書等のフォーマット）についても事前に取り決めておくようにします。

2）　グループ・スーパービジョン

　グループ・スーパービジョンは、1人のスーパーバイザーに対し、多数のスーパーバイジーで構成されるスーパービジョンです。実習生が複数いる場合に非常に有効であり、1つの事例やテーマに対し、多数のスーパーバイジーで検討や議論を行うことにより、グループ・ダイナミクスを活用し、実習生は1人の場合よりも、多くの視点や方法について刺激を受け学ぶことができます。これは教育機関での実習後のスーパービジョンで採用されることが多いものです。

　ただしバイザーが1人の実習生にかけることのできる時間や個別の課題に対する検討は浅くなります。またグループで共通の知識や技術を追求し、コンセンサスを得ることが目的になりがちになるので、個人の課題についてはやはり個別のフォローアップが必要となります。

3）　ピア・スーパービジョン

　ピア・スーパービジョンは、基本的に2人以上で行われ、参加者同士が仲間や同僚として対等であり、1人1人がバイザーであり、かつバイジーとなるスーパービジョンです。これは実習生が教育機関に戻ったときに、各自の受けたスーパービジョンのフィードバックの場として有効です。ただし全員目的や目標が違いますので、ただ集まって話をするだけ、または自分の振り返り、内在化ではなく、目標のない単なる事例検討会や気楽な話し合いになってしまう可能性もあります。特に、この話し合いの内容を、上司など管理的立場にある人に報告しておくことが必要です。

　そのためある程度実習が進んだ段階で、実践現場のスーパービジョンの中で実習生の振り返りのもと、気づきを促し自身の課題を設定しておくことが必要です。そのうえで事後の教育機関のスーパービジョンで、実習生各自の課題に支障がないというバイザーの判断のもと、特定のテーマを設定して行われることが効果的です。また同時にスーパービジョンの枠組みとして、時間や場所、時間配分、プロセス等についてもバイジーである実習生たちに指示をしておく必

第3章　実習生のためのスーパービジョン

要があります。さらに互いの発言やその立場は守ること等を明確にし、守秘義務についても確認しておきます。

4）　ライブ・スーパービジョン

　ライブ・スーパービジョンは、バイザーである指導者が実際にモデルとなり、利用者への対応を直接見せることであり、バイジーは同席することで学び、その後スーパービジョンが行なわれます。実習スーパービジョンではこの形態が多く活用されます。介護や相談の実習で、実際に目の前で支援状況を見ながら、感じ、その意味の説明を受けさらに理解を深めることは、実習生にとっては必要であり、学習効果が高いものだと言えます。単なる「私の背中を見て」とか「技術は盗むもの」といった見せ方でないことにライブ・スーパービジョンの意味があります。

　一方実際に利用者への支援が平行して行われることになるので、実習生の成長や問題の焦点化、技術向上等だけを考えるのではなく、クライエントに対して同席の了解や、拒否しても不利益にならないことの保証が前提です。また実習生に対して個人情報の守秘について確認しておくといった倫理的配慮が求められ、そのことを実習生が意識することで、クライエントや実践現場の尊厳の保持について考えるきっかけにもなります。

5）　その他のスーパービジョン

　その他にもユニット・スーパービジョンやセルフ・スーパービジョン等の多様な形態があります（福山 2000）。ユニット・スーパービジョンは、1人のバイジーに対し、複数のバイザーがスーパービジョンを行う形態です。実習現場のスーパービジョンでは、部署としての実習効果を確認する際組まれる体制でもあり、さらに組織として、上司や他部署でも行う可能性もあります。場面は職場における職員会議、各種委員会、朝礼（朝ミーティング）等の会議形式で行われることが想定されます。その際事前に実習の目的や目標についてのスタッフのコンセンサスをとっておく必要があります。

　またセルフ・スーパービジョンは基本的には1人で行うスーパービジョンのことであり、主に自己点検や自己評価、振り返り等が相当します。実習生は通常、実習日誌を毎日提出する義務が課せられます。その作成の際、自身のその日の行動やその際の気づき、思いといったことを充分振り返り、詳細に記載することでセルフ・スーパービジョンが行われていると言えます。そうしたことの示唆を実習日誌の作成時に実習指導者は実習生に伝えておくことが必要です。

第 1 部　実習生のための人材養成・開発

第 4 節　FK グリッドを使ったスーパービジョン

（1）　FK グリッドと実習スーパービジョン

　スーパービジョン・システムは単に知識や技術の伝承をするものではなく、管理・教育・支持的機能を駆使しながら、対人支援専門職が職場から承認され、自信を持ってクライエントと向き合えるようバックアップするための仕組みです。しかしスーパービジョンがバイザーの「経験」や「勘」で話をされて、話したことがバイジーに内在化しなければ、結局はクライエントにまで届かないことになります。そこで、どのようにしてそうした判断や方針・行動が選択されたのか、どんな意味がそこにはあるのかといったことを、その体験を振り返り自分の考えたこと、判断の根拠等をスーパービジョン関係の中でバイジーとバイザーとで共有される必要があります。

　とくに実習スーパービジョンは、同化体験・活用レベルでありスーパービジョン機能がスーパービジョン関係をリードして進行していくことから、振り返りがとくに重要となります。そこで実習生が実習環境の刺激の何をどの程度自己の構造に取り入れたのか、どんな関心の焦点に対してどの程度の能力養成の段階であるのかをみていくために FK グリッドを使用することができます。

　FK グリッドについては、序章の中で概説されています（p. 13）。ここでは実習に限らず実際の利用方法等について説明していきます。

　縦軸に関心の焦点、横軸に能力養成の段階を配置し、さらに関心の焦点を、ミクロ・メゾ・マクロ領域に分けています。

　まず、FK グリッドの（表 1-3-2）縦軸にある関心の焦点は、医療・保健・福祉分野における対人援助専門職が影響を受けるサブシステムとなっています。これらの 10 のサブシステムは、対人援助専門職が関わるすべてのシステムが組み込まれているものです。

　また、「ソーシャルワークの実践領域」におけるミクロ・メゾ・マクロ領域への援助の広がりが体感できるように、それぞれのサブシステムをミクロ・メゾ・マクロ領域として配置しています。

　ミクロ領域としては①社会人（実習生も含む）としての自分（バイジー）の姿勢や行動、②クライエント本人や家族の意向、生活状況、③対人支援職としての姿勢や業務行動等、についての支援活動について関心の焦点があるのか。そしてメゾ領域としては④指導者（バイザー）としての対人支援専門職（自分）の姿勢や行動、⑤同僚や他のスタッフとの関係、連携、⑥所属機関の機能や役割、方針、ミッションや活動範囲、機関の長の機能や使命、⑦対人支援専門職

第3章　実習生のためのスーパービジョン

表 1-3-2　FK グリッド

関心の焦点／能力養成の視点		①観察	②理解	③分析と評価	④応用	⑤理論化
ミクロ	1. 対人支援援助者／実習生（Svee）					
	2. 対象者（患者や家族等）					
	3. 専門家					
メゾ	4. 指導者（SVor）					
	5. 職員間（同僚等）					
	6. 組織（施設、機関、職場等）					
マクロ	7. 専門性（知識、情報、概念、理論、方法、技術、理念、倫理等）					
	8. 社会資源					
	9. 地域社会（文化を含む）					
	10. 専門家集団（協会、学会等）					

出典：福山作成（2000）。

の機能や役割、価値や倫理等に関心がおよんでいるのか。そしてマクロ領域として⑧制度（医療、福祉、保健、保険、法規定、教育、就労等）の制定や改正、社会資源やサービスの不足、設置、開拓等　⑨地域文化や住民の要望や慣習等、⑩日本社会福祉士会、日本医療社会事業協会等の職能集団の活動等　のそれぞれどの項目や範囲に関心があるのかといったことについて触れています。

　そして、それぞれのサブシステムが相互・交互作用しあいながら、対人援助専門職の日常業務に大きく影響していることをバイザー、バイジーが共に理解し、共有できる仕組みになっています。実習スーパービジョンでは、実習生の関心の焦点がどこにあるのかを把握・理解しないまま、バイザーが的外れな対応をすることで、バイジーの持っている関心の焦点がずれます。そのことでバイジーは理解が深まらず、同化体験の妨げとなります。バイザーは実習生の関心の焦点に沿って、観察・理解の内容を実習生に語ってもらうことで、能力養成の段階を確認していくことを優先します。無理に別の焦点に広げよう移そうとしても、バイジーにとっての同化体験に結びつきません。

　そうしたスーパービジョン関係の中で、交互作用における円環的思考を攪拌し、マトリクス構造（平面）ではなくグリッド構造（3次元）として第3軸をバイザー－バイジー間で形成していくことこそがソーシャルワークそのものであり、内在化への道程となります。

　また横軸では、人材養成における能力養成の段階を「観察」「理解」「分析と評価」「応用」「理論化」として配置し、5段階で示しています。

　ここで重要なのは、「能力養成の段階」は必ず「観察」から始まることに留意して下さい。実習生が「理解できていないこと」は、同じものを見ていても観察内容が違っている可能性が高いので、必ず「観察」内容についてのすり合わせから行うことが必要です。そしてFKグリッドを使って実習指導者の意図と、実習生の理解した内容についての確認を行うことができることから、実習生の達成度合い（評価）を測ることもできます。

　また、縦軸、横軸の定義については以下の表を参考にして下さい。

第1部　実習生のための人材養成・開発

表 1-3-3　K グリッドの縦軸—関心の焦点の定義

縦軸：関心の焦点	定義
1. 対人支援援助者／実習生	実習生自身（スーパーバイジー）のこと。実習生自身の姿勢や実習ニーズについての意識、実習先でのソーシャルマナー等への見解等を含む。
2. 対象者	クライエントへの興味・関心・理解等。家族も含まれる。クライエントの内的なもの、精神内界、家族との関係、家族の役割や機能等を含む。
3. 専門家	ソーシャルワーカーのこと。ソーシャルワーカー自身の姿勢や業務行動、対象者や他職種との関係性の構築等を含む。
4. 指導者	実習指導者（スーパーバイザー）のこと。実習指導における姿勢や対応、実習状況についての把握、実習評価等を含む。
5. 職員間	同僚や他職種との関係や体制のこと。医療チーム内の人間関係やサポート体制、連携等を含む。
6. 組織	ソーシャルワーカーの働く職場組織・実践現場のこと。組織方針や機能、企画、運営や上司との関係性、業務規定や職場内研修等も含む。
7. 専門性	ソーシャルワーカーの専門性のこと。知識、情報、概念、理論、方法、技術、理念、倫理等を含む。また、相談援助技術やその展開過程、疾病や死生観への理解等も含む。
8. 社会資源	社会資源や制度のこと。法律、制度、サービスの受給資格や制度内容等のフォーマルな資源、ボランティア等のインフォーマルな資源の情報や知識等を含む。
9. 地域社会（文化も含む）	地域社会や文化のこと。地域性に基づく違いや住民との関係、慣習や行事、宗教等を含む。
10. 専門家集団	ソーシャルワーカーが関係する専門家集団、協会や学会のこと。研究活動や専門家活動、研修や教育活動等を含む。また、理論についての解釈や研修等の影響等も含む。

出典：福山（2008）。

表 1-3-4　FK グリッドの横軸—能力養成の段階の定義

横軸：能力養成の段階	定義
1. 観察	文字通り「観察」すること。同じことを体験しても、または同じ事象を見ていても、バイザーとバイジーの見解が違うことがある。まずは、何を観たのか、何を観て自己の思いを表現したのかという根拠を言語化し確認することが必要となることから、すべての合意形成においては観察内容の確認から行われる。
2. 理解	「理解」とは、観察した上で、その観たものをどのように理解したのかということ。同じ事象を経験しても、理解されることはバイザー／バイジー間では相違がある。起きた事象について、どこを観て、どのように感じ、どのように観察し理解したのかの自己への取り込みを確認して共有することがスーパービジョンを進めていく上で非常に大切なステップとなる。
3. 分析と評価	「分析と評価」とは、観て、理解したことについて、どのように分析を行い、評価したのかを確認すること。実習 SV では、観察と理解を飛び越えて、実習生自身の勘や思い込みで分析と評価を行なう傾向のある実習生がいるが、その際は観察と理解に戻して、分析しなおす作業が必要となり、必ず確認されていることが前提となる。
4. 応用	「応用」は、観て、理解したことの分析や評価を終えた上で、同じ状況だけではなく、同じような状況や場面についての考察ができ、同じような分析や評価に至る道筋をたどることが出来ているかどうかについて見解を共有すること。
5. 理論化	「理論化」は、観て、理解したことの評価を積み重ねて、さらに応用ができるようになって援助の方向ややり方についてある程度理解された時に、既存の理論に基づいて説明ができるかどうか、または新たな見解を得てそれを検証していくことができるかどうかといった視点で確認すること。この段階では、援助にある一定の方向性を見出し、それを踏襲して再現することが求められ、説明できることが必要となる。

出典：佐原（2017）。

第 3 章　実習生のためのスーパービジョン

（2）　FK グリッドを使ったスーパービジョンの実際

［事例 1］実習計画書についての事前オリエンテーションでのスーパービジョン
○所属機関（実習先機関）：一般急性期病院
　・スーパーバイザー：実習指導者（ベテラン MSW、18 年目）
　・スーパーバイジー：実習生（福祉系 4 年制大学の 3 年生、24 日間実習予定）
○局面：実習先での実習前オリエンテーションにおける実習計画書についてのスーパービジョン
下記のような実習目的と目標を挙げてきた実習生と実習指導者のすり合わせの一場面。
　実習目的：① MSW の業務内容について理解する。
　実習目標：①ソーシャルワークの視点について理解する。
　　　　　　②他職種の専門家との連携について学ぶ。
○実習スーパービジョンの実際

番号	発言者	スーパービジョンの会話内容（1）
1-1	実習指導者	「あなたの実習計画書では、実習の目的が MSW の業務内容をみることであり、また、目標が業務を見ることを通じてソーシャルワークの視点と他職種との連携を理解したいということで、目的との関係性がわかりました。では、具体的な内容について確認したいと思います。」（お互い FK グリッド表を広げて）
1-2	実習生	「はい。お願いします」
1-3	実習指導者	「目的にある『MSW の業務内容』ですが業務内容って、業務ってどんなことでしょう。FK グリッドの関心の焦点でいうと、どの範囲に当たると思いますか？」
1-4	実習生	「FK グリッドでは……「3.専門家」の「業務行動」の所だと思います。」
1-5	実習指導者	「なるほど。ではその業務行動を観察して、理解しようとするのですね。それを観るときの 1 つの軸がソーシャルワークとしての視点なのですね。これはどの焦点に当たると思いますか？」
1-6	実習生	「これは……ソーシャルワークの専門性を理解する必要があると思うので、「7.専門性」のところだと思います。」
1-7	実習指導者	「なるほど。業務行動をみて、ソーシャルワークとしての専門性を考えたいのですね？ ソーシャルワークの専門性ってどんなものでしょう」
1-8	実習生	「えーっと。ソーシャルワークは心理・社会的アプローチと習いました。それは他の専門職とちがうものだと思うんです。その独自性が知りたいです。それがあるから他の専門職の方と連携ができるんだと思うので」
1-9	実習指導者	「なるほど、よく勉強していますね。それで『他職種の専門家との連携について学ぶ』という目標とつながってきたんですね。これについてはどの関心の領域に当たると思いますか？」
1-10	実習生	「病院の他の医療従事者との連携について理解する必要があると思うので、「5.職員間」ということになると思います。」
1-11	実習指導者	「なるほど。メゾの領域の「職員間」についての医療チームの協力体制や協力の方法論について、それぞれの「7.専門性」をみながら確認したいということでよいですか。」
1-12	実習生	「そう思います。医療チームの協力体制ってどうやって組むものなのか知りたいです」
1-13	実習指導者	「連携の仕方にも関心があるのですね。職員間の連携が気になるのは、その他に理由がありますか？」
1-14	実習生	「えーっと。ソーシャルワーカーって医療をする人ではないのに、医療チームに参加してますよね。医療を提供するときに、福祉が付くのはなぜかなって」
1-15	実習指導者	「なるほど。医療に福祉をつけて提供するチームがあるのは、どうしてかっていうことを知りたいんですね。チームが機能するって言うのは、病院という「6.組織」が医療チームを形成して、運営させているとも言えます。組織とは一体どういうもので、チームに何をもたらしているのかもみていくといいですね。うちの病院の組織の機能や方針等について資料をさらに差し上げますので、実習中に勉強してみてください。また質問は受けますよ。」

87

第1部　実習生のための人材養成・開発

○実習スーパービジョンの実際（続き）

番号	発言者	スーパービジョンの会話内容（2）
1-16	実習生	「なるほど、はいわかりました。」
1-17	実習指導者	「それとあなたが実習中の3週目が終了する頃ですが、地域連携会議に同席できるように実習指導計画が組まれています。MSW が連携をしているのは院内だけではなく、院外の方とも多く連携しています。それに参加していただくことで、ソーシャルワーカーの院外との連携業務を観察し、焦点で言うと、マクロレベルの『8.社会資源』『9.地域社会』といったところまで、観察や理解までできるといいと思います。」
1-18	実習生	「へえー、なるほど、病院実習でも地域社会まで考えることになるのですね。地域社会って社会福祉協議会の実習でしか体験できないと思っていました。」
1-19	実習指導者	「MSW の業務行動が、ミクロの領域だけではなく、メゾ、マクロ領域へ広がっているからできることです。それを体験することでわかるといいですね。」
1-20	実習生	「はい。わかりました」
1-21	実習指導者	「また……」（続く）

○ FK グリッドに基づく解説

　実習指導業務における事前オリエンテーションの一場面です。実践機関のバイザーと実習生との間で直接行われる最初のスーパービジョンです。ここでは医療機関のバイザーである実習指導者が、バイジーである学生の実習の目的と目標について話し合っています。何を求めているのか、何を期待しているのか、自らの組織でそうした実習が可能なのかといった共通認識を得るようにスーパービジョンを行います。また、事前スーパーバイザー会議において確認されているリスクマネジメントについてもバイジーと共通認識を得ることも目的の1つです。

　場面は目的と目標の関係性として、目的を達成するための具体的目標であることのつながり方を確認するところから始まります。場面 1-3 から 1-14 では、バイザーがバイジーの実習目標をFKグリッドの関心の焦点に基づいて確認し、共通認識を形成している場面です。そして、場面 1-14 から 1-16 については、その中で出てきた「医療チーム」ということについても実習生の考え方についてバイザーが理解することで共通認識を得て、それに付加する形で課題が提示されました。このように、FK グリッドを使って互いの合意形成を積み重ねていき、最終的に実習自体の評価についても合意するようにしていきます。

表 1-3-5　事例における関心の焦点の広がり

	関心の焦点／能力養成の視点	①観察	②理解	③分析と評価	④応用	⑤理論化
ミクロ	1. 対人支援援助者／実習生（Svee）					
	2. 対象者（患者や家族等）					
	3. 専門家					
メゾ	4. 指導者（SVor）					
	5. 職員間（同僚等）					
	6. 組織（施設、機関、職場等）					
マクロ	7. 専門性（知識、情報、概念、理論、方法、技術、理念、倫理等）					
	8. 社会資源					
	9. 地域社会（文化を含む）					
	10. 専門家集団（協会、学会等）					

出典：FK グリッドにもとづき著者作成。

その際関心の焦点の在り様をバイジー自ら説明できるように待ちつつ、バイジーの関心を無理に広げるよりも、実習環境の刺激で実習生の関心の焦点を切り口にして、それが深まり広がり、自己に上手く取り入れられるように扱っていくことが重要です。実習生の関心の焦点の取り方を実習生の言葉を通じてアセスメントしたうえで、場面1-17以降はバイジーの関心の焦点をさらに広げる計画があることを告げ、最終的に関心の焦点がミクロからマクロへ広がることができることついて実習生が理解できるように提示することで、バイジーとの実習計画書での合意形成に至っています。

引用文献

Dessau, D.／上野久子訳（1970）『ケースワーク・スーパービジョン』p. 12.
実習指導者養成認定研修検討委員会（2015）「実習指導者養成認定研修テキスト（東京会場）」p. 70.
南彩子（2007）「ソーシャルワークにおける省察および省察学習について」『天理大学社会福祉学研究室紀要』pp. 4、7、12.
Schon, D.／佐藤学他訳（2001）『専門家の智恵』p. 77.

参考文献

相澤譲治著、北川清一他監修（2006）「スーパービジョンの方法」相川書房.
秋本樹（2015）「あなたは世界定義を受け入れられるか？」『ソーシャルワーク研究』vol. 43-3.
Butrym, Z.／川田誉音訳（1986）『ソーシャルワークとは何か――その本質と機能』川島書店.
Dessau, D.／上野久子訳（1970）『ケースワーク・スーパービジョン』ミネルヴァ書房.
福山和女（2000）『スーパービジョンとコンサルテーション――理論と実際』（改訂版）FK研究グループ.
福山和女（2005）『ソーシャルワークのスーパービジョン』ミネルヴァ書房.
福山和女（2009）『3次元の立体把握――役割システム的アプローチについての理解』FK研究グループ.
木村真理子（2015）「グローバリゼーションとソーシャルワーク」『ソーシャルワーク研究』vol. 41-2、相川書房.
日本社会福祉教育学校連盟監修（2015）『ソーシャルワーク・スーパービジョン論』中央法規出版.
岡本民夫（1990）「ライフモデルの理論と実践」『ソーシャルワーク研究』vol. 16-2、相川書房.
小原眞智子（2015）「グローバリゼーションと保険医療対策の動向とその課題」『ソーシャルワーク研究』vol. 41-3、相川書房.
佐原直幸他（2017）「FKグリッドによる実習スーパービジョンに見る実践的効果に関する研究」（日本福祉大学大学院『福祉社会開発研究』第12号）.
Schor., D.／佐藤学他訳（2001）『専門家の智恵』ゆみる出版.

第4章　実習生のための評価システム

第1節　実習指導事業における「評価」とその必要性

　対人支援専門職の人材養成・開発を組織として、とくに実習指導事業を担う場合、実習生や教育機関に対してのみならず、組織やサービス利用者に対して、また社会に対してもその事業の有効性や専門性の高さを担保し、根拠を持った評価システムを構築する必要があります。しかし通常実習指導に関する「評価」は、教育現場から依頼された項目やフォーマットを使って、実習中の実習生の態度、知識やスキルについて審査・評価することになってはいないでしょうか。

　スーパービジョンの3機能（administration, education, support）を唱えた Kadushin, A.（カデューシン）は、それとは別に「評価（evaluation）」の章を設け、「評価とは限定された時間内で発揮される、スーパーバイジー（以下、バイジーとする）の総合的な機能や業績に対する、客観的で継続的なまとまった判断の機会である」と定義しています。さらに評価は①体系的な手順とプロセスを踏むこと、②信頼性と妥当性をもっていること、③明確で当該環境下で達成可能な具体的指標が示されていること、が重要であるとしています（Kadushin 2014）。

　また「評価」はバイジーの専門的な成長を可能とする運営管理的な手法であり、明示的なフィードバックを促すプログラムでもあることから、管理・教育・支持どの角度からのスーパービジョンでも活用することができます。その意味で評価は人材養成・開発体制に関する3つの機能である、マネジメント、プログラミング、スーパービジョンと重なりながら異なる軸を持った統合化された重要なシステムとして成立しています。

　この20年間で「評価」の意味には大きな変化がありました（Fetterman 2004）。専門職による「評価」の視点は、学問的精密性よりも実践の全体性を大切にするようになり、客観的評価の限界性が指摘され、主観への注目がなされるようになりました。Fetterman, D. M.（フェターマン）はエンパワメント評価を唱え「当事者やコミュニティーの知を重視し、それらを柱にしたキャパシティー・ビルディングのプロセスを、パートナーシップによる相互交流のもと、当事者と地域で継続的に繰り返し行うもの」としています（Fetterman 2004）。その際指導者の役割は、ティーチャーからコーチに変化し、教育的意味合い以上に、訓練や実践環境整備等のマネジメントを強調していることが伺えます。また事後の評価から、「評価」によって継続的に事業が展開するように行うという意味に変わってきました。

　さらに実習指導事業としてスーパーバイザー（以下、バイザーとする）は、「評価」を実習生

第 1 部　実習生のための人材養成・開発

とのミクロの関わりのみに収束させずに、実習指導体制に関する組織・チーム・教育機関等との連携の改善や専門職養成制度へのクリティカルな評価や提言へと波及・影響させることもできます。「評価」を介して、実習指導事業が実習生のみならず組織や体制に対する尊厳を活かした実践として理解されるようになることにも大きな意味があります。

第 2 節　実習における評価システムの枠組み

実習指導における評価には、3 種の評価の側面があります。(1) 実習生に対するアウトカム（結果）評価　(2) 実習生と指導者の相互交流による同化体験のプロセス（経過）評価　(3) 実習指導体制（ストラクチャー）の評価です。

(1)　実習生に対するアウトカム評価

実習単位に合格し国家試験受験資格を得ることは、実習生にとっては重要な目的です。そのため実習生は評価される客体として、指導者や機関から成績評価を得なければなりません。また評価する側も適正な評価を実施するために、「実習指導・実習のための教育ガイドライン」（別添資料 2）の行動目標を参考に組まれたプログラムに対して、評価尺度と所見を記入する評価表を使用することができます。評価表には実習生が習得すべきまたは達成すべき具体的な言動が記載されており、それに対して評価尺度モデル評価表では 4 段階（A.90%　B.80%　C.60%　D.59% 以下）で評価がなされるようになっています。いずれにしても成績評価として実習結果とその評価が、国家資格認定制度として求められています。

(2)　実習生と指導者の相互交流による同化体験のプロセス評価

福山の人材開発体制グリッドによれば（p. 5）、実習生のプロフェッションの開発は、同化体験・活用レベルです。それは実習環境で得た知識や専門性に関わる刺激を自己の構造に取り入れるプロセスであり、そうした自己を活用するレベルです。その際バイザーと実習生とのパートナーシップによる相互交流によって、実習生は自己への取り入れ具合について自己を通して表現し、指導者がそれを評価し、互いに確認するのに、FK グリッド表を介した話し合いが有効です（p. 85）。

実習生は実習で起こった事態や思いを自身の実習記録や語りで振り返ることで、その刺激から生じた知識や考えに関する自己の取り入れ具合について、グリッド表を挟んでバイザーと話し合います。その時点において、実習生はどのような関心の焦点に対してどのくらいの能力養成の段階にあるのか、またこれから実習中の一定期間でどこまで到達しそうかまた到達したいかについても相互評価ができます。実習開始期、実習中期、実習終了時等と期限を設定して、

92

経時的にその成果の変化を追う相互の話し合いを行なうことで、当事者参加の評価ができます。「最初より関心の焦点が広がった」「関心がマクロにも移るようになった」とか「ミクロの観察がよくできるようになった」「難しい事態を理解するのに、多方向から理解しようとする見方が深まったね」等の経時的変化を、グリッド表を介して実習生の振り返りの具体的な言葉から拾い、実習生自身の言葉で言えるようにし、それを評価として伝え、互いにその評価について了解することができます。

また指導者と実習生ばかりか、ダブルスーパーバイザー体制である教育機関と実践機関の指導体制に関する相互評価も存在します。実習生の関心の広がりや能力養成の程度について、事前のバイザー会議等で開始時に行なった学習予測のアセスメントと、実際との相違に関する要因分析を実習指導体制の課題として検討することによって、それは体制評価ともなります。これは事後のバイザー会議のテーマとしてとりあげることができます。さらに実践現場と教育現場のバイザー同士が、実習生の実習成果を間にして、互いの指導の内容と能力とを評価することで、互いに次回の実習指導の課題を得ることにもなります。

（3）　実習指導体制に対する多面的ストラクチャー評価と波及効果

実習生指導を体制であり事業として考えると、さまざまな局面の評価の目標、対象、内容等が考えられ、バイザーの戦略的行動により実習事業の評価システム構築が可能になります。実習システムや実習方針、スーパービジョン・システム、実習プログラムや実習体制など評価の対象や内容は様々です。いずれを選ぶかは実習指導事業を戦略的に行なうことであり、業務改善にも直接つながるものとなります。人材養成・開発を組織として事業として盛り立てるために、メゾ・マクロに展開する体制（ストラクチャー）評価システムを意図的に作り出すことも重要です。

例えば実習生は指導者ばかりでなく、スタッフやチームメンバー、教育機関からも評価される対象として存在しがちですが、実習指導事業を評価対象とすれば、実習生も尊厳をもった評価主体となることができます。実習生による実習の振り返りや体験発表の機会を、組織内で部署として開催し、チームメンバーや組織管理者を招くことで、部署の人材開発体制を示すことにつながります。

また実習生が所属する教育機関が実習報告集を印刷して配布することも、地域社会にある教育機関による評価の一種です。それを使って関係機関や組織管理者に配ることや報告することによって、実習指導事業が組織や地域で認められ、実習指導事業が人材開発体制のひとつに認識され、より動きやすくなる波及効果を狙うことができます。表1-4-1は実習事業の評価を戦略的に行なうことで、波及効果を狙うためのマトリックスです。次節では事例をあげて評価システムの整備や利用をみていきましょう。

第1部　実習生のための人材養成・開発

表 1-4-1　実習指導事業の評価の局面マトリックス（例）評価主体と評価対象

対象 主体	実習プロセス	実習方針	スーパービジョン・システム	実習プログラム	マネジメント体制
実習生	〈事例 1〉		〈事例 3〉	〈事例 4〉	
部署	〈事例 1〉	〈事例 2〉		〈事例 4〉	
組織		〈事例 2〉		〈事例 4〉	
実習体制	〈事例 1〉		〈事例 3〉	〈事例 4〉	〈事例 5〉
地域社会				〈事例 4〉	〈事例 5〉

第3節　実習生のための評価システム整備や利用の実際

［事例 1］実習生による実習プロセスの評価

　「事前訪問したら指導者が自分の履歴書や実習計画書も見ておらず、『まあボチボチやろう』と世間話をして終わった」という実習生の不安が訴えられることがあります。実習プロセスのうち事前訪問や事前のスーパーバイザー会議から評価は始まっています。

　評価客体である実習生は、実習準備を教育機関の指導で前もって行っており、その準備性は高いことがほとんどです。さらに実習は常に評価される存在であり続けるので、準備状況に対する評価のコメントがバイザーからなされなければと、さらに不安が高まります。実習生に対するバイザーの評価は、欠点を指摘される恐怖があるのと同時に、評価がないとさらに不安が増し積極性や動機づけがさらに低下・抑制されます。そこに「実習計画書を見ました。がんばって勉強したね」と実習生と教育機関の尊厳を活かした評価を最初に伝えることは、相互交流のベースラインを整える意味でも重要です。

［事例 2］部署による実習方針の評価

　実習生に対して適切な服装や行動、担うべき役割等実習方針を前もって取り決めておくことに在り様は組織・機関ごとに様々であり、実習生への評価項目もまちまちです。部署における評価の基準をまず実習生に提示して、互いにまたチーム・組織に対しても失望するリスクを未然に防ぐことが重要です。

　実習生が相談機関へ実習に行ったところ、「『社会人としてきちんとした服装をしなさい』といっておいたのに、ピアスをしてくるなんて不謹慎」と初日からひどくしかられてしまいました。また同時に指導者でないスタッフが「小さいピアスだから問題ないじゃないの」と言っているのも聞こえました。実習生は部署によそ者として入り異なる意見や文化を持つ人たちと様々に関わることになります。部署の流儀や文化を具体的な評価項目として、前もって部署で見解を統一し、実習生自身の理解も確認しながら組織的に説明することが必要です。

［事例 3］経時的評価としてのスーパービジョン・システム

　実習生にとって実習という外からの知識や刺激を自分のものにすること、自己の構造に取り入れる過程を活用するためには、スーパービジョンにより自分の体験とそれによって考えたことを振り

第4章 実習生のための評価システム

返って言語化し、自分の観察や理解の内容をバイザーと局面ごとに話しあうことが不可欠です。その経時的話し合いが評価となります。

その評価の時間と機会とを実習開始前にまず契約という形で保障する必要があります。「指導者はいつも忙しくしていて、『いつでもその時に聞いて』と言われたけど、話すタイミングが難しかった。それで話すのを遠慮した」との実習生の思い。これは消極的というよりも配慮してのことだと考えられます。いつでも聞いていいというよりも、そのための時間や機会、提示方法等を明確に決めた契約をして、それを保証するほうが実習生には適切です。たとえば実習の開始期、中盤期、終結期とスーパービジョンの時期を区切って、その間の実習生の変化についてFKグリッドを用いながら指導者と実習生が共有する契約をすれば、スーパービジョン・システムがバイザー／バイジーの協働評価として尊厳を大切にした、価値が増す仕組みとなると考えます。

［事例4］ 多面的主体による実習プログラム評価

実習生の同化体験プロセスにおける反応や行動・報告により、その効果を部署やチーム、組織で、地域関係機関とで確認することによって、部署が立てた実習プログラムの内容を精査し評価することができます。

例えばリハビリテーション・カンファレンスへの参加というプログラムについて、実習生が「訓練の様子を見ることができたら、もっとイメージできたと思う」と、患者さんに対する観察抜きで、理解する困難さを報告会で話しました。その報告を聞いたリハビリテーション療法士が「リハビリテーション医療全般についての説明は今までも頼まれて実行していたけれど、今後は事例に沿って訓練の様子を見せながら説明することをプログラムに加えたい」と意欲を示しました。さらに「そのためにはカンファレンスにかける実習生の担当事例を、前もって情報を収集して、アセスメントの準備ができるようにしておくことが可能だろうか」と指導者に提案してきました。

これらのやり取りを通して、実習生を主体にした評価による実習プログラミングの修正が行なわれます。またその多面的評価を続けることを通じて、人材養成・開発体制に対する認識が高まります。

［事例5］ 地域社会におけるマネジメント体制の評価

実習体制のマネジメントは教育機関と実践機関との機関間契約によるものです。その体制を評価し、さらに改善を目的に計画をたてて実行することは、人材養成・開発体制をより強固にすることに役立ちます。この教育と福祉という文化の土壌の違う機関間連携をより円滑に強固にするには、地域社会に存在する対人支援の専門職が生み出され育成されていく、保健医療福祉のシステムの中でこの連携を評価し検討します。

例えば教育機関から「実習指導者の資格がある人はいらっしゃいますか」という問い合わせがあり、実践機関が「いる」と答えると、即「複数人お願いできますか」とたたみかけてくるという苦情をよく聞きます。教育機関の反応を変えるには、依頼された実習機関のみでは難しいと評価した実習指導者は、専門職団体を通じて複数の実習可能機関の実習の特徴を記載したリストを作成したことで、実習生に応じての機関依頼が可能になりました。

第 1 部　実習生のための人材養成・開発

引用文献

Fetterman, D. M.（1995）*Empowerment Evaluation.* Sage, pp. 4-24.

Kadushin, A. & Harkness, D.（2014）*Supervision in Social Work 5.ᵗʰ* Columbia University Press, p. 246.

参考文献

藤島薫（2015）『福祉実践プログラムにおける参加型評価の理論と実践』みらい.

第2部
新人のための人材開発

第1章　新人のための人材開発マネジメント・システム

　新人のための人材開発体制に関して人材開発マネジメント・システムから捉えます。ここでは、新人とは、卒後入職して1年未満の職員ですが、現場では3年未満を指す場合もあります。新人は所属組織の業務遂行の役割を果たし、組織からのバックアップを得て、各領域の専門的知識・技術・価値を実践環境に適用するプロセスを歩む人のことであると捉えます。

　人材開発マネジメント・システムは、骨格となる構造と構造を支える要素から構成されています。各要素とは、新人、部門のスタッフや部門長などの個々の職員や他部門、組織、利用者や家族、社会資源や制度、多機関、地域社会などを指します。各要素は、すべてがマネジメントの主体であり、かつ客体です。新人の人材開発を適切に行なうには、意図的に働きかけ、様々な相互・交互作用が生じ、各要素間の総和以上の成果をもたらすことを目指します。

第1節　人材開発マネジメント・システムの現状と課題

　本節では、新人の人材開発をする上で必要なマネジメント・システムの現状と課題について、人材開発を展開する上でのミクロ、メゾ、マクロのレベル別に、概観します。

　新人は、プロフェッションの開発レベルにあり、まず、入職し、職場環境や業務を通じて同化体験・活用レベルを経て、新任職員やベテランスタッフ等に依存しつつ、独自にできる業務範囲を確実にするという分化体験・養成レベルにあると捉えます。

(1)　人材開発業務を展開する上での課題

　新人のための人材開発業務を展開する上での課題について、組織方針、組織体制、マネジメントの方法論の順に課題を述べます。

　新人の人材開発に関する組織の取り組みについては、次のような課題があります。実践現場では、新人は、資格を取ったばかりで社会人としても経験が足りず、専門職としても組織人としても戦力にならない未熟な人だとみなされているかもしれません。

　新人の専門業務遂行のためには、組織体制が重要な役割を果たします。組織内外のバックアップ体制を整えることで、新人が安心して業務を実施することができるようになります。新人に対して所属機関のバックアップ体制が欠如しているとどのような支障が生じるのでしょうか。

第 2 部　新人のための人材開発

[例 1] 組織体制において新人の人材開発が事業計画に盛り込まれていないとき
　　現場では、新人の採用に際して、組織内のスタッフのアンバランス状態が発生しています。スタッフの中間層の不在というドーナツ現象が生じて、新人は就職直後から、3 年目のスタッフと同様のケース数を担当し、バックアップ体制のない状況の中で、混乱し離職してしまうことがあるようです。組織体制には新人の人材開発計画の緻密さが求められます。新人にとっては、自己の持つ知識や技術を実践現場で活用するレベルの同化体験から、プロとしての振る舞いをするという分化体験をバランスよく体験するプロセスが必要です。

　次に、新人が業務を行う上で組織方針が必要な理由は何でしょうか。人材開発に関する組織方針やビジョン、組織の目的や目標などが曖昧な場合、現場では新人が自己卑下をする、または、無表情になる、離職するなどの混乱が生じる例もあるようです。

[例 2] 上司の顔色を気にする
　　3 か月の試用期間を経て、職場に慣れてきた新人ですが、「新人は半人前である。」と上司から繰り返し言われるたびに緊張が走ります。「自分で考える力を持ちなさい。」とも言われますが、自信がなく、自分の意見を表明することから逃げてしまうとのことです。新人のための人材開発が精神論に偏っていた例です。

　人材開発事業企画書を基に作成された新人のための個別人材開発計画書に基づき、マネジメントの方法論を選定しておくことで、新人をマネジメントする方法が明確になっていれば、組織の人材開発マネジメント体制の未整備から生じる支障を組織内・外で食い止めることができます。

[例 3] 新人の責任の範囲に関する取り決めがない
　　組織人としての研修を終了し、配属先での業務を始めました。部門内では、ケースの副担当として業務を遂行し、個別スーパービジョンを受けながらケースの主担当へと移行しました。しかし、新人についての他部門への周知が徹底されていなければ、「新人が無責任すぎる、そんなことで専門職といえるのか」との指摘を受けることになるでしょう。部門に新人の人材開発計画書がなく、マネジメント体制の不備から、多職種とのチームワーク形成に、また利用者や家族にマイナスの影響を与えることは明白です。

（2）　ミクロ・メゾ・マクロの各システムにみる課題

1）　ミクロ・システムのマネジメント

　このシステムの対象には、利用者・家族、新任職員・ベテランスタッフ、ソーシャルワーカ

ーが含まれます。新人は、同化体験・活用レベルで自分自身をスタッフとして認識し、アイデンティティの形成をし、その後、分化体験に入り、自分をスタッフとして養成する段階に入ります。ミクロレベルでは、個体性（個体として単独で動く）と一体性（他者と連携を取りながら動く）をバランスよく使い分けて職場環境に自立・自律性をもって適応することが重要です。

利用者・家族との接点におけるマネジメントの課題

　専門機関は利用者や家族にサービスを提供しますが、新人は日常業務を遂行する上で支援の対象である利用者や家族と接点を持ちます。新人が担当する場合、利用者や家族が不安を抱いたり、新人を値踏みする現象が起こることがあります。新人に対する組織のバックアップ・システムがあることを利用者や家族に伝えることも有効です。

新人自身や他のソーシャルワーカーとの接点におけるマネジメントの課題

　新人は、所属機関に雇用され、人材開発の対象となります。新人は業務遂行をする存在であり、他のソーシャルワーカーは、新人を支え、チームを組む存在です。部門長が、組織方針を説明し、新人の関心領域やキャリアデザイン、キャリア形成に関する話し合いをすること、組織のバックアップ体制、職務規定などを理解させ、新人の権利や責務などについて明示することが重要です。特に、職員間では新人のための人材開発計画の中での役割が明確になり、それに基づき各々がマネジメントすることが求められます。

2)　メゾ・システム：上司（スーパーバイザー）、職員間、組織、専門的知識・技術

　新人は自分の業務を意識し、職場の仕組みや組織構造、規約などを学ぶ必要があります。特に、業務全てがスーパービジョン体制下にあることを理解し、業務上必要な伝達事項、職域、職位、職務、合意と同意の違い、意思表明の仕方などを学ぶ必要があります。新人にとってのメゾ・システムは、同化体験・活用レベルを経て分化体験・養成レベルに達成する上で、重要なシステムです。

　新人は、上司（スーパーバイザー）との関わりの中で、様々な課題と取り組みます。

　上司は、スーパーバイザーであり、部門の責任者として、人材開発のマネジメント・システムを主体的に推進する人です。新人に対しては、管理的な側面と教育的側面での機能を果たすことによって、新人の専門的知識・技術に関する承認を行い、支持的機能をも発揮します。

　新人自身も、人材開発のマネジメントの主体として、上司に対して報告する義務を果たします。

　職員関係は、新人にとって職員間での関わりであり、部門内、部門間で形成されている人間関係や協働体制の下、日常業務を行います。人材開発については、日常業務とは別に新たに職員間で体制を作ると、特別な予算枠が必要となり、職員間（特に部門間）で予算の取り合いなどの影響が出ます。既存の体制を再編成することも一案のようです。

第2部　新人のための人材開発

　組織とは所属機関を指します。新人のための人材開発は、新人が配属される各部門を単位とした協働体制の中で行われますので、人材開発に関する組織方針が明確であること、人材開発の目的、具体的な目標が人材開発事業企画書に盛り込まれることで、組織の決裁をとることが可能となるでしょう。

　メゾレベルの専門的知識・技術とは、所属機関が専門機関として蓄積してきた独自の専門的知識・技術の範囲を指します。各機関が蓄積してきた独自の専門的知識・技術は、組織が生き残っていくための強みです。新人は、まず、組織として積み上げてきた独自の専門的知識・技術に関して習得し活用します。さらに、新人は、専門職としての専門的知識・技術の蓄積の一歩を始めている主体として位置づけられる必要があると思われます。

3)　マクロ・システム：専門的情報・知識、社会資源および制度、職能集団、地域社会

　新人は、同化体験・活用レベルを経て新人からスタッフ（分化体験・養成レベル）へ移行していきますが、特に、マクロ・システムとの関わりは、社会で機能する所属組織を意識し、自分の振る舞いを習得していく上でとても重要なシステムです。

　新人は、マクロ・システムでの専門的情報・知識を、既に教育機関で学んできています。部門長は日常業務を遂行中に、新人が、自己の持つ情報や知識を活用できていることを確認し、専門的知識・技術の深化や広がりを後押しできるようにマネジメントします。その際、人材開発計画書の決裁を取っておくことも、組織としての人材開発の成果にも繋がります。

　社会資源および制度については、新人が日常業務を展開していく上で整理し、開拓することが重要です。新人自身も社会資源の一部であり、新人のための人材開発をマネジメントすることは、社会資源（人材）としての新人の価値を高める役割を果たすと言えます。

　地域社会との接点を持った人材を開発することが組織にとって必要ですが、新人にも組織の一員として、地域社会との関わりを開拓することが求められます。

　新人にとって、職能団体の活動や学会への所属について、組織からバックアップを受けることは重要なことです。新人が組織貢献をするための必要な専門的知識・技術を外部から補充することは助けとなり、事前に人材開発計画案で予算措置等も考慮し、組織へのフィードバックの仕組みを作っておくことが重要です。

第2節　新人に対する人材開発マネジメント・システムの定義

　新人については、プロフェッションの開発レベルで、同化体験・活用レベルおよび分化体験・養成レベルのプロセスを経て育成され、専門領域の知識・技術・価値を実践環境に適用する段階に達するものと捉えます。ここでは、新人のための人材開発マネジメント・システムの構造的理解、組織の位置づけ、新人のためのマネジメント・システムについて述べます。ここでは、人材開発マネジメント・システムとは人材開発体制を形成し、稼働させるシステムであ

ると定義します。

（1） 新人に対するマネジメント・システムの構造的理解

　新人はどのような構造の中で日常業務を行っているのでしょうか。所属組織内と組織外の各構造について概説します。

　新人が分化体験・養成レベルに到達するためには、全て自分の行動は業務であり、専門家であることを意識し、職域、職務の尊厳を保持することが重要です。そのためには、人材開発マネジメント・システムの構造を理解しておくことが不可欠です。

1） 構成要素である新人、部門員、部門長、組織長

　組織内で人材開発にかかわるのは、主に新人、部門員、部門長、組織長です。新人は、組織の一員として部門に配属され、組織長や直属の上司、同僚の先輩たちとの関係を形成し、組織の規定や組織図に表わされた具体的な指示命令系統、業務配分に基づき業務を行います。新人にも、職位、職務や職責があります。新人にとって組織のバックアップ体制の中で一番身近な上司は、部門長です。部門長は、必ずしも同職種とは限りません。部門長からは、専門的知識・技術において同質または異質のバックアップを得ることになります。

［例］ 部門の指示命令系統と治療チームのリーダーシップ

　新人は、部門長に対して業務遂行上の確認作業として、指示命令を受けます。しかし、あるとき新人が治療チームに参加した際、リーダーシップは医師がとっていたことから、治療チーム内の出来事は部門長に報告をしませんでした。部門長は新人に対して、部門として新人をバックアップする重要性を説明しました。ケース担当とは、部門の代表として各チームに貢献する立場にあることを理解し、すべての報告を部門長にするようになりました。

2） 専門的知識・技術と組織性の2層構造の理解

　所属組織は、組織の理念や社会的使命に基づき専門的サービスを提供することで、社会的機能を果たします。組織が、その使命を果たすことができなかったとき、その組織は存続の危機を迎えるといわれています。新人のための人材開発とは、専門職としての個人の満足度を満たすためだけではなく、組織の使命を果たすことも含まれています。専門職は専門的知識・技術を発揮することによって、組織機能を果たす構図があり、その点では、組織は、専門職が専門的知識・技術を発揮できるようにバックアップ体制を形成し稼働させることをめざしてマネジメントをします。

第2部　新人のための人材開発

[例] 専門職のアイデンティティ

　　新人は、専門職としての資格を取得し、組織に所属してはじめて専門的知識・技術を発揮しますが、どのようなアイデンティティを求めるのでしょうか。組織への忠誠心や愛着よりも、専門職としてのアイデンティティを持つ人の方が多いと思われます。新人のための人材開発のプログラムの中にも組織性と専門的知識・技術の関係を明確に組み込むことが必要だと思われます。

3）　部門内の構造的理解

　事業を実施するための最小単位である部門は、同職種のみの部門と職種横断的な部門があります。部門の機能を発揮するために、部門長、部門員、新人がチームワークを活用します。部門長は、新人が業務遂行できるように、部門員への協力を求め、新人へのバックアップ体制を形成します。部門長は、新人の人材開発に関しては、管理部門へ人材開発事業計画書を提出し、組織としての決裁を取付け、さらに、他部門との協働体制の形成のためのマネジメントを行います。新人は、部門内のチームの一員として、役割を遂行していきます。

（2）　組織上の位置づけ

　新人に対する人材開発マネジメント・システムの形成は、組織の内と外で行われます。特に組織内のシステムとして位置づけることが重要です。ここでは、人材開発の体制づくりと稼働を促進させる要素として、Barnard（1968）が提唱した、組織の共通目的、スタッフの貢献意欲、コミュニケーションの3要素について述べます。

　新人が短時間に組織の一員としての意識をもつためには、組織を理論的に理解し、自分自身を含むすべての人材の尊厳を保持することが求められます。スタッフとして、リーダーシップの発揮について身に着けていく必要があります。

1）　組織の共通目的

　新人の人材開発は、組織の共通目的の1つでしょうか。新人の人材開発を組織で取り組むためには、組織方針との整合性を必要とします。組織が、過去からの継承事業の最適化を方針としている場合は、新人に対して反復的な業務を求めます。外部環境の変化に適応しようとする場合には、新たな人材像が掲げられ、人材開発システム自体を変化させていこうとする動きがあると思われます。新しい人材開発システムの形成の場合には、新人の人材開発の目的・目標について明確にし、組織としての決裁を取っておくことが重要です。

[例1] 人材に対する考え方

　　ヒューマンサービスの領域では、人の尊厳を大切にしています。人の営みは、次世代に受け継がれ伝承されていきます。専門機関としての組織の理念や社会的使命は、組織の中で育成していくべ

第1章　新人のための人材開発マネジメント・システム

きものであるとの方針があります。この組織の場合は、職員構成については世代バランスを考慮した人員計画がなされており、新人の採用を原則にします。

2）　貢献意欲（協働の意志）を支える仕組み

　組織は、組織の使命や理念、事業目的を具現化するために活動します。新人はこの活動のために十分に力を発揮することを組織から期待され、人材開発マネジメントの対象とされます。新人は、どのような時に充足感をもち、組織に貢献したいと思うのでしょうか。

　また、貢献意欲を支える仕組みがない場合、どのような支障が生じるのでしょうか。

［例1］成功体験が得られない業務遂行

　新人が任された業務は難易度が高く、途中で先輩に担当が変更されました。新人には、取り上げられてしまったという感覚と、自分にはできなかったという思いが残っています。

［例2］上司から教えてもらうことが多い

　職場には、新人が迷った時や不安になった時には、上司に相談できるスーパービジョン・システムがあります。上司は、新人に対して担当ケースについて解説し、アセスメントや支援計画に関して丁寧に教えてくれます。

3）　コミュニケーション

　新人の人材開発のマネジメントで用いるコミュニケーションの質は非常に重要な要素です。組織内のマネジメントでは、まず、部門長と組織長、部門間、部門内の部門員と部門長、部門員同士、新人とのコミュニケーションが考えられます。その場合、組織長からの方針提示、上司からの指示命令・情報伝達・提案などの管理的コミュニケーション、専門職間の並行型で率直なコミュニケーション、相互尊重や労い等を表すサポート的なコミュニケーション、アドバイスなどの助言・教育的なコミュニケーションなど様々な性質のコミュニケーションが選択され、そこには相互・交互作用が生じます。特に、新人の場合は、具体的な指示や事実に基づいた認めを得ることで、新人の立場や役割を認識し、起用されることの実感を持ちます。新人が分化体験・養成レベルへ到達するためには、部門内、組織内・外の様々な人との間で、リフレクティングを通じて自らスタッフとして養成していくプロセスを歩むことが必要になります。

［例1］「あんたじゃなくて、もっとベテランはいないのか」と言われて

　部門長は、新人が単独でケースの担当者になれる段階に移行したと判断し、ケースを担当するように指示しました。新人が面接室から戻り、「あんたじゃなくて、もっとベテランに担当してほしい、上司と相談して返事が欲しい。」と言われたと報告しました。

　部門長は部門としての新人のサービス提供の管理責任を負わなければならない立場です。この場

105

第2部　新人のための人材開発

合、新人も動揺しており、緊急事態ですので、部門長としては、「よく報告してくれました。」と伝え、事実を確認し、同席面接の了解をとり、介入しました。

新人の対応に問題はなさそうです。患者さんに、「新人ですが、部門長の私もバックアップしておりますので、担当はこのまま続ける方針でよろしくお願いします。」と返答しました。

面接後、部門長は新人にスーパービジョンを実施し、担当が新人だからこそ、患者さんが怒りの感情を表出できたことを説明しました。

［例2］試用期間のコミュニケーション

新人には、組織の正社員となるまでの間、試用期間がありますが、新人と部門長との間でどのようなコミュニケーションを取ればいいでしょうか。部門長は、組織の人員計画の中には試用期間の設定があること、試用期間の目的や基準を伝え、部門長と新人との双方の役割を明示し、この期間の業務遂行の指示をします。特に、具体的な項目やそれらの目標、達成手段、達成基準、達成の証拠、新人の取り組みに対するバックアップ体制などを伝えることが重要です。

第3節　リスクマネジメント

（1）　新人養成におけるリスクマネジメントの捉え方

対人援助の組織においては利用者への倫理的責任を保障するためにも、リスクマネジメント体制が構築されていることがサービス提供の前提となります。組織内の各部門のリスクマネジメント体制も、組織マネジメント体制の一環として構築されています。

1）　リスクマネジメントの必要性

リスクマネジメントは、職員が業務を円滑に安全に遂行するためにも不可欠です。そのためには、すべての職員がそれぞれの役割によってリスクマネジメントを理解し、実践できる力を継続的に養成する必要があります。職員に求められる力量には、技術や知識だけでなく、業務上の危険や事故に対応する力が含まれます。対人援助の専門職には利用者の安全に配慮した業務遂行が必須であり、管理者は職員の力量を評価して援助業務に従事させる範囲を決定しています。職員の異動によってサービス提供の質が低下するようなことがあってはなりません。そのためにも、職員養成においてリスクマネジメント力を高めることが重要です。部門の職員教育では、業務遂行に必要なスキルのひとつとしてキャリアに応じて段階的にリスクマネジメント力を養成することになります。

なかでも、新人職員は、初めて社会人として就労する組織の一員として行動できるためには、必要な職場教育を受けると同時に、リスクマネジメントを業務の1つとして実践できる力を養成・開発には必要となります。なぜならば、新人も入職したその日からひとりの対人援助の専

門職として利用者を援助するからです。

2） 新人にとってのリスクマネジメントの定義

　新人に対する人材養成・開発としてのリスクマネジメントでは、それが組織にとって重要な業務であり、業務の担い手として判断と行動ができるようになることを目標とします。具体的には、事故発生の構造を理解し、組織の一員として状況を判断して報告や対処など具体的な行動ができるようになることです。

　事故発生にはさまざまな要因の重なりがあるため、適切な業務行動が事故発生のリスクの軽減に貢献できることを意識して判断し行動する必要があります。実際には、組織の事故防止活動や安全委員会活動などを通じて、組織の損失を最小限に抑えてサービスの質を保証することが考えられます。これは、言いかえれば、サービスの質を保証することが組織の損失を最小限に抑えるということです。その役割を、わたしたちひとりひとりが担っているということです。対人支援専門職としてとる適切な業務行動が、組織を健全に運営することへの貢献となり、何よりも利用者の利益につながっています。このように新人が組織の一員として貢献し、自分の持つ力を十分に発揮するためには、リスクマネジメントを理解することが重要であることがわかります。

　また、組織においてリスクマネジメントが機能するためには、職員が自分の持つ力を十分に発揮して業務を遂行し向上していくことが不可欠です。組織マネジメントを可視化したものが、職務規定や業務マニュアルです。マニュアルに基づいてサービスを提供することは、ともすれば利用者の個別性を尊重しない画一的なものに陥ると否定的なものとしてとらえられるかもしれません。

　業務マニュアルがなぜ必要かということをリスクマネジメントの視点から考えてみましょう。利用者にとって、職員によってサービス提供に違いがあることは直接被る不利益であり、サービス提供機関への信頼感を損なうものです。業務マニュアルは、組織で提供するサービスの標準となる手順や意味を可視化することで、誰がその業務を担当することになったとしても、職員が利用者に提供するサービスを一定の水準で保障するために作成されます。職員は手順を確認できることで安心して業務を確実に行うことができます。

　特に、新人にとっては業務行動を点検するための具体的な指針として、職場への同化体験のモデルとして活用することができます。万一、事故や苦情が発生したとしても迅速にマニュアルに基づいて状況を報告して組織的な対応ができます。いつでも良質なサービスを、どの職員でも提供できることは、組織と利用者の双方に利益があり安心につながります。このように、業務マニュアルを作成することは、リスクマネジメント体制の構築にも重要な意味があります。

第2部　新人のための人材開発

(2)　新人によるリスクマネジメントの実際

　新人がリスクマネジメントを理解するためには、どのようなことが必要になるでしょうか。新人は、既にアルバイトなどで社会での実務経験を有するものや、養成校を卒業したばかりで実務経験が全くないものもいます。専門資格を有する場合も、有資格の専門職としての実務のスタートラインに立ったばかりの職員として尊厳を保持する必要があります。プロフェッションの開発レベルでいえば、新人は同化体験・活用レベルから分化体験・養成レベルに移行していく段階の課題を有する職員であり、リスクマネジメントもそのことを前提として行う必要があります。

　新人がリスクマネジメントを体系的に理解できるようにするためには、これまで述べてきたように、組織マネジメント体制の仕組みが可視化されていることが重要です。組織には目的と理念があり、それに基づく事業計画などにより各部門で認識され共有されています。リスクが目的に対する不確かさの影響であるならば、何をリスクとしてとらえるかということも、組織の目的や理念によってそれぞれに設定されます。つまり、組織の目的や理念が明確であり、それらが職員間で正しく認識され共有されることからリスクマネジメント体制の構築がはじまります。

　新人も、まず組織の目的や理念の認識を共有することが必要です。組織の一員として同化体験を積み、上司や同僚の業務を観察して理解できるようになり、そこから指導を受けながらも独自に業務を遂行できるように分化体験に移行するプロセスにあるリスクの把握が求められます。援助の対象となる利用者を理解し援助に必要な知識や技術を習得し、組織の一員として考えて意見を表明し行動することを学び、専門家として専門的知識・技術を確立し職能集団に所属することの意味を学び、対外機関との連携などから地域社会に対する説明責任を果たすことを学び、援助から社会資源や制度がもつ課題を抽出できるなど、新人もミクロ・メゾ・マクロ領域の実践の担い手です。新人が安心して業務に従事するためには、リスクマネジメントの能力を発揮できるよう入念に計画されねばなりません。FK グリッドを活用して業務における関心の焦点や実践の段階の分析を行うことは、新人が成長を自覚できるとともに業務で必要となる能力を理解して取り組むためにも役立ちます。

　また、職員規定や就業規定は、組織のリスクマネジメントの基本事項が明示されているため、組織内だけでなく利用者や協働する外部機関や地域社会に対しても重要なものです。なぜならば、対人援助を伴うサービスを提供する組織は、医療保険や介護保険など社会保険のサービス提供機関としての役割や、さまざまな生活課題をかかえた地域住民への福祉サービス提供機関としての役割を担っています。組織で活動する対人援助専門職は、業務において個人との契約や援助関係における責任があり、いかに利用者の安全を確保するかが大きな課題となります。特に、業務に不慣れな新人の養成には、安心して業務行動ができるための根拠が必要となりま

す。人が人を支えるという支援の現場には、ヒューマンエラーや組織内外のコミュニケーションエラーなどの不可避なリスクが内在するため、組織管理としてもリスクマネジメントは必要になります。

いいかえれば、リスクマネジメントとは、リスクによる損失から、組織、部門、業務、職員、利用者を守ることであり、それが業務マニュアルや職務規定などによって明確化されているということができます。職員はリスクマネジメントの担い手として実践すると同時に、リスクマネジメントの対象として守られる必要があります。特に、新人には、安心して業務に臨むことができるために、リスクを敏感に感じ取ることのできる力を高めることが第一となります。日常からリスクを意識した業務行動をとるためには、リスクを目に見える形にすることによって、利用者や組織の職員間や連携する外部機関との情報の共有をはかることも効果的です。

そのような試みとして、保険業界で保険の合理的な付保を目的として考え出された概念にリスクマップがあります。ここではリスクの発生頻度と損害の程度をクロスする2つの軸として2次元で表現して、その高低を評価して全体を4つに区分して、想定したリスクを配置してリスクマップが作成されます。この作業により、リスクごとの特徴や組織運営における位置づけが可視化され、リスク対策についても体系的に考えることができます。リスクマップの例を、図2-1-1に示します。マップのどこにどのようなリスクが記述されるかは組織によって異なります。

たとえば、東京海上日動リスクコンサルティング株式会社（2012）ではリスクマップを活用したリスク対策の選択として、高損害・高頻度ではリスク状況を避けたり撤退したりする行動

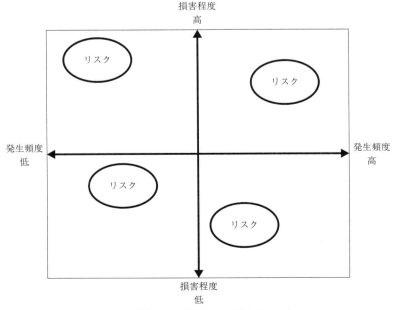

図2-1-1　リスクマップの例

第2部　新人のための人材開発

である「回避」、高損害・低頻度では損失および利益を保険対応などの形で他社と共有する
「移転」、低損害・高頻度では損害を平準化するための保険の活用などを含む「低減」、低損
害・低頻度では損失と利益を受容して発生時対応で処理する「保有」を選択するべきと考えら
れています。新人はリスクマップを活用することで、業務のリスクの判断とともに必要な行動
をとることをシミュレーションすることができます。

　一方で、自分が予想できなかったリスクの存在に気づくこともできます。リスクマネジメン
トの前例をリスクマップに配置してみると、組織にとって重要な業務であることを確認するこ
ともできます。普遍的なリスクマネジメント業務の重要性とやりがいをつかみ、自律性が養わ
れる取り組みとなるでしょう。自分の入職以降に人事採用がなく最もキャリアの短い職員とし
て所属していても、新人とされるのは入職して1年未満の短い期間です。成功体験を積み重ね
ながら、さらに困難な支援にも意欲的に取り組むことができるよう同化体験と分化体験をシミ
ュレーションする活動としても役立ちます。

第4節　マネジメント環境の整備

　新人の人材開発システムを形成し、稼働させていくために、マネジメント環境を整備してい
くことが必要です。マネジメント環境とは、人、もの、かね、情報を指します。
　人材開発に関する主要概念の人材の尊厳について、新人は、未熟な存在やサービス分配者と
して見なすのではないこと、さらには、新人も含め、どの人材も尊厳の保持が貫かれていく環
境の整備が必要です。

(1)　人

　本項では、利用者や家族、上司、スタッフ・部門チーム、他部門の長・フタッフ・チーム、
所属組織、関係機関や地域住民、職能集団の客体と主体の両側面から考えます。

　新人の立場から見ると、利用者や家族は客体ですが、人材を社会資源としてみると利用者や
家族は新人を活用する主体でもあります。利用者や家族は新人が担当することに対して不安を
抱いたり、新人に対して高圧的になったりすることもあり、このような影響性を予測したマネ
ジメントが必要です。

[例1] 客体としての利用者や家族
　　新人が、担当者として利用者を援助しようとする初期段階で、利用者や家族は新人に対して様々
　な反応を示します。新人としては、専門職として頼られたい、または、認められたいという気負い
　があります。利用者や家族は、新人に対してテスティング行動をとることもあります。このような

110

ことは予測可能ですので、利用者や家族に対して、組織は人材開発体制の存在を明示し、新人への
バックアップ体制についても説明します。このことは新人の尊厳の保持として重要なサポートにな
ります。

[例2] 主体としての利用者

　利用者や家族は、援助の対象者ですが、彼ら自身の取り組み課題に主体として取り組む人です。
利用者や家族は新人と援助関係を結びながら、相互に役割を期待し、役割を遂行する関係にありま
す。新人は利用者を社会資源として活用し、マネジメントの主体となります。支えられる体験だけ
が多かった利用者も、新人に担当してもらうことで、新人を支えるという体験をし、思ってもみな
かった力を発揮し、周囲を驚かすことがあります。

　新人は、組織長や部門長から見ると、人材開発マネジメントの客体ですが、同時に、新人も、
自分自身の人材開発に取り組むマネジメントの主体でもあります。

[例1] 客体としての新人

　組織長や部門長、部門のスタッフ等は新人をマネジメントします。組織の人材開発に関する規定
を定めることや、新人の尊厳を守るように人材開発に関する視点や組織および部門長側の倫理基準
を確認すること、リスク管理（ハラスメント、個人情報の管理、事故など）をすることです。新人
の場合、新人であるということだけを理由に、未熟な人として位置づけられ、不当な扱いを受ける
ことがあるため、リスクマネジメントが重要になると思われます。

[例2] 主体としての新人

　新人は、専門職として自身の人材開発計画書を作成し、部門長のスーパービジョンを受け、承認
を得ることが重要です。また、試用期間中と正式採用後の職員としての立場の変化を認識する必要
があります。正式採用後は、組織の規約の順守や職務規定に即した業務遂行をする立場になります。
新人は、組織人としての立場や役割を認識していくことや専門職として持つべき専門的知識・技術
を身に着けていくことに取り組んでいくこと自体が、人材開発上のマネジメントとなります。

　部門内スタッフ・チームは、新人のための人材開発を支える身近な人員であり、かつ、人材
開発で得られた成果（新人の成長）を活用し、新人をチームの一員として受け入れ、協働をし
ていく立場です。スタッフ・チームは、人材開発体制の中での役割を担い、新人を具体的な業
務の中で支えます。また、新人の人材開発体制を形成し、稼働させていく主体であり、同時に、
新人にとっては、スタッフ・チーム人材開発マネジメント体制を整備する上でのマネジメント
の客体でもあります。

第2部　新人のための人材開発

［例1］ 客体としてのスタッフ・部門内チーム

　部門長は、新人のための人材開発に関する組織方針を了承し、部門の方針と計画を立てて、新人やスタッフに対してマネジメントします。さらに部門が組織の人材開発の体制の中核的役割を担うことの重要性や体制のメリットを明らかにし、部門員に対しては、人材開発事業企画書や人材開発の具体的なプログラムの作成への協力を求めます。組織で承認を得るために、マネジメント上の部門としての決裁を下します。

［例2］ 主体としてのスタッフ・チーム

　スタッフや部門内チームは、新人の人材開発に対して各々の視点や専門的知識・技術を活用し、可能な貢献内容を提示します。人材開発体制の形成や稼働するには予測できるリスクを検討し、人材開発事業企画書やプログラムの原案に組み込みます。

　これらは、部門会議に提案され、組織長や部門長の決裁を受けた決定事項として、各々の役割が明確にされたうえで実行されることが重要です。部門長のみならず、スタッフ・部門内チームはマネジメントの主体であるといえます。部門それ自体が蓄積してきた専門的知識・技術の伝承も視野に入れ、部門としての貢献や価値の重みを証明する機会でもあります。

　人材開発の内容には、組織人として部門共通のものと、部門独自のものがあると考えられますが、それらが、組織の機能を促進するためには、一部門でとどまるものではないと思われます。他部門の長・多職種チームは、人材開発の協力者（客体）であり、協働のためのマネジメントの主体でもあります。

［例1］ 客体としての他部門の長・多職種チーム

　部門長や新人は、他部門の長や多職種チームを対象として、人材開発体制の形成及び稼働のためのマネジメントを行います。部門長は、組織の決裁が下りた人材開発事業企画書やプログラム内容などを示し、新人に人材開発の協力を依頼します。新人は、他部門や多職種チームとの協働体制の中で日常業務を遂行するプロセスを歩むことで、新人として人材開発体制を形成し、稼働させることを促進します。

［例2］ 主体としての他部門の長・多職種チーム

　他部門の長や多職種チームは、人材開発のマネジメントの主体でもあります。その意味では、他部門やチームは、共通点と独自の内容、人材開発体制における役割分担、指示命令系統、利用者への影響への配慮、リスク管理、倫理的責任等を部門およびチーム内で確認し、新人が取り組む多職種との協働への取り組みを支えます。

組織

　組織とは、所属機関そのものですが、実質的には組織の最高決定権をもつ組織長を指します。部門長は組織長に対して、新人のための人材開発体制の形成と稼働のために立てた人材開発企

画書や計画書を提出し、組織長からの決裁を仰ぎます。組織長は、組織としての新人の人材開発の方針、目的や目標を示し、組織としてのトップマネジメントを行う主体です。組織の使命やビジョンを果たすための有効な人材開発体制を目指す上で、各部門に対して協力を求め、組織としての意思決定の責任を負います。

［例1］ 客体としての組織

　有効な人材開発体制を形成し稼働させるためには、人材開発に関する組織の方針をもとに作成された、各部門からの企画書等の提案が必要です。部門長は、組織を対象として、マネジメントを行い、部門の人材開発に関する決裁を組織長から得る必要があり、その意味において、組織長は人材開発マネジメントの対象にもなります。

　部門長は、組織の理念や使命、事業目的に沿った、妥当性が高く、実効性のある人材開発事業企画書を提出して、組織内の体制を形成し稼働させる任務を負います。

［例2］ 主体としての組織

　組織の人材開発体制の形成と稼働は、組織長の業務そのものです。組織長は、部門長から提出された人材開発事業企画書やリスクマネジメント計画書、個別人材開発計画書をもとに、有効で実効性のある人材開発体制の形成と稼働を目指し、組織の内外のあらゆる環境を対象としてマネジメントを行います。組織として新人の人材開発のためのプログラムに積極的に取り組む意味や成果、予測されるリスクなどを吟味します。

　部門長や新人は、関係機関や地域住民（他機関の利用者、民生委員や自治会、老人会の人々）との間においても、人材開発体制の形成と稼働のためのマネジメントを行います。同時に、関係機関や地域住民も新人という次世代を担う社会資源としての人材開発の一端を担う存在であり、人材開発体制を形成・稼働させる主体でもあります。

［例1］ 客体としての関係機関や地域住民

　社会資源としての地域の住民にとって社会資源である新人の人材開発体制は、地域の関係機関や住民の団体などとの関係においても、形成し稼働させていくことが可能です。そのためには、組織が地域に対して解放システムとして接点を持っていることが重要であり、社会資源は、連携する外部機関や利用する地域住民との間で、発達・整備されていくものであるとの考え方が前提になります。この考え方に基づくならば、部門長や新人は組織の解放システムの接点として、地域の関係機関や地域住民を対象としたマネジメントを行うことが可能となります。

［例2］ 主体としての関係機関や地域住民

　関係機関や地域住民は、社会資源である所属組織に対する期待や要望を持っています。関係機関や地域住民は、地域に存在する所属機関を有効な社会資源として育てる主体でもあり、所属組織との間で協力体制を形成し稼働させていくマネジメントの主体でもあります。

第2部　新人のための人材開発

　専門職団体は、新人のための人材開発にとって支援的な資源です。保健・医療・福祉領域の新人の専門的知識・技術の向上は、職能集団や学会、教育機関等に支えられてきており、所属機関独自で質の担保をすることは困難だと思われます。関係機関や団体との人材開発連携体制の形成と稼働は、組織独自のサービスの開発にとって重要なマネジメント環境であるといえます。

　特に、客体としての職能団体等は、組織の競争力、ニーズへの呼応力の向上を目指し、組織の外部にも、新人のための人材開発に関する協働体制を形成しており、そのことは、非常に心強いことです。職能集団や学会、教育機関は、組織にとって協力関係を作るためのマネジメントの対象であるともいえます。

　職能団体等には、それぞれ設立の趣旨や社会的使命があります。組織内部に新人のための人材開発体制がない場合、職能集団等がその職種として蓄積してきた新人の育成方法や職種としての専門的価値・技術・知識を伝承する機会を提供します。職能団体としては、実践現場へのコンサルテーション機能を持つことは、職域の発展に影響を与えるためにも、マネジメントの主体としてマネジメントを行います。ただし、新人の特性として、職能集団からの影響を受けやすい傾向にあり、これらの職能団体からの組織介入が生じた場合は、組織の独自性への干渉となり、思わぬトラブルを引き起こすことがあります。職能団体としての倫理規定、コンサルテーションの契約書などを設けることが必要となります。

(2)　もの

　本項では、新人のための人材開発マネジメント・システムに必要な物理的環境の整備について述べます。

組織で整える物理的環境の整備

　物理環境には試用期間に関する説明書、雇用契約書、キャリア形成のガイドライン、職務規定書、相談室、カンファレンスルーム、机、いす、ロッカー、文房具などの消耗品、休憩室、ユニホーム、ネームプレート、社員証、PC、コピー機、図書、業務上必要な資料、所内PHS、外出時の移動手段（自転車など）、照明、室温、音、換気などが含まれます。

[例1]　雇用契約書や職務規定の必要性

　職務規定とは、職員として組織が新人に対して課す規定です。専門職を擁する組織の取り組むべき重要なマネジメントです。また、雇用契約書とは新人と組織との間で取り交わされる契約書のことです。雇用契約書の配布の有無は組織によって異なるようですが、新人が組織人として理解しておくべき事項であり、組織と新人との関係性も明らかになります。これらの規定や契約内容は、人

第1章　新人のための人材開発マネジメント・システム

材開発の前提条件ともいえるものです。

[例2] ユニホームか私服か

　業務上必要な物品として、ユニホームに対する考えには多様性があります。ソーシャルワーカーが白衣を着るか着ないかの議論があり、医療とは異なる存在を意識し、白衣を着用しないという職場もあります。一方、以前は私服だったものの、私服で仕事をする際に、ふさわしい服装の定義が難しいとする考え方で、ユニホームを着用するという方針に変更したという組織もあります。また、病院などでは感染症など、清潔の保持が必要な場合、スタッフが感染源になることなどを警戒し、白衣着用を義務づけている職場もあります。

　新人との間でも、組織の方針を明確にし、リスク管理も含めた決定をしておくことが必要です。

新人が整える物理的環境の整備

　ここでは、キャリアデザイン書、資格証、認定証、個別人材開発計画書、研修会受講証、学会・職能集団・教育機関等の資料、業務上必要な参考書、資料に関するリスト、倫理綱領・行動指針などが考えられます。

[例1] キャリアデザイン書

　新人は、教育機関でキャリアデザインに関する学びを経験をします。

　職域の開拓期においては、キャリアデザインという考え方は定着していませんでしたが、近年では新人がどのようなキャリアデザインを持ち、何に取り組みたいと考えているかは、人材開発体制の形成と稼働という側面からも重要な要素だといえます。

[例2] 個別人材開発計画書

　キャリアデザインは、その人の人生における希望やイメージを表すものです。人材開発計画書は、所属組織の中で機能する専門職としての人材開発計画です。これは、組織の人材開発企画書等に沿いながら、新人自身がどのような目的や目標で、自分自身が人材開発の主体として取り組むかを、具体的に計画するために作成します。

（3）　かね

　本項では、新人のための人材開発体制の形成や稼働のために必要な経費について、新人の経費、組織の経費を述べます。経費には直接・間接的に投入されているもの、短期および長期予算があり、人材開発の体制上必要な要素としてマネジメントの対象となります。

　新人が負担する経費と人材開発体制の中で準備する経費には、どのようなものがあるのでしょうか。被服費、一人暮らしを始めるときは引っ越し費用、賃貸住宅の契約費用、家財道具の購入費、損害保険、家賃、資格登録に関する費用、職能団体の会費、学会参加費、研究会参加

115

第 2 部　新人のための人材開発

費、地方によっては通勤用自動車、職場によっては自動車免許取得費用などが考えられます。

[例] 組織が承認する経費の範囲と個人負担

　　新人の場合、初めて社会人になる人も多く、様々な準備のための経費がかかります。職場によっては、福利厚生費や支度金などを定めて、経費への支援をしている場合があります。新人に対しては、他の職員とは異なる基準作りなども人材開発に関するマネジメントの1つといえます。

　　新人の人材開発体制の形成と稼働のために、組織が準備する経費は、どのようになっているのでしょうか。業務を遂行するうえで使う水道、光熱費、電話代、コピー代、消耗品の費用、電気代、残業代、書籍代、研修参加費及び出張旅費、学会参加費、学会や職能団体の会費、家賃補助などが考えられます。

[例 1] 残業前提の業務

　　残業の取り扱いはどのようにしているのでしょうか。残業代は、人材開発計画の中で予算措置が必要です。新人に対しては、残業前提の業務の習慣をつけることがないように、時間の使い方を効率的にすることを指導する必要があります。

[例 2] 残業代とならない時間拘束

　　残業代の支払いがない職場の例では、新人に能力がないため、残業をしていると解釈されているという例もあります。たとえば、スーパーバイザーの都合で、時間外にスーパービジョンを行い、深夜にまで及ぶ時間拘束を強いるなどです。

　　参考文献
　　第 3 部第 1 章に記載（p. 172, 173）.

第2章　新人のための　プログラミング・システム

第1節　新人養成プログラミング・システムの概説

（1）　業務としての取り組み

　新人養成のプログラミングも、実習生同様、組織に対し部門の養成プログラムを提示し承認を得ることやそのプログラムを活用した結果の評価を組織に報告することが求められます。特に、新人養成のプログラミングでは、新人が業務を自立して行えるようになる期間の設定やプログラム自体が効果的かどうかについて組織から結果を求められることもあるでしょう。

1）　学習理論と新人養成プログラミング

　ここでは、新人プログラミングについても、第1章2節で触れたコルブの経験的学習モデルを使って考えていきます。コルブ（1983）は、デューイの学習理論を「活動－内省」「経験－抽象」の二軸に構成しなおし、これら諸関係の間に循環サイクルを仮定し、「経験から学ぶプロセス」を経験学習サイクルとしてモデル化しています。

① 　CE ：「具体的経験　（Concrete Experience）」
② 　RO ：「内省的観察　（Reflective Observation）」
③ 　AC ：「抽象的概念化（Abstract Conceptualization）」
④ 　AE ：「能動的実験　（Active Experimentation）」

　［例1］プログラムの目的を「面接スキルの向上」に設定した場合を説明します。
　ⅰ）　第1段階として面接技術の中の「基本的かかわり技法」の獲得を目標にします。
　　CE：新人と上司（スーパーバイザー）との面接ロールをビデオに撮る。
　　RO：上司のかかわり技法や両者の違いについて観察する。
　　AC：その違いについて面接技術の知識・理論と結びつける。
　　AE：違いについて判断でき、自身でかかわり技法を的確に実践できるようになる。
　ⅱ）　第2段階として、「ラポール形成」の獲得を目標とします。
　　CE：新人と上司（スーパーバイザー）との面接ロールをビデオに撮る。

RO：両者のラポール形成について観察する。
　　AC：その違いについてラポール形成の知識・理論と結びつける。
　　AE：違いについて判断でき、自身でかかわり技法を的確に実践できるようになる。
　ⅲ）第3段階として「積極技法」、および　ⅳ）第4段階として「技法の統合」、を目標とします。

　このように、第3段階として「問題解決アプローチ」を使った面接、また「ストレングスモデル」を用いた面接など、連続するプロセスから面接技術を習得していくのです。当然、新人は、スーパーバイザーからスーパービジョンを受けて、面接技術の習得に向け、目的を達成するための幾つかの目標を設定し進めていきます。　この時は、新人は、同化体験・活用レベルでこのトレーニングを受けます。面接技術の理解を十分にした上で、それを活用した場合のクライエントの反応を観察し、感知します。

　また、コルブ（1983）は、学習は認識や知覚などの特定の機能によって行われるものではなく、思考・感情・知覚・行動が総合的に機能し、それらが「統合されたもの」であると主張し、具体的には相反する世界への対応の衝突の中で、これらのコンフリクトの解決によって学習が行われていると指摘しています。それによれば、第1の軸は、具体的体験と抽象的概念化の間で起こる「会得する／深く理解する（grasp）」次元であり、第2の軸は内省的観察と能動的実験の間で起こる「変容（transformation）」だとしています（図2-2-1参照）。

　新人は、失敗を反省することや、いくつかの体験から法則性を見出し、行動を修正することから上手くできるようになるなどの体験がありますが、これは誰にもあることです。人材養

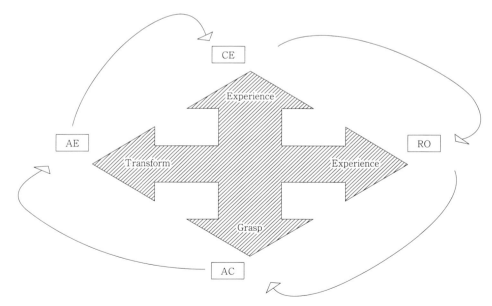

図2-2-1　Kolbの経験学習モデル

出典：Kolb（1983）を基に著者作成。

成・活用のプログラミングでは、コンフリクトやその解決なども含め先の見通しとして予測を
もって計画していきます。

また、経験から学ぶ際の能力として、コルブは4つの能力を挙げています。

① 新しい経験に関わることへの開放性や自発性（具体的な経験）
② これらの新しい経験をさまざまな視座・視点からみることのできる観察の能力と振り返
りの能力
③ この経験から統合的な考えや概念を生み出すことのできる分析的能力
④ これらの新しい考えや概念を実際の実践に使うことのできる決断や問題解決の能力

以上、新人養成も理論に裏付けされたプロセスを包括していることが理解できるでしょう。
そして、その新人養成から専門職性の証明をしていくことが可能であることは明らかです。

(2) 新人養成プログラミング・システムと人材開発体制

福山（2016）は、新人養成に関し「人材開発体制グリッド」において「分化体験・養成レベ
ル」と位置付け、「個体性と一体性とのバランスの取れた行動の体験をとおして、専門家を養
成するレベル」であると規定しています。「職場や他スタッフとの関係性や専門性の獲得など
の学習において、個としての振る舞いと、他と区別できない存在としての振る舞いとをバラン
スよく、自由裁量で動く体験をすること」と述べています。

以下、福山の理論を中心に新人養成プログラミング・システムについて明らかにしていきま
す。

1) 新人養成と実践領域の規模（ミクロ・メゾ・マクロ）

ここでは、新人養成とソーシャルワークの実践領域の規模との関係について確認します。

第1部第2章でも述べた通り、「ソーシャルワークのグローバル定義」（IFSW 2014）では、
社会福祉の対人援助職は、「ウェルビーングを高める」ことを目指し、社会開発・変革、社会
的結束、エンパワメントと解放を促進し、生活課題に取り組み、人々やさまざまな構造に働き
かけるとしています。

この定義によるソーシャルワークの効果について、福山（2014）は、以下の通り示していま
す（図 2-2-2 参照）。

ミクロ・メゾレベルの効果としては、①生活課題に取り組むこと、②ウェルビーングを高め
るように人々と社会構造に働きかけること。メゾ・レベルの効果としては、①エンパワメント
と解放を促すこと、②実践に基づいた専門職、③ソーシャルワークの理論、社会科学、人文学、
地域・民族固有の知を基盤とすること。マクロ・レベルの効果としては、①社会開発・変革、

第2部　新人のための人材開発

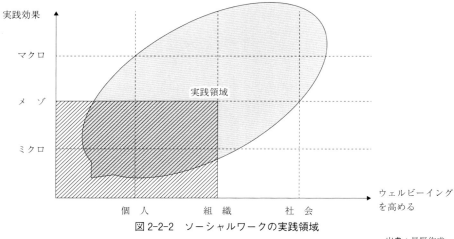

図 2-2-2　ソーシャルワークの実践領域

出典：星野作成。

社会的結束を促進すること、②社会正義、人権、集団的責任、多様性の尊重の諸原理に基づくこととしています。つまり、新人養成プログラミング・システムでは、主に実践領域のミクロおよびメゾ・レベルを対象範囲として扱います。

2）FK グリッドの構造と新人プログラム

ここでは、FK グリッド（表 2-2-1 参照）を使い、新人養成プログラミング・システムの実際を考えます。

専門家養成の枠組み項目の縦軸（関心の焦点）には、前述の医療・保健・福祉システムの 10 項目を、また、横軸（能力養成の段階）には、スーパーバイジー（専門家）の観察力、理解力、分析・評価力、応用力、理論化を布置しています。さらに 10 項目とスーパーバイジーの能力の 5 段階とを交差させたところで、スーパーバイジーが、学習した内容や質が把握できるとし

表 2-2-1　FK グリッド

能力養成の段階 関心の焦点		観察	理解	分析と評価	応用	理論化
ミクロ	新人					
	対象者					
	専門家					
メゾ	上司（スーパーバイザー）					
	職員間					
	組織					
マクロ	専門性（知識 情報 概念 理論 方法 技術 理念 倫理など）					
	社会資源及び制度					
	地域社会					
	専門家集団					

出典：福山（2002）。

ています。それを、新人養成プログラムを作成する際に、このFKグリッドを活用して、新人と養成プログラムの目的・目標を明確化し、達成するための目標を、観察（体験）する対象として10の医療・保健・福祉システムから選択し、能力養成の段階を設定します。

FKグリッドを用い、新人養成プログラミング・システムで考えると、専門性を保証する3つのレベルでは「ミクロ－メゾ」レベルに該当し、専門養成の段階では「観察－理解－分析評価」にあたります。新人に対しては、「観察－理解」を繰り返し「分析・評価」（判断）できることを目標にプログラミングしていきます。

（3） 新人養成プログラミングの2つの側面

1） 新人養成における4要素間の関連と2つのプログラム

新人養成において、マネジメント・プログラミング・スーパービジョン・評価の4要素は、それぞれが関連して存在していると捉えることができます（図2-2-3参照）。

① マネジメントとプログラミングとの関連について考えてみましょう。
　ⅰ）他部門にプログラムの一部について協力を得ること、
　ⅱ）組織に対し部門のプログラムを提示し承認を得ること、
　ⅲ）そのプログラムを活用した結果の評価を組織に報告すること、
　　これらは、組織体ではごく普通の営みです。これは、対外的プログラムと捉えることができます。

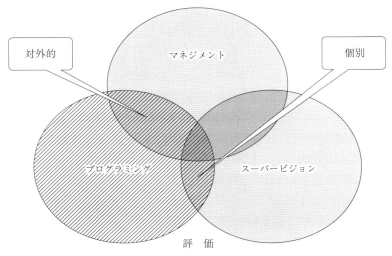

図2-2-3　新人養成4要素間の関連

出典：星野作成。

第2部　新人のための人材開発

② スーパービジョンとの関連について考えてみましょう。

日々のスーパービジョンを効果的・効率的に展開するための戦略として、プログラミングを捉えることができますが、そのスーパービジョンは個別的プログラムで展開されます。

③ 評価とプログラミングとの関連について考えてみまよう。

新人養成自体を効果的・効率的に展開させるための戦略がプログラミングだとするならば、評価の内容はそのプログラムに必ず反映されています。上司は作成したプログラムについて、評価項目に対応する体験項目が設定されているかを事前にチエックします。

効率的に集約された準備をもとに最大限の効果を引き出します。また、新人に対し体験の機会や環境を保証することになります。所属の組織に対して、社会に対して統一した新人養成プログラムを示す必要があります。その新人養成プログラムはソーシャルワークの価値・知識・技術に裏付けされた専門性を対外的に示すことになります。

2) 業務としての新人養成プログラミング

プログラミングの目的・目標管理とバランス・スコアカード

ここではバランス・スコアカード（以下、BSC）（永田 2015）を用いて、新人養成プログラミングを組織の業務の側面から考えます。保健・医療・福祉の現場でも、この BSC を組織全体で導入しているところがあります。

第1部2章でも説明した通り、BSC とは、財務、顧客、業務プロセス、学習と成長の4つの視点から戦略を立て、どのように実行できるかを評価するフレームワークで、この4つの視点から課題や目標への道筋を具体的に挙げ、それらが達成されたかをチエックすることで戦略の実践状況を評価します。

目的を達成するために、まず、①戦略目標（KGI = Key Goal Indicator）をさだめ、その目標を成功させるための②重要成功要因（CSF=Critical Success Factor）と、③重要評価指標（KPI = Key Performance Indicator）を決め、重要評価指標での目標達成数値（結果）を④ターゲットとして設定し、最終的にどんな行動をすればよいかについて、⑤アクションプランを作成し

表 2-2-2　新人養成における BSC の例

4つの視点↓	①戦略目標 （KGI）	②重要成功要因 （CSF）	③重要評価指標 （KPI）	④目標達成数値 ターゲット	⑤アクション プラン
財務の視点	退院支援加算の算定アップ	早期のスクリーニング・面接体制	前年の算定件数・点数比	前年比 10%増	MSW 増員・人員確保
顧客の視点	入院早期の相談対応	相談体制の充実	初回面接までの日数	入院7日以内の面接	早期介入体制の見直し
業務プロセスの視点	対外的新人養成プログラムの標準化	新人養成プログラムの個別化	プログラムの活用回数	個別的プログラム2件の作成	新人2名分のプログラム作成
学習と成長の視点	スーパーバイザー養成	スーパーバイザー確保	勉強会開催数	年2回の SV 研修参加	SV 研修会への参加

出典：星野作成。

ます。これらを表にまとめ、4つの視点から各項目を埋めたものがBSCです。

　たとえば、新人養成プログラミングを業務と考えると、このBSCにどう表現されるでしょう。ここでは、業務プロセスの視点に新人養成プログラムを組み入れて考えてみました（表2-2-2参照）。

　この該当する組織では、既にある標準化された新人養成プログラムを採用し、年度内に2名の新人受け入れを行い個別の新人養成プログラムを作成するアクションプランを立てています。この2つの個別的な新人養成プログラミングの評価から、標準化された新人養成プログラムの強化を図ります。

PDCAサイクルからみるプログラミング・評価との関連

　PDCA（永田 2015）とは、Plan（計画）、Do（実施・実行）、Check（点検・評価）、Act（処置・改善）の4つのプロセスの頭文字をとった言葉で、業務改善を図るためのフレームワークです。この4つは循環させることでさらに効果を発揮するのでPDCAサイクルとも呼ばれています。これを新人養成プログラミングで考えてみましょう。

① Plan（計画）：対外的新人養成プログラムを個別的新人養成プログラムに変換する。
② Do（実施・実行）：個別の新人養成プログラムを展開する。
③ Check（点検・評価）：個別の新人養成プログラムの活用状況を評価する。
④ Act（処置・改善）：評価結果から対外的新人養成プログラムの改善を行う。

　このサイクルを繰り返していくことで、新人養成プログラム自体の改善や質の向上が望めることになります。このように新人養成プログラミングの展開を日常業務として捉え活用していくことで、新人養成の充実が図られ、さらには組織の業務の一環として位置づけられます。

第2節　新人養成プログラミング・システムの実際

　ここでは、実際の例として新人に必要な面接技術の指導のための新人養成プログラミングを紹介します。

（1）　新人の面接技術習得のためのプログラミング

　新人に面接技術の習得をさせるにあたり、新人が習得している技術の種類や内容、過去の練習方法を明確にすることが1段階目として必要になります。新人が学んできたソーシャルワーク理論や面接技術の量・質を確認します。

　新人養成では、実際領域の規模を明確にし、かつ専門技術、ソーシャルワーク理論、倫理基

第2部　新人のための人材開発

準について明確にする必要があります。

① ミクロ、メゾ、マクロの実践領域に応じた技術の選択や、その中で意図的に面接のための専門技術を活用していくことを理解させることが求められます。
② 面接技術とソーシャルワーク理論との関係

　ソーシャルワーク理論の選択によって、面接技術の選択は影響を受けます。例えば、面接技術には下記のようなものが含まれます。

　観察技法、受容、かかわり技法、傾聴技法、イエスセット、質問法、焦点化技法、明確化技法、要約技法、スケーリングなど。

　これらの面接技術の中で、新人がどの程度習熟をしているのか、新人の達成度を確認しながら指導計画を立てます。
③ 実践領域・倫理基準の分類参考例（FK研究グループによる分類より引用）から、各実践領域の技術のどれを使うかを話し合いながら計画書を作成します。

　ⅰ．ミクロ・レベルの技術

　　個人や家族などに対して、社会福祉の増進を図る技術

　　ソーシャルケースワーク、ソーシャルワーク・リサーチ、ケアマネジメント、アウトリーチ、プレゼンテーション

　ⅱ．メゾ・レベルの技術

　　ソーシャルグループワーク、ソーシャルワーク・リサーチ、スーパービジョン、コンサルテーション、ソーシャル・アドミニストレーション、ネットワーキング、アウトリーチ、ファシリテーション、ネゴシエーション

　ⅲ．マクロ・レベルの技術

　　ソーシャルアクション、ソーシャルプランニング、コミュニティーワーク、ソーシャルワーク・リサーチ

　ⅳ．倫理基準に沿った技術の分類

　　利用者に対する倫理責任（ミクロ、メゾ）、実践現場における倫理責任（メゾ）

　新人は、専門職としての倫理責任（メゾ）、社会に対する倫理責任（マクロ）面接技術・ソーシャルワーク理論はどのように関係しているか、具体例を挙げながら面接技術指導を受けることで、その関連性への理解が深まっていきます。ここでは、3つの関係性について図2-2-4を用いて説明します。

　次に、理論および実践領域や倫理基準による援助技術の選択に関する分類の例について述べます。ここで大切なことは、スーパーバイザーがどのような理論に基づいてソーシャルワーク実践を行っているのかを指導上で明らかにすることだと言われています。また、新人が学びた

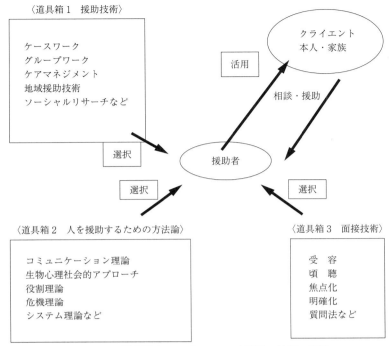

図 2-2-4　対人援助のアプローチ・方法論・技術の選択
出典：福山和女（2001）『シリーズ　ソーシャルワークを学ぶ2：面接－人の立体把握のために』FK研究グループ。p.15を筆者一部修正。

いと思っている理論の実際を明確にすることです。

［ソーシャルワーク理論の参考例］
1. 生物心理社会モデル　2. 生活モデル　3. 問題解決アプローチ　4. 課題中心アプローチ　5. 危機理論　6. 役割理論　7. システム理論　8. 学習理論　9. 認知行動療法　10. 家族療法的アプローチ　11. エコロジカルアプローチ　12. エンパワメント　13. ナラティブアプローチ　14. ソリューション・フォーカスト・アプローチ　　など

(2)　面接技術指導計画書（図2-2-5参照）

　面接技術を使い支援を展開する職場に新人が入職した場合、ある一定の面接技術を習得させるのにどのような体験を用意し、どのくらいの時間をかけ自立した専門職に育てられるのでしょう。また、その労力や時間について、組織の了解が得られる範囲はどの程度でしょう。
　ここでいう面接技術とは、職場の職員、クライエント、家族、地域の関係機関の職員など人と対面するあらゆる技術習得を含みます。面接技術の訓練は、クライエントや家族との対面による面接ができるようになることが望ましいのですが、最初のうち面接実施については状況に

第2部　新人のための人材開発

より異なるため、模擬形式などによるものも想定されます。

　これにより、新人や現場の状況に応じたプログラム内容の提示が可能となります。その上で、所属機関に対しては患者と対面した指導の許可や連携部門への協力要請のための資料とすることができます。

（3）　面接技術の指導上、留意すべきこと

　スーパーバイジーである新人がスーパーバイザーの面接に同席すること、また、新人の面接にスーパーバイザーが同席する場合など、人と対面する面接技術の練習の実施は、患者側、新人側、医療現場側などの条件が整った場合にのみ可能です。以下、その留意点を述べます。

［クライエント側の状況例］
・新人と対面しても心理的に混乱しない状況か。
・新人に対しクライエントが自分のプライバシーを公開してもよいと了解しているか。

［新人側の準備］
・面接に同席する学習目標が明確になっているか。（1対1、カンファレンスなど個々に）。
・面接に至るまでのアポイントメントの取り方、面接をする環境（面接、座る場所、備品の工夫、電話コントロール、時間設定など）に関する理解ができているか。
・面接に同席する際の観察項目の整理ができているか。
・立ち会う面接の目的が理解できているか（インテーク面接、定期面接、評価面接など）。
・面接学習に必要なクライエントの情報や知識の習得、整理ができているか。
・言語、非言語のコミュニケーション、面接場面での相互作用などが理解できているか。
・面接場面への影響を最小限にとどめることができる態度が習得できているか（たとえば、新人自身がクライエントと対面しても動揺せず、面接後も心理的距離を保つことができる状態にあるか）
・個人情報保護法に関する知識が整理できているか。
・資格法、倫理綱領から守秘義務などに関して理解し実施できているか。

［医療現場の状況の例］
・クライエント（必要に応じて家族）や主治医などに対して、事前に了解を得ているか。
・組織の管理などから面接技術指導のプログラムへの承認を得ているか。

　最後に、個人情報保護法の観点から組織の許可が得られない、クライエントや家族自身からの了解が得られない、新人の習熟度が相談面接に立ち会わせるまでに至っていない場合などを想定しておく必要があります。現場の面接指導は、新人にとっては臨場感があり今まで養成校で学んだ座学や実習とは異なり、技術の理解、獲得が可能となります。

第 2 章　新人のためのプログラミング・システム

（4）　評価

　面接技術指導計画に基づき、指導者と新人の間で目標の達成度を確認します。確認作業の頻度は、定期または不定期が考えられます。

　評価内容としては、目標とした面接技術（例：質問法、明確化）や対人援助職としての基本的な態度・姿勢、理論や倫理基準、専門知識との関連性などです。知的理解と実技の両面の習得の評価、困難性への評価、学習理論上の留意点、次ステップへの移行の指示などを行います。

　最終評価段階では、設定した目標に対して達成できた点や困難点、面接技術学習および指導から得られた効果、今後の取り組み課題を確認します。

［面接技術指導計画書記入要綱］（図 2-2-5 参照）

　この計画書は、面接技術指導を行う際に作成するものです。新人に面接の訓練をさせるために、自分の所属機関で行うことの範囲を明確にしていきます。

① 　機関・部署は、組織全体の中の新人を受け入れた部署を記載します。

② 　責任者とは、新人のさまざまなリスクや組織的対応として最終的な責任者を記載します。その責任者はこの指導計画を承認し、計画の変更や中止の決定権限を持っており、また、指導体制や個々の指導者の新人指導についてもスーパービジョンを行います。

③ 　担当者とは、新人指導を担当する「あなた」とその職位を書きます。

④ 　指導連携チームメンバーとは、チームとしての新人養成に関与してもらう範囲を定める意味です。担当者を中心に養成チームで対応することで、指導に関する共通の目的・目標や指導方法を統一することが可能となります。

　　留意点：部署のリスクマネジメントなどと矛盾しないか確認すること。

⑤ 　面接の目的は、新人が面接技術の訓練をすることによって得られる専門性（価値・知識・技術）をイメージして記載します。対人支援職養成の中で面接技術習得上重要だと考えられるものの要点を、1 つ選んで「〜すること」の形で記載します。

⑥ 　面接技術の訓練は、面接場面の想定（クライエントと直接か否か）は、場面を明確に記し、新人、クライエント、組織がどのような準備ができていれば直接面接が可能かを明確にしておきます。「あなた」の場面設定や指導方法を具体的に記載して下さい。（例：どんな学習が済んだら〜の段階へ進むなど）。

⑦ 　理論とは、どんな理論の学習が必要かを記載します。さらに、選択した理論を活用し介入する際に用いる面接技術について、習得程度を明確にします。選択した理論に応じて技法も影響を受けることなどを踏まえ、面接技術指導の焦点を並列し、具体的に記述します。

⑧ 　面接技術指導目標とは、目的を達成するための具体的な行為の固まりとして「〜ができるようになること」の形で、箇条書きで 3 〜 5 つを挙げます。また評価として、実習終了時までに何がどの範囲でどのくらいできるようになるかも設定しておきます。

⑨ 　面接技術指導の枠組みとは、具体的な面接技術指導です。まず指導期間を、設定し、1 週、

第2部　新人のための人材開発

　　2週、3週、4週など進行期間ごとに分類し、その期間ごとに実施項目とその目標を、上述の
　　目的・目標に沿った形で記述します。その目標の達成程度と、そのための手段や必要な資料・
　　教材、達成にかかわる留意点、そう考える理由・理論的根拠なども記載します。
　⑤〜⑨　留意点：部署の新人指導計画、リスクマネジメントとの関連性を意識して書かれている
　　か確認します。特に、どんな場面設定をするかは、第3部2章の支援プロセス指導計画書と連
　　動することを確認します。

［実習指導への援用］

　実習指導でこの面接指導計画書を活用する場合、実習生のレベルで習得できる技術を確認し相互
に到達度を評価します。また、この計画書は、教育現場との間では、指導効果の報告書および指導
法の資料として活用できます。

　その場合、リスクを想定せずに対面面接を急ぐことは得策とはいえません。さまざまな模擬面接
場面を設定し、指導法の工夫をしていきます。さらに、組織や教育機関などが加入している保険の
保障の範囲などの確認ができているかや、リスクマネジメント計画と連動しているかの確認も必要
です。個人情報保護法の遵守やプライバシー保護などにより、クライエントや家族との面接許可が
もらえない場合を想定し、代替方法も準備しておきます。実際、教育現場にその枠組みを提示した
のちに、個々の具体的実習依頼に応えるかどうかを検討していくことができます。特に、個人情報
保護法の関係から、クライエントや家族との直接的な面接は困難であることも想定されますが、そ
の際、許される環境の中で創意工夫して行える面接技術指導計画を立てていくことが必要です。

参考文献

福山和女（1996）『シリーズソーシャルワークを学ぶ　3次元の立体把握――役割システム的アプロー
　　チについての理解』FK研究グループ、p. 14.
福山和女（2001）『シリーズソーシャルワークを学ぶ2　面接――人の立体的把握のために』FK研究グ
　　ループ.
伊藤和憲（2014）『RBCによる戦略の策定と実行――事例で見るインタンジブルズのマネジメントと統
　　合報告』同文館出版.
Kolb, David A.（1983）*EXPERIENTIAL LEARNING: Experience as the Source of Learning and
　　Development.* Second Edition, Pearson, 34.
（公社）日本医療社会福祉協会（2016）『2015年度実習指導者養成認定研修【東京会場】』.
松尾陸（2006）『経験からの学習　プロフェッショナルへの成長プロセス』同文館出版.
Morrow-Howell, Nancy and Leslie Haschie（2013）"Aging and Older Adults, Disabilities, Clinical and
　　Direct Practice, Mental and Behavioral Health, Social Work Profession," *Encyclopedia of Social
　　Work.*
永田豊志（2015）『フレームワーク図鑑』KADOKAWA.
中原淳（2013）「経験学習の理論的系譜と研究動向」『日本労働研究誌』No. 639/October.
（社）日本医療社会事業協会監修（2008）『新医療ソーシャルワーク実習　社会福祉士などの養成教育の
　　ために』川島書店.
（一般社団）北海道医療ソーシャルワーカー協会（2014）『保健医療分野における者期福祉実習――実践
　　的実習マニュアル』.
和栗百恵（2010）「『ふりかえり』と学習――大学教育におけるふりかえり支援のために」『国立教育政
　　策研究所紀要』第139集.

第 2 章　新人のためのプログラミング・システム

〇年 〇月 〇日

1）機関・部署名	
2）責任者名（部署責任者名と職位） 　　印	
3）担当者名（スーパーバイザー名と職位） 　　印	
4）指導連携チームメンバー（職種職員）	
5）面接技術指導の目的	
6）面接技術の訓練　面接場面の想定（クライエントと直接か模擬かなど）	
7）人間理解のための理論、習得させたい面接技術	
8）面接技術指導目標（修了時の達成度合い）評価の内容と方法	

出典：星野作成。

図 2-2-5　面接技術指導計画書①

第2部　新人のための人材開発

---

9) 面接技術習得の枠組み（時間的経過ごとの実施項目と達成程度、達成手段・留意点　その理由・理論的根拠
　　何によって達成したことがわかるのか具体的根拠　等）

【第1週】
　　　実施項目と達成度

　　　達成手段・留意点

　　　理論的根拠

【第2週】
　　　実施項目と達成度

　　　達成手段・留意点

　　　理論的根拠

【第3週】
　　　実施項目と達成度

　　　達成手段・留意点

　　　理論的根拠

【第4週】
　　　実施項目と達成度

　　　達成手段・留意点

　　　理論的根拠

出典：星野作成。

図 2-2-6　面接技術指導計画書②

第3章　新人のための
スーパービジョン

　ソーシャルワーカーという専門職を育成するにあたり、必要な3つの責任があります。まずはソーシャルワーカー育成の基盤となる管理運営の枠組みを設定する責任、これがマネジメントであり、第1章で概説しています。また、ソーシャルワーカーの育成に向けて、その方法の選定をする企画づくりの責任、すなわち人材育成の枠組みを適用するための企画・計画作りの責任がプランニングであり、第2章で概説しています。そして、3つめの責任として、人材育成の業務遂行への適用の方法、実践、成果、評価をするもの、それがスーパービジョンです。

　本章では、このスーパービジョンに焦点を当て、新人のためのスーパービジョン・システムについて概説します。

第1節　新人のためのスーパービジョン・システム

(1)　新人のためのスーパービジョン・システムの概説

　2014年に制定されたソーシャルワークのグローバル定義（IFSW 2014）は、社会正義や人権の尊重、集団的責任、民族固有の知がソーシャルワークの核として、新たな枠組みが提示され、現在機能しています。旧来の定義と比べて、「問題」として原因や状況を捉える視点から、人の生活上の工夫や強みに基づき、今後に向けての援助の「課題」と捉える視点が改めて強調されており、日々の業務に根付かせていく必要が生じています。そのためには専門性を修得して間もない新人のできること（業務遂行できるための値打ち）を見いだし、そのコンテキストの明確化が必要となります。

　新人といっても多くは有資格者で、これまでの学習してきた成果を背景に持っています。新人は何もできないスタッフではなく、専門職としての知識・技術・価値と倫理を備えた1人の専門職であると捉え、彼らが専門機関の組織と部署で機能できるように、養成していくことが求められています。

　通常、医師や看護師、保健師といった医療保健分野の職種では、新人教育がシステム化されており、そのプログラムは入職した新人に熱意をもって実施されています。しかし、ソーシャルワーカーやケアワーカー、ケアマネジャー、ホームヘルパーなどの福祉関連の職種では、新人養成のシステム化は組織や分野によってその差がみられます。新人に対する教育は、職場内の徒弟的な教育から、OJT（On the Job Training＝職場内研修）、Off-JT（Off the Job Training＝

第2部　新人のための人材開発

職場外研修）の研修等、様々な形態が採用されていますが、スーパービジョン・システムでは
トレーニングを統合的に取り入れ、展開させることを目的とします。

　医療保健福祉分野の新人が、その職責（守備範囲）や業務内容、職位（職場における立ち位置）
からクライエントとの関係に悩み、自信を失い、価値倫理との葛藤を抱え、パワーレス状態に
陥ることが多くの場合にみられます。新人は経験がない故に自信がなく不安が高い状態で、ク
ライエントに向かいます。そこで関わる問題をうまく解決できないまま、支援ができなかった
事実に遭遇し、専門職としての自己像が低下していくことも多くみられます。また、職場にお
ける自分の職責や立場が不明確で、他の専門職や同僚スタッフからも存在を認められない状況
に陥る可能性もあります。

　そこで、新人に対するスーパービジョン・システムでは、2つの課題、①新人の業務内容や
業務範囲、枠組みや方法等を選定し、遂行を促すこと、②新人と組織との連結を視野に入れた
マネジメント機能を発揮し、新人に対するこのシステムの効果的な稼働をめざすこと、をとり
あげます。つまり上司であるスーパーバイザーが新人の守備範囲を明確にし、かつ業務の枠組
みを示すことで、新人の組織への同化体験を促し、新人自身の自己を認めたうえで、組織への
抵抗や問題提起にも耳を傾け、新人が自己を活用できるレベルで業務を遂行するための環境を
整えます。

（2）　新人のためのスーパービジョン・システムの構造

1）　スーパービジョン関係

　新人に対してスーパービジョンを行なうのは、スーパーバイザーの任務の1つですが、それ
を担う人は、熟練した先輩や直属の上司、または直属ではないが組織上の責任者と様々です。
スーパービジョンの体制については、組織長がスーパーバイザーやスーパーバイジーのそれぞ
れの立場・職位等を勘案して、その責任の範囲と所在を明確にして、スタッフ全員に知らしめ
ておく必要があります。つまり、スーパービジョン・システムについての職場の認知を得てお
くことが重要なのです。

　この認知のもと、その部門のスタッフ間で、新人に対するスーパービジョンの目的や目標を
共有することが可能になるのです。スーパービジョンでは、新人の業務行動をバックアップし、
組織に慣れて、組織にどう対応するのか、どうすれば自己を活用できるのかについて明確に提
示できるように促すことを目的とします。

　職場内スーパービジョン・システムにおける契約では、通常雇用契約の業務遂行義務で十分
とされており、明確に上司・部下の間でスーパービジョン契約を結ぶといったことはあまりな
いかもしれません。また、スーパービジョン・システムに、職場外研修等を積極的に取り入れ
たり、新人スタッフから上司にスーパービジョンを積極的に要請したりすることもあります。

2) スーパービジョン業務の位置づけ

スーパービジョン業務のうち新人教育は、日常業務の一環として行われています。新人教育は、人材開発業務であり、募集・採用計画から入職後の人材活用計画までを含み、この業務のすべては計画的に行なわれます。

またスーパービジョンでは、スーパーバイザーは新人が何に関心を持ち、何を観察し、どのように理解しているのか、そしてそれが組織方針や機能などとどのように関わることなのかといったことを確認します。新人の業務は、他のスタッフが日常関わっている医療保健福祉システムに加わっていくのであり、その準備作業であるといえます。組織に対する新人の反応は、医療保健福祉システムのサブシステムに影響を与えるものとして重要であり、スーパーバイザーはスーパーバイジーの了解を得て、組織にフィードバックすることもあります。

スーパーバイザーの業務は、メゾ・レベルとして部署のスーパービジョン・システムを稼働させ、ミクロ・レベルとして新人を教育することに加えて、新人を組織としてどのように活用し、養成につなげるのかといった運営管理上のメゾ・レベルの課題をも考える必要があります。新人が専門職化のプロセスを歩むには、組織方針や環境を自己に取り入れる同化体験（自己活用レベル）を経て、自己の専門性をもとに判断し、行動していく分化体験（養成レベル）へと向かいます。スーパービジョン・システムとしての目的や方針、方法、内容等について、スタッフ同士で共有し、部署や組織にフィードバックしていくことで、部署や組織も人材を養成するプロセスを辿ることになります。

第2節　新人のためのスーパービジョンの機能

(1)　スーパービジョンの機能と留意点

スーパービジョンには3つの機能があります。管理的機能、教育的機能、支持的機能、です。スーパーバイザーはこれらの3機能を果たす上で、様々な視点や見方を取り入れ、次の①から④の項目を確認します（福山他　2000）。

スーパービジョンで確認すべき項目を以下、4点示します。
① 新人の職務、職責、役割、機関の機能について確認する
② 部署の新人養成の目標・内容に関する計画を確認する
③ 新人の専門性に関する理論・情報・価値を確認する
④ 組織の新人養成事業の効果予測を確認する

第 2 部　新人のための人材開発

1)　管理的機能

新人としての職務、職責、役割、そして機関の機能について確認する

　新人は自身の役割や職務・職責を理解することが必要となります。組織や部署が何をすることを期待しているのか、一方で自分は何がしたいのかといった漠然としたものから、職場としての業務の範囲、職種としての職責をスーパーバイザーとともに明確にしていく作業が必要です。これらは新人が組織やその環境からの刺激を受けて自己を同化する体験であり、スーパービジョンではその体験について、業務内容、部署の役割機能などの明確化と理解を新人に促していきます。

部署の新人養成の目標・内容に関する計画を確認する

　新人の考える支援目標や支援内容が、思いつきではなく、計画されたものであり、それは職場全体の方針に沿っているものなのか、期待どおりの結果が得られるのか、また組織や部署に貢献できるものになっているのかといったことを検討し、支援計画に承認をスーパーバイザーが与えます。

新人による専門性に関する理論・情報・価値の活用を確認する

　スーパーバイザーは、新人の考える支援目標や支援内容だけではなく、業務行動全般について、専門性に照らしてどのような価値や倫理、理論や知識に基づいて、どの情報、技術等を使っているのか、その選択は適切か、過不足はないのかについて明確にする必要があります。

組織の新人養成事業の効果予測を確認する

　スーパーバイザーは、新人が考えた支援計画の目標に照らして、その結果・効果についてはどのように予測しているのかを確認します。特にクライエントに不利益を及ぼすものか、クライエント・システムに影響を及ぼし、過少評価していないかなど、特にクライエントへの影響性については的確な確認が必要です。

2)　教育的機能

　教育的機能のスーパービジョンでは、スーパーバイザーは、新人が考える専門職としての価値や倫理を確認し、不足している専門的知識や技術について教える過程を辿ります。さらに講演会やシンポジウム、OJT（On the Job Training ＝ 職場内研修）、Off-JT（Off the Job Training ＝ 職場外研修）として、研修会やワークショップ等へ参加する環境を整え、興味や参加を促すことも教育的機能に含まれています。

　これらは業務の範囲内で行われているものです。新人への教育は計画的に行なわれるものですが、教え導くように「教育的」に関わるのではなく、この新人に対して「組織として部署と

第 3 章　新人のためのスーパービジョン

して何ができるのか」「どうすれば人材としてサービス運営に貢献ができるのか」について見極めることが、スーパーバイザーには必要です。

　その結果、組織の中の人材として、「何が不足しているのか」「何を補足すべきなのか」について、上記の①～④における不足部分を確認して、専門的知識・技術を補います。特に、緊急性が高いと予測した場合には、その場ですばやく補い実践に移せるように指導し、モデリングのような手法を必要とします。また、それほど緊急性のない場合は、新人へのコンサルテーション（特定の技術習得のため）を他の専門家に託す場合もあります。

3）　支持的機能

　新人は、すでに資格認定されている専門職とはいえ、自身の支援に自信がなくクライエントに関わる問題にうまく対処できないまま、専門職の自己としてパワーレス状態に陥ることも多くみられます。また、職場における自分の立場や職責の範囲が分からなくなり、他の専門職や職員、地域からも存在を認められない状況に陥る可能性もあります。

　新人スタッフに限らず、対人支援職のストレス源としては、所属機関、組織、部署、上司、スーパーバイザー、クライエント、課題（task）や地域等が含まれます。スーパーバイザーは、新人が今どのようなストレスを抱え、それはクライエントとの関係や支援に、その目標や内容に、どのように影響しているのかを察知しておくことが求められます。また、組織・部署がチーム体制での課題達成に、そのストレス状態が悪影響を及ぼしていないか等について、予測をして、予防的に関わっていくことも求められます。スーパービジョン・システムの中でこれらの状況が軽減・改善されれば、支持的機能が発揮できたことになります。

　ただし、新人の個人的な事由によって生じるストレスも十分に考えられますが、すでに述べたように、基本的にはスーパービジョン・システムの中では、個人的な事柄は扱わないことを原則とします。必要な場合には、他の専門家に委ねることも必要でしょう。

　新人が職場環境の刺激に同化しきれない場合、それは他のスタッフへと波及することがあります。スーパーバイザーは部署の部下や同僚が業務への不全感を抱いていないかなどの状況を把握し、新人だけでなく、他のスタッフとのスーパービジョンを行う。その中で、スーパーバイザーは上記の①～④に関して、「何に悩んでいるのか」「何が不安なのか」「何に自信がないのか」を検討し、組織環境側の課題を見出し、対処することで、結果として支持的な機能を発揮することができます。

（2）　新人に対する 3 つの役割の発揮

　新人が組織や部署、職位と職種の関係や役割を意識して、その業務を遂行しているかどうかを上司として確認するには、スーパービジョンが重要な役割を果たします。スーパービジョンによって、新人は、自分と組織との関係における 3 つの役割——組織の役割、職位の役割、職

135

第2部　新人のための人材開発

種の役割、について意識できていることを確認し、その認識をさらに深めることで、これらの役割を判断の主柱にすることで、新人はその後の分化体験を継続できることになり、環境側のサポートを十分受けることにつながります。新人が専門職としての養成レベルに達していくよう促すことができるでしょう。

1)　組織の役割

新人が組織の種別（医療機関や地域包括支援センター、障がい者生活支援センター、権利擁護センター、老人保健施設等）による方針、機能、規模、サービスの特徴等の相違が把握できているのかを確認します。それらの関係機関との連携体制のなかでの所属機関の立場や役割を理解していることが新人に求められ、そのことを組織から保証されていることを意識するように、スーパービジョンで、話し合います。

2)　職位の役割

管理職である部門長、科長、課長、室長、中間管理職である主任、フロアリーダー、ケアリーダー等組織によって職位の扱いが異なりますが、新人がその職位に伴う職掌の内容、権限、責任等を把握できているかどうかをスーパーバイザーが確認します。新人は、業務連携をする際に自らの責任を明確にしていることが必要なのです。

3)　職種の役割

ソーシャルワーカー、指導員、ケアワーカー、看護師、栄養士等の各専門職の専門性を理解し、その中で、自らの専門性を発揮できているかどうかを確認します。

業務を行う上で、新人といえどもスタッフとしてこれら3つの役割を同時に担いながら実践することとなります。スーパービジョンの中で、新人がこれら3つの役割を十分に発揮しているか、チームメンバーの役割についても理解しているかについて確認していく必要があります。

ベテランスタッフだけでなく、新人も、組織代表として組織外で意見を述べる機会もあります。そのためには組織の意図や方針の確認作業が事前に必要になります。スーパービジョンの中で、確認と承認を得られていれば、スムーズにこの役割をこなすことができます。

スーパービジョンを実施するためには、スーパーバイザー自身が組織内での部・所内会議や地域連携の会議に参加して、自ら組織や地域の理解を深めておくことが重要となります。また新人にもそうした会議参加の機会を設定することも必要です。様々な職位や職種の人と意見交換を行なうためには、最終的にその発言に関する責任の所在、範囲を確認してから行なう必要があります。そのためスーパービジョンの中で、スーパーバイザーは会議での発言内容を組織の決定事項と照らし合わせ、必要な助言を行って、発言内容に関しては組織としてバックアップすることを伝え、このように会議に新人を送り出す支援体制を整えます。

第3節　スーパービジョン・システムの展開と形態

(1)　スーパービジョンの内容と展開

　新人に対するスーパービジョンで扱う内容として、①新人の担当事例、②新人の事例との関係、③新人の課題、④組織の運営上の課題、⑤スーパーバイザーとの関係、が考えられます。

　ここでは、新人の場合、以下の主要な3つの項目について述べます。スーパーバイザーは、新人と相談して、その目的を確認し、問題の所在や内容に応じて、スーパービジョンの焦点を決定します。

1)　新人の担当事例

　新人の担当した事例の内容に焦点を当てて、話し合いをします。事例の当事者やその関係者など、クライエント・システムの心理的、精神的、社会的側面とその相互作用の分析や把握を行い、支援方針や計画その結果について話し合います。また社会資源や制度等の新たな知識の導入や社会資源の開発も考慮に入れて検討し、アドバイスもします。新人が活用した知識、技術、方法、またアセスメントの根拠や対応について言語化し、明確化し、気づきが生まれるように話し合います。事例に関する事実や根拠を示しながら、今後の対応について検討します。ここではあくまで新人の担当事例に関して、事後ではなく、事前にスーパービジョンを受けて、支援業務を遂行できるように検討しておくことが必要であり、これが新人を真にバックアップすることになるのです。

2)　新人と事例との相互関係

　事例の当事者に対して、新人が抱く感情など、その関係性について、スーパービジョンで話し合います。新人が担当クライエントとの関係から、このクライエントについてのアセスメントができないことや、プランニングに抵抗が生じることなどが発生しますが、これについてスーパービジョンでは、クライエントとの関係から意識されている範囲内での話し合いを行います。この場合、「支援計画に対する抵抗の内容について、」「ここに気づけなかったわけ」といった話し合いをしますが、バイジーの過去にさかのぼって原因を探り、責めるようなことは厳禁です。あくまでも新人が関係性についての自己覚知ができるように導くのです。新人が自分でそのことに気づき次の取り組み課題が自ら設定できることが重要です。

3)　新人のもつ課題

　新人の専門家としての存在意義、自信、能力等について話し合うものです。新人は未経験か

第2部　新人のための人材開発

らくる自信のなさや不安、あせり、学校教育で学んだことと現実との乖離とその解釈ができないことの苦痛に対応をする必要がある場合があります。また新人が学んできた理論と現実とのすり合せが難しいために、特に新人が学ぶ必要のある理論や方法・技術の習得を含め、再学習のアドバイスをすることもここに含まれます。

　このようにスーパーバイザーは、新人にとって今検討の必要な課題はどれなのかを基準にスーパービジョンの内容を選択します。しかし、その内容は必ずしも新人が相談してきた内容と一致しているものではないかもしれません。新人がどの内容に即した問題を抱えているのかを検討し、選んだ内容について話しあった結果についてのフィードバックを受け取ることもスーパービジョン業務の基本となります。

4)　新人に対するスーパービジョンの原則

　スーパービジョン業務を行う場合、スーパーバイザーは新人と話し合う内容を明確に決定することが重要です。内容に無頓着なスーパービジョンを行うと、スーパーバイザーとしての意図も視点も曖昧なままスーパービジョンが進むことになり、その後の方針も不明瞭なままとなります。

　スーパービジョン業務の内容、特に新人にとっては専門職としての値打ちを確認しつつ、組織という環境を自己に取り込み、自律性の高い役に立つ人材として養成されていく必要があります。スーパービジョン業務の中では、新人に取り組むべき課題について明確にした上で、互いに理解して臨むことがよりスーパービジョン・システムを効果的に活用できるようになります。

　特に、このスーパービジョンを有効に活用する上で、「家族療法」の「スーパーヴィジョンの13の基本原則」が援用できます。家族療法のみならず、対人援助のスーパービジョン全般にも当てはまることであり、特に新人へのスーパービジョン業務の視点としては有用です（＝2014　福山他）。

表2-3-1　家族療法のスーパーヴィジョンの13原則

1．スーパービジョンは、尊厳を持って行われなければならない。
2．スーパービジョンは、セラピーと同じように安全な場でなければならない。
3．スーパービジョン上での同盟（契約）は、発達するものである。
4．スーパーバイザーは、スーパーバイジーの対象家族へのセラピーはしない。
5．スーパーバイザーは、トレーニング中のスーパーバイジーにセラピーをしない。
6．スーパービジョンは、世代間サブシステムとそのダイナミクスを含めた明確に規定された臨床的なトレーニング・システムの中で行われる。
7．スーパービジョンのダイナミクスには、ヒエラルキーと権力が含まれる。
8．スーパービジョンは、予測しうる段階にそって発展するものである。
9．スーパービジョンの介入は、理論い基づいて行われる。
10．スーパービジョンは、コンピテンシーに基づいて行われるべきである。
11．スーパーバイザーは、セラピスト、対象家族、臨床現場・機関、そして自身に対して同次元の責任を持つ。
12．スーパーバイザーは、セラピストと同様に実践や行動に関する倫理的原則に順じる。
13．スーパービジョンは、トレーニング・システムごとの特性を持つ。

出典：リー、エベレット・E、クレッグ・A著、福山和女他監訳『家族療法のスーパーヴィジョン』（2011）より引用。

このスーパービジョンの原則は、「人間の尊厳」を掲げるソーシャルワークのグローバル定義にも沿う内容であり、特に新人に対するスーパービジョン業務の中では意識して用いるべき指標です。

(2) 多職種連携とコンサルテーション

新人は立場の違う専門家の意見を聞き、あらたな視点から自分の状況を確認することで、支援を展開したいと思うことがあります。また新人の場合はスーパーバイザーからの要請を受けて、他の専門家に意見を求めることがあります。その場合は職場内外で関係者を探し、コンサルテーションを依頼します。

しかし、コンサルタントは、実施上の責任をとらないことから、コンサルタントから提案された計画案などの確認をスーパーバイザーに委ねることが必要です。新人は事前にスーパーバイザーと相談し、コンサルテーションを受けた結果についても報告する責任を負います。

新人が他職種・他機関の連携のために関わる際には、事前にスーパーバイザーとの十分な検討を行い、自分の職位や立場に応じた発言ができるように準備をする必要があります。スーパーバイザーも新人が他機関との折衝において混乱しないように、そして所属組織が地域の中での役割を遂行できるように、あらかじめ新人に承認と権限を与えておき、不安なく連携の場へ赴くことができるようにサポートします。

(3) スーパービジョンの形態

スーパービジョンには様々な形態があります。以下5つの形態についての長所や短所を理解し、職場や業務内容、また新人のニーズに合った形でのスーパービジョンを行うようにします。

1) 個人スーパービジョン

個人スーパービジョンは、スーパーバイザーが新人と1対1で行います。この形態では、個別の事例について深く関わることができるため、特に新人へのスーパービジョンは非常に有効ですが、その反面、忙しい日常業務や不定期な勤務形態等で定期的に開催することが難しいという限界があります。

そこで個人スーパービジョンを職場内で行う場合、そのための時間と手間を誰かに肩代わりしてもらう必要があり、周りの他のスタッフの協力が不可欠です。そのためには、スーパービジョン業務を組織の中や当該部署内での業務として体系的に明確に位置付け、組織として周知し、協力を得る必要があります。

また、業務として行う際には、報告書や議事録、日報等によって、全体でのフィードバックや情報共有される体制の構築が必要となります。また新人にとっては自分の実践を振り返り、

第2部　新人のための人材開発

経時的に成長を自己および他者評価できるデータになるため、形成的記録の作成は重要です。

2）　グループ・スーパービジョン

　グループ・スーパービジョンは、1人のスーパーバイザーが、複数の新人および他のスタッフに行うスーパービジョンです。特定の事例やテーマに対し、複数のスーパーバイジーが互いに意見を述べあい、自己の計画を提示して、スーパーバイザーから承認を得ることで、業務を遂行します。グループダイナミクスを活用し、1人で行う場合よりもより多くの視点や方法論について学ぶことができます。新人が他のベテランスタッフとともにスーパービジョンを受けることで、時には、議論の標的にされることもありますが、同じような状況下でベテランスタッフも葛藤を持っていることを理解でき、新人にとっては、取り組む勇気を得ることができるという利点もあります。組織内のスタッフで行われることで、全員からのサポートや異なる見解や支援の方向性のコンセンサスを得られるという利点があります。また新人同士であれば、互いの新人ゆえの悩みや不安についても共有し共感できるため、エンパワメントにつながります。

　ただし、スーパービジョンにかける時間は、やや短く、個々のメンバーの個別ニーズに対する検討も端的なものになります。また、グループのコンセンサスの形成や専門性の向上を目的とするので、新人自身の課題や、不足している知識、理論・技術への気づき等については個別スーパービジョンなどでのフォローが必要となります。

　グループ・スーパービジョンは、一般には、事例会議から、事例検討を行うような小規模な勉強会、ロールプレイング、視聴覚教材を用いた上映会、専門家と呼ばれる講師を招いた講演会、OJT（職場内研修）や職能団体における研修会等、様々な形態のものを指しますが、本書でのグループ・スーパービジョンは、組織内の業務に関する複数のスタッフとの話し合いをスーパーバイザー1人で実施するもののみを指すと規定します。

3）　ピア・スーパービジョン

　ピア・スーパービジョンとは、基本的には2人以上で行われ、参加者同士が仲間として対等であり、参加する1人1人がスーパーバイザーであり、同時にスーパーバイジーとなるスーパービジョンです。こうした形態は、新人同士にとっては同じ職場内・部署内での同じあるいは異なる職種による話し合いであり、受けたスーパービジョンのフィードバックの場として活用できます。

　ただし、ただ集まって話をするだけでは効果は少なく、ピア・スーパービジョンにおけるルール（時間や場所、時間配分、プロセス、次回設定等）や何のために集まるのか（スーパービジョンの意義や目的、各自のグループへの期待、希望を明確にする等）、なぜどのように話し合うのか（グループにおける役割期待や貢献できることを明確にする等）、また互いの発言やその立場等は守られること等、人の尊厳を活かす仕組みづくりであることを明確にしておく必要があり、話し

合った内容については、管理責任者であるスーパーバイザーに報告することをルールとします。また、定期的にそうしたルールやコンセンサスが、仲間1人1人のニーズに則しているかどうかについて、チェックし話し合う機会を持つ必要があります。

4) ライブ・スーパービジョン

ライブ・スーパービジョンとは、バイザーが実際にモデルとなり、利用者への援助（面接や介護技術等）の場に、新人を同席させ、目の前でスーパーバイザーの実践をみて、学ばせることを目的に行われます。こうした形態はソーシャルワーカーに対する面接指導、ケアワーカーに対するケアワークの介護技術指導等では効果的であり、新人期には多く活用されています。

しかし、ライブ・スーパービジョンは、単独で行われるのではなく、スーパーバイザーには事前に個別スーパービジョンないしはグループ・スーパービジョンで、新人に、利用者の観察ポイントなどを指導しておくことが求められます。そして、実際の利用者への援助に同席することで、新人は、その観察ポイントや新しい技術などを習得していきます。この形態では、スーパーバイジーの成長や技術向上だけを目標とするのではなく、利用者の了解や不利益にならないことが大前提であり、個人情報の守秘といった倫理的配慮が求められることは言うまでもなく、利用者の同意が必要です。

5) その他のスーパービジョン

その他には、ユニット・スーパービジョンやセルフ・スーパービジョン等の形態が挙げられます。ユニット・スーパービジョンでは、1人の担当者に対し、複数の管理責任者が介入するというスーパービジョンの形態です。例えば職場における職員会議、各種委員会、朝やランチミーティング等の会議形式で行われるものが該当します。そうしたユニットを形成することにより、新人をも含めた職位の異なるスタッフがそれぞれ自分の職位、職責、専門性からこのテーマにどのように協力できるかについて、明確な提案ができるという利点があり、ユニットとして、協働体制を稼働させ、包括的、総合的な方針を決定することができます。

セルフ・スーパービジョンは基本的には1人で行うスーパービジョンのことであり、主に自己点検や自己評価、振り返り、記録作成等が該当します。

(4) 実践の振り返りと省察（リフレクション）

先に述べたように新人のスーパービジョンは管理的機能が中心となります。新人は、自身の支援経過や内容に自信が無く、スーパーバイザーに対して、教育的指導（制度や支援経過についての助言等）を求める傾向にあります。

もちろん、ある程度は教育的に関わる必要もありますが、新人へのスーパービジョン・システムでは、早く組織の一員として同化体験を積み、社会人として組織の中でどのように行動す

第2部　新人のための人材開発

るべきなのかを学び、その上で専門職としての値打ちを出すための自律性を育成することが求められます。そのため新人は自身の支援内容の疑問について、スーパービジョンの中では「やっていいことといけないこと」の枠組みが示される傾向があるために、支援の専門性からの理解が不十分となる可能性もあります。

そこで新人は自分で、自身の支援経過について振り返り省察的に検討し、どのような根拠でそのようなことをしたのか、何が不安で何ができていないと思っているのか等を整理する作業が必要になります。最初から全てをスーパービジョン・システムの中で、スーパーバイザーに任せるのではなく、自分が不安に思っていることが何か、それが例えば承認されていないことへの不安だということが分かるまでを新人自身でできることが望まれます。次にスーパーバイザーとともにどの段階で、誰に対して、その承認を得ることが必要であったのかを検討し、確認をもらうことができます。その過程は専門職としての枠組みを自らの実践に即して学び、専門性が発揮された値打ちを見出す作業そのものとなります。

そうした探索の作業を新人自ら行なうこと、またスーパービジョンでその視点や関心の焦点を確認し、その理解の度合いを深める上で、FK グリッドを利用することができます。

スーパービジョンではスーパーバイザーとスーパーバイジーが、特定のツールを使い、その枠組みで行うことで一定の効果は見込めます。

第4節　FK グリッドを使ったスーパービジョン

FK グリッドの構造については、序章及び第1部第3章を参照して下さい。

(1)　FK グリッドを使った新人のためのスーパービジョンの実際

ここでは FK グリッドを使って新人に対応したスーパーバイザーのやり取りを分析しました。FK グリッドの使用法については、序章と実習生の事例の項を参考に確認してください。

[事例1] 新人からの申し出による担当事例へのスーパービジョン
○所属機関：居宅介護支援事業所
・スーパーバイザー：上司　A（事業所長）
・スーパーバイジー：新人ケアマネジャー　B（元介護福祉士、居宅介護支援員1年目）
○概要：
スーパーバイザー（ケアプランセンター Z の所長　A 氏）は、新人（ケアマネジャー　B 氏）から、在宅利用者 C さんの支援経過についてスーパービジョンを求められた。
利用者 C さんより、「訪問看護師さんに来てもらいたい」との申し出があり、かかりつけ医の

いる X 病院の地域連携室へ訪問看護指示書を依頼したところ、「訪問看護の必要なし」との報告が医療機関からあった。そこで C さんにその旨を伝えると C さんは「わかりました」と言った。

○スーパービジョンの会話内容

＊（数字）は、場面データ番号を表記している。この例は、実際のスーパービジョン会話に基づくが内容は部分的に加工されたものである。スーパーバイジーは新人、スーパーバイザーは SVor と明記する。

新人（SVee）：「昨日の C さんの支援について、分からないことがあるのですが、ご相談してよろしいでしょうか」(2-1)

スーパーバイザー（Svor）：「どうしましたか？」(2-2)

新人：「C さんは訪問看護師に来てもらいたい」と言っていたのですが、病院から指示書が出ないことを伝えたら、ではもう要らないと言われました。しかし、本当に要らなかったのでしょうか？」(2-3)

Svor：「ほう。確かに病院から指示書が出ないと訪問看護の導入はできませんよね。何が気になるのですか。訪問看護に来て欲しくて申し出たはずの C さんが（医師の指示を）そのまま了解したのが気になるのですね。その視点は重要ですね」(2-4)

新人：「訪問看護にあれだけ来てもらいたいと言っていたのが、あっさりと来ないことを了解したので、なぜ訪問看護師に来てもらいたかった、きてもらって何をしたかったのかが気になるのです」(2-5)

Svor：「そうですか。FK グリッドでは、サービス開始に指示書が必要という点は制度・システムですね、そして、そのシステムと訪問看護に来て欲しいという当事者のニーズは、専門情報と当事者システムですが、そのシステム間の不一致が生じたのですね。また訪問看護師さんにきて欲しいという C さんのサービスに対するニーズを理解したとのことでしたが、観察されたデータ（専門情報）が少なくて十分に理解までにいっていないということでしょうか。あなたは C さんの思いを病院にはどのように伝えたのでしょうか？」(2-6)

新人：「そのまま伝えました。C さんが訪問看護を希望しているので、指示書を書いてもらえるかどうかを聞いてみました。訪問看護の導入には主治医の訪問看護指示書が必要ですから」　(2-7)

Svor：「なるほど。それで医学的には特に訪問看護の導入は必要ないという返事だったんですね。C さんの治療中の病気はなんでしょうか？」(2-8)

新人：「確か……心臓が悪いと言っていました。心不全ということで通院していると思います。」(2-9)

Svor：「なるほど訪問看護が入るほどの監視が必要な心臓の状態ではないという判断ですかね。でも心不全だと当事者にはどんな心配があるでしょうか。突然死とか、1 か月見つからない孤独死とか、C さんはそんな将来を想像しているのかもしれませんね。」(2-10)

新人：「なるほど。今まで C さんからはそんな訴えは無かったと思いますが、確かに訪問看護を希望したのには、今後の生活の中でそうした予測や不安が生じたのかもしれませんね。誰か C さんの周りでそんな情報を入れた人がいたかも。今後介護保険の要介護度や医学的

第 2 部　新人のための人材開発

条件だけではなく、Ｃさんの気持ちに着目して、Ｃさんの様子をみてみたいと思います。」
（2-11）

Svor：「そうですね。その上で、Ｃさんと本当に何のために訪問看護師さんに来てもらいたい
のかを確認してみてはどうでしょうか？」（2-12）

新人：「でもいくら確認しても、主治医が必要ないと言っているので、やはり訪問看護は必要
ないのではないでしょうか」（2-13）

Svor：「もちろん、医師の意見は重要ですが、疾病一辺倒で判断する主治医に、Ｃさんの今の
暮らしや気持ちの状態を理解してもらうことも重要だと思います。」（2-14）

新人：「なるほど。Ｃさんの通院は 1 ヶ月に 1 度だと思います。また主治医は 3 分間診療で、
毎回検査結果のコンピュータの画面を見てるだけで、自分の顔も見てくれないとＣさんが
こぼしていました。だから主治医にはＣさんの今の暮らしの状態が把握されていないかも
しれませんね。まず私は担当ケアマネジャーとして、Ｃさんの気持ちだけでなく、身体と
暮らしの状態も把握する必要もありますね」（2-15）

Svor：「そうですね。まずはなぜ訪問看護を導入してほしいとの訴えがあったのかを確認して
みてください。病状というより生活上の問題として考えてみてください」（2-16）

新人：「わかりました。すぐにＣさんに連絡を取ってみます。ありがとうございました」（2-17）

○ FK グリッドに基づく解説

新人期における教育的スーパービジョンの一例です。新人Ｂさんが、スーパーバイザーである
上司のＡ所長にスーパービジョンを求めた時点から、新人Ｂさんの認識がどのように広がりと深
まりをもったのかに注目しながら考察します。

新人Ｂさんの語り（2-3）～（2-6）において、自ら疑問を口にしており、上司がそれを受け止め
ています。Ｂさんは、いったん「訪問看護が必要ない」といった評価を医師から下されている状
況ですが、Ｃさんが訪問看護を思い立ち、Ｂさんに伝え、そしてその願いが主治医より断られた
という一連のプロセスをＣさんと共有できなかったように新人は感じたので、なんだかしっくり
こない違和感をもち、上司にスーパービジョンの希望を申し出たのです。

そこでＢさんは、上司の「なぜ訪問看護師が必要だったのか」との問いに対して「病状」や
「Ｃさんの思い」（専門情報システム）についての観察・理解が不足していることに気づきました。
また指示書がないとサービスが受けられないという制度や社会資源の要件（制度システム、社会
資源システム）があるということは知識として持っていましたが、それがＣさんのニーズ（当事
者システム）に合わないかもしれないとの理解までは、まだ到達していなかったようです。

また、その後の語りにおいても、上司のＡ所長は、「病状」や「Ｃさんのくらし」に主観的な
寄り添いがみられるとの指摘をして、「対人支援の専門職としての姿勢」について、心臓を患っ
てもなお自分で問題に対処しようとしているＣさんの尊厳を活かす姿勢を新人と共有しようとし
ました。

現在の立場を客観的に確認した後、主体的にクライエントに関わるように上司は新人に促して
います。つまり、支援経過の中で利用者Ｃさんが「（主治医が不要だというのだから）訪問看護
は必要ない」といきなり「分析と評価」に飛んだことについて、スーパービジョンを通じて共通

144

認識を得るべく支持的機能が使われています。

　スーパーバイザーは新人であるスーパーバイジーの関心の焦点が医者という専門職の「分析と評価」にあったものを、一旦当事者の「観察」レベルに戻し、そのうえで理解を得るといった「能力養成の視点」の水平移動と関心の焦点の広がりの場面ということになります。

文献

相澤譲治著、北川清一他監修（2006）『スーパービジョンの方法』相川書房.

Dessau, D.（2008）（復刻版）「スーパーヴィジョンの必要性」日本医療社会事業協会.

福山和女（2001）『スーパービジョンとコンサルテーション——理論と実際』（改訂版）FK 研究グループ.

福山和女（2005）『ソーシャルワークのスーパービジョン』ミネルヴァ書房.

福山和女（2009）『3 次元の立体把握——役割システム的アプローチについての理解』FK 研究グループ.

堀越由紀子（2010）「対人援助職へのスーパービジョン実践の考察」(1)『ソーシャルワーク研究』vol. 35-4、相川書房.

堀越由紀子（2012）「対人援助職へのスーパービジョン実践の考察」(2)『ソーシャルワーク研究』vol. 38-4、相川書房.

石川到覚（2009）「ソーシャルワークと現任研修」『ソーシャルワーク研究』vol. 35-1、相川書房.

空閑浩人（2009）「ソーシャルワークの基本スキルの向上と現任研修」『ソーシャルワーク研究』vol. 35-1、相川書房.

リー、ロバート・E. ・エベレット、クレッグ・A. ／福山和女他訳（2011）『家族療法のスーパーヴィジョン』 金剛出版.

日本社会福祉教育学校連盟監修（2015）「ソーシャルワーク・スーパービジョン論」中央法規.

新保美香（2009）「現任研修プログラムのあり方について」『ソーシャルワーク研究』vol. 35-1、相川書房.

ショーン，ドナルド／佐藤学他訳（2001）『専門家の智恵』ゆみる出版.

ショーン，ドナルド／柳沢昌一他訳（2007）『省察的実践とは何か』鳳書房.

田中千枝子（2000）「現任者スーパービジョンの方法論の研究　ピンカス・ミナハンの枠組みとソリューショントークの活用」『東海大学健康科学部紀要6』.

田中千枝子（2014）『保健医療ソーシャルワーク論　第 2 版』 勁草書房.

早稲田大学学術集（2010）『ジョン・デューイの経験主義哲学における視紅論』.

山本和郎（2000）『危機介入とコンサルテーション』ミネルヴァ書房.

柳沢昌一（2013）「省察的実践と組織学習——DA ショーン『省察的実践とは何か』（1993）の論理構成とその背景」『教師教育研究』vol. 6、全囯私立大学教職課程研究連絡協議会.

第4章　新人のための評価システム

第1節　新人養成事業における「評価」とその必要性

　対人支援の専門職の人材養成・開発を組織として、とくに新人養成事業を担う場合、新人や輩出する教育機関に対してのみならず、利用者また社会に対してもその事業の有効性や専門性の高さを担保していることが分かるよう、根拠を持った評価システムを構築する必要があります。そうでなければ、「あの組織は毎年新人を募集するが皆やめる、部署の人間関係に問題があるのではないか、また新人を育てる能力がないのでは」などといわれ、組織や部署として人材の養成が出来ないようでは専門性が低いとみなされてしまいます。

　ここでいう新人とは専門職教育を経た直後から1年程度の支援専門職を指します。こうした新人の「評価」は、当該組織や部署の定められた基準に新人を機械的に当てはめる、ないしは上司やスタッフの人間関係の好みやスタイルに大いに影響されて、新人本人を差し置いてただまな板に載せ、任意にかつ意識せずになされることが少なくないと思われます

　スーパービジョンの3機能（administration, education, support）を唱えたKadushin, A.（カデューシン）は、それとは別に評価（evaluation）の章を設け「評価とは限定された時間内で発揮される、スーパーバイジー（以下、バイジーとする）の総合的な機能や業績に対する、客観的で継続的なまとまった判断の機会である」と定義しています。さらに評価は①体系的な手順とプロセスを踏むこと、②信頼性と妥当性をもっていること、③明確で当該環境下で達成可能な具体的指標が示されていることが重要であるとしています（Kadushin 2014）。

　また「評価」は新人スタッフの専門的な成長を可能とする運営管理的な手法であり、新人自身に対して明示的なフィードバックを促すプログラムでもあることから、管理的・支持的・教育的のどの角度からのスーパービジョンでも活用することができるとしています。

　この20年で専門職による「評価」の視点は、学問的精密性よりも実践の全体性を大切にするようになりました。客観的評価の限界性が指摘され、主観への注目がなされるようになりました。Fetterman, D. M.（フェターマン）はエンパワメント評価を唱え「当事者やコミュニティーの知を重視し、それらを柱にしたキャパシティー・ビルディングのプロセスを、パートナーシップによる相互交流のもと、当事者と地域で継続的に繰り返し行なうもの」としています。その際の上司や管理者の役割は、ティチャーからコーチに変化し、徒弟的な教育的意味合い以上に、繰り返しの訓練、機会や体制の確保や実践環境整備等のマネジメントを強調しています。また評価の意味が事後評価から、「評価」を手段にして継続的に新人養成事業を展開させるこ

第2部　新人のための人材開発

とに変化しています。

　またさらに新人養成事業として「評価」を使って、組織・チームとの養成体制やシステム、評価基準へのクリティカルな見方や改善への波及効果が期待できます。また「評価」を介して、新人養成事業が各部署やシステムの尊厳を活かした実践活動として理解されることにも大きな意味が生じています。

第2節　新人養成における評価システムの枠組み

　福山の人材養成・開発体制グリッドによれば、新人のプロフェッションの開発度は第2レベル、同化体験・活用を経て、分化体験・養成に至るものです（p. 5）。新人はまず新人として職場環境で得た知識（職場の仕組みや仕掛け、社会制度・資源の使い方等）や専門性に関わる刺激（価値や倫理に関する気づき、スーパービジョンを受けて業務遂行を行なうことを意識する等）を自己の構造に取り入れ、その自己を実践に活用するレベルを経験します。上司や他のスタッフに依存し、考え方に影響を受け、指示によって行動することを経験した上で、そのことと新たに独自に自分の判断で業務を行うこととがバランスよく適宜に行なえるように経験が引き継がれます。新人にとってこの分化体験とは、自ら職場のスタッフとして、職場環境に適度に枠付けされサポートされながらも、同時に自律性をもつ専門的自己を作っていくプロセスの中で専門職が養成されていくことを指します。

　しかし現実では新人はその過程でつまずき、職場では解決困難な葛藤を抱えて離職に至ることも少なくありません。この葛藤や離職現象は、最初の同化体験の中で生じる場合と、同化体験と分化体験とのバランスをとるときに生じる場合とがあります。この状態を上司はスーパーバイザー（以下、バイザーとする）として評価することで、新人と共有して次の対策を立てていく必要があります。

（1）　同化体験でのつまずき

　つかの間の客であった実習生と違って、新人はその組織の一員となります。実習生の同化体験は将来の職業・専門家として、実習環境の刺激としてこのようなことを知らなければ、やらなければという意味で、組織の枠を意識せずにおおらかに自己に取り入れられる余裕があります。しかし新人の同化体験ではその意味が大いに異なります。ある組織のある場面におけるある人との仕事の刺激に対する同化が迫られるので、自己を開くことの切実さが異なります。ある家に友達として遊びにきていた人が、嫁としてその家の家風に従うようにいわれたらどう感じるでしょう。自己への取り入れに大きなストレスがかかることが考えられます。

　新人には職場環境の刺激を受け入れる同化への抵抗があるということ、環境に染まっていくのに時間がかかる可能性があるということをバイザーは常に認識し、新人の同化体験の状況を

148

スーパービジョンにおいて把握し、そこにある葛藤をアセスメントし、さらにそこを抜ける時間のかかり具合を予測するという段階的評価を新人と共有します。しかし新人の中には、その抵抗があるということを表に出さないと決心している場合があります。同化体験を受け入れていないという事実が判明してしまうと、即辞めさせられるとか、組織に合わないばかりか専門家にもなれないという審判として、上司からの評価を受け取るからです。そして評価を部下への宣告のように実施する上司がいるのも否定できない事実です。そこで新人に対するオリエンテーションの時期に、組織の人材養成を目的として、システムとして評価があることの意味と、その経時的手段的な使い方について説明をしておくことが重要です。

　評価に関する体系的な手順が提示されており、そのプロセスのうち今がどこに当たっているのかについて理解しているバイジーである新人は、落ち着いて同化に抵抗があった場面をバイザーと振り返ることができます。そうした同化体験として慣れ、落ち着くまでのプロセスを、評価として辿っていく段階的評価であることが重要です。その際FKグリッド表を挟んで抵抗があった場面を振り返り、それがどの関心領域で、受け入れがどのレベルでつまずいているのか、また観察や理解がどう歪んでいるために受け入れられないのかについて話し合います。こうして明示的な評価指標としてFKグリッドを使うことができます。

　また新人が同化しようとする対象・内容をバイザーとして、再度吟味する必要がある場合もあります。理不尽に思われる組織の取り決めとか部署の慣習やしきたりとか、そのときはあえてその刺激を、運営管理上バイザーとして改善・変化させる必要があることもあります。その際環境側である組織や部署のスタッフやメンバーとの話し合いや協力を得られるよう、同化体験を促す人材養成の体制改善について、バイザーの立場からの要請がなされることで、人の尊厳を守る姿勢が部署や組織に浸透することにもなります。

(2)　同化と分化とのバランスの崩れ

　同化体験による自己への取り込みから、それに影響されずに自己として判断する分化体験を重ねるうちに、新人は両方のバランスがとれなくなる状況に陥る場合があります。そのバランスの悪さは、新人からは意識されずにバイザー側からみて判断される場合と、新人本人が居心地の悪さを感じている場合の2つに分かれます。

　バイザーである上司がバランスの悪さを感じるのは、新人が自分に報告相談せずに勝手に判断したと感じる場合です。新人にはその状況ははっきりとは意識されていません。その際の上司の評価としての対応は、新人に対して同化を強いたり、叱ったりするのではなく、その分化体験をスーパービジョンでふりかえり、新人が自分で行なった判断の根拠を意識できるようにすることです。この段階で新人が判断しようとした意欲や思いを支持する意味で評価し、新人が行なった状況判断の根拠となる観察や理解した事実や考え方を整理できるように手伝います。そして、それについてはバイザーは専門性を背景にした知識や理論、価値・倫理に基づいて説

第2部　新人のための人材開発

明をします。ここでバイザーが自分自身の経験や自分の思う「あるべき新人像」からどのくらい離れているのかについて、演説や説教をすることが新人養成のつまずきとなりがちです。あくまでも分化体験は新人自身の体験です。新人は環境の刺激を自分なりに取り込むことを経て、自己の専門性を育むのですから、自律性の芽を摘むような上司の恫喝とも感じられるような注意や禁止を控えた評価であることが重要です。

　新人自身が分化体験に移行するときに違和感のある場合は、上司は支持的に励ますように累積的評価を強調します。バイザーとバイジーが今までここまでどのように専門的自己が成長してきたかについて、段階的に行なってきた評価を辿ることで、自信がなかった新人の自尊感情を高めることになり、エンパワメント可能な状況となります。上司の評価は新人にとってはとくに気になるものであり、言われたことに対する新人の反応は、上司を非難・攻撃する方向よりも、上司の評価を自らの中に取り込もうとする傾向が強いと言われています。そのために上司の評価はポジティブであることが重要だと考えられます。

第3節　新人のための評価システム整備の実際

［事例1］上司に自分の面接を見せようとしない新人

　新人Aさんは、組織で決めた同化プログラムとして、相談室での電話番や窓口業務、社会資源データ確認や各種制度の説明のちらし作成、関係機関への訪問・挨拶などを落ち着いてクリアしました。上司Bさんはこの時点で相談室の一員として動くことができるAさんの行動を評価し、次のプログラムに進むことをAさんと一緒に決めました。Aさんも早く利用者と面接して問題解決に寄与したいと意欲的でした。

　上司BさんはAさんが面接を開始するに当たって、段階的に面接の困難度をあげる方がよいと判断しました。そこでまず各種制度申請のための面接を家族とするようにAさんに指示しました。その際　①家族が理解できるように制度の内容を説明すること、②家族の申請の意思を確認すること、③申請手順について具体的にパンフレットなどを上手く使って理解してもらうこと、④必要なら申請窓口に先に電話をしておくなど家族の理解度をアセスメントして先回りをして動くこと、⑤家族が診断書用紙を役所に取りに行き、申請に行く行動が重要であること、を指示して、その種のルーティン面接は、Aさんに担当させるように他のスタッフにも伝えました。

　Aさんは当初「ご家族に分かってもらう制度説明は難しいです。相手が理解したことをどう確認したらいいのか」などとバイザーである上司に話して報告・相談をおこなっていました。それが次第に相談にこなくなり「困ったことはないか」というBさんの問いかけに、Aさんは「大丈夫です」というだけになっていました。Aさんが次の段階へ向かうことを評価するに当たって、BさんがAさんの面接をモニターしようと、やり取りが聞こえる相談室で面接を実施することを指示したところ、Aさんは抵抗を示して強く嫌がる様子が見えました。BさんはAさんの行動を奇異に感じ、優等生であるAさんは上司には言わないが、同化体験への抵抗があるのではないかと考えました。その後Aさんの面接をスーパービジョンで振り返る中で、Aさんの引掛かりが明らかになりました。

Aさんは家族を主体にして問題解決に向かうことは重要なことと思うが、用紙を取りに行くこともすべて家族にさせるのがこの組織のやり方であることに納得が行かないと話しました。「家族の状況によっては申請しに行くことも難しい状況の方もいるのに、診断書用紙は相談室にあってそこで渡すことも出来るのに、家族の熱心さに対する踏み絵のようにわざと家族に行かせることの意味が分からない。」と一気に話しました。Aさんは面接で家族の事情を聞きながら、窓口に行くのが難しいとアセスメントした家族には内緒で診断書の用紙を渡していたのでした。

　上司のBさんは新人Aさんが組織環境の刺激を自己へ同化する際の違和感について表出しなかったことが分かり、もっと早くスーパービジョンによる評価を設定しこの隠されていた違和感がキャッチできれば、新人の刺激に対する認識の歪みについて、話しあえたのにと残念に思いました。また事例ごとのアセスメントを抜かして、何が何でも家族という風潮が組織環境にあるというAさんの指摘については、環境側の部署の問題としてスタッフで話し合う必要があるとも考えました。そして家族が主体的に動く意味を考え続け、自分のアセスメントで用紙を手渡す決心をしたAさんは、同化から分化へ自ら踏み出す体験であったことを認識できるように評価しました。ただしバランスよく分化するには環境側の適切なサポートが重要であることと、サポート体制をつくることはスーパーバイジー／スーパーバイザー両者の課題であることもお互いに了解しました。

引用文献

Fetterman, D. M.（1995）*Empowerment Evaluation*. Sage, pp. 4-24.

Kadushin, A. & Harkness, D.（2014）*Supervision in Social Work 5th*. Columbia University Press, p. 246.

第3部
新任・ベテランスタッフのための
人材養成・開発

第1章 新任・ベテランスタッフのための人材開発マネジメント・システム

　新任・ベテランスタッフのための人材開発の体制について人材開発マネジメント・システムから捉えます。ここでいうマネジメントとは、新任・ベテランスタッフの人材開発体制の形成と稼働の適切な方向性を保ち、その成果を出すための人や環境に働きかけるプロセスを指します。

　システムには目指す機能があるとされており、新任・ベテランスタッフの人材開発が適切になるように、意図的に働きかけていくことによって、様々な交互作用を起こし、各要素間の総和以上の成果が生じることを目指します。各要素とは、新任・ベテランスタッフ、部門のスタッフや部門長などの個々の職員や他部門、組織、利用者や家族、社会資源や制度、多機関、地域社会などを指します。各要素は、すべてがマネジメントの主体であり、かつ客体です。

　第1章では、新任・ベテランのための人材開発体制をどのように形成し、どのように稼働させていくのかについて明らかにしていきたいと考えます。具体的には、新任・ベテランスタッフのためのマネジメント・システムに関して、現状と課題、マネジメントの定義、リスクマネジメント、マネジメント環境の整備について述べます。

第1節　マネジメント・システムの現状と課題

　本節では、新任・ベテランスタッフの人材開発をする上で必要なマネジメント・システムの現状と課題を取り上げ、人材開発を展開するシステムについて、ミクロ、メゾ、マクロ・レベル別に、概観します。

　新任・ベテランスタッフとは、プロフェッションの開発レベルとして、統合体験・育成レベルに達する人です。しかし、様々な環境下において機能するため、新任・ベテランスタッフとして、まず同化体験・活用レベルから始め、分化体験・養成レベルへと進む循環的プロセスを経るのです。

(1)　人材開発業務を展開する上での課題

　人材開発業務を展開する上での課題について、組織方針、組織体制、マネジメントの方法論に分けて課題を述べます。

　新任・ベテランスタッフの人材開発に関する組織の取り組みについて、実践現場では、新任・ベテランスタッフは、資格を持って長年活躍している人であることから専門業務について

第3部　新任・ベテランスタッフのための人材養成・開発

特別な訓練や教育は不要だと思われていないでしょうか。

　新任・ベテランスタッフの専門業務遂行には、組織体制が重要な役割を果たします。組織内外のバックアップ体制を整えることによって質の高い専門業務が実施可能となりますが、特に、所属機関のバックアップ体制が乏しい場合、どのような支障が生じるのでしょうか。

［例1］新任・ベテランスタッフの人材開発のための組織体制が形成されていない場合

　スタッフの欠員が生じた時に人材を募集することを考えているなら、その都度、イレギュラーなこととして対応している組織でしょう。このような場合、新任・ベテランの人材開発が組織の事業計画にないため、その都度、協力体制や予算化を図ることになります。そのため、継続性がなく、新任の専門的知識・技術は有効に活用されていきません。また、新任・ベテランが経験してきたことを組織に新しい風として吹き込むことには、消極的になっていくと思われます。

　また、新任・ベテランが業務を行う上でなぜ組織方針が必要なのでしょうか。人材開発に関する組織方針やビジョンが曖昧なため、現場では職員間の混乱や葛藤が生じ、ベテランが離職するなどの現象が起こっている例もあるようです。

［例2］募集内容と異なる配属

　新規事業の立ち上げのための募集に応募し採用されました。しかし、配属先は募集内容と異なり、1年が過ぎようとしていますが、人手が足りないので、我慢してほしいとのことです。新任は、この職場では自分が蓄積してきた専門的知識・技術が発揮できないと感じています。

　組織の中で、新任・ベテランスタッフのための人材開発体制を形成し、稼働させる方法論は、自己流でいいのでしょうか。マネジメントの方法論が確立していない場合、組織内・外ではどのような支障が生じるのでしょうか。

［例3］新任への情報伝達や補い合いができていない場合

　他部門から、ある件について、新任からは全く異なる連絡を受けたとの指摘があり、ベテランスタッフとして新任に対し再度指摘をし、相互に気まずい思いをしました。このような場合、新任は、ベテランスタッフから侮辱されたような気分になったようです。部門間の連携協働による業務は、事前に部門内で相互に考え方や対応方法の確認事項を交換し、確認し合い、調整・決定していくことが重要です。組織外にも同様のことがいえます。

(2)　ミクロ・メゾ・マクロの各システムにみる課題

1)　ミクロ・システムのマネジメント

　このシステムの対象には、利用者・家族、新任・ベテランスタッフ、ソーシャルワーカーが

156

第1章　新任・ベテランスタッフのための人材開発マネジメント・システム

含まれます。新任・ベテランスタッフは、ベテランとしてのアイデンティティの形成をし、分化体験に入り、自己やスタッフの養成に入ります。ミクロレベルでは、個人性と一体性をバランスよく使い分けて適合していくことが重要です。そして、その後、統合体験に入り、自分を新任・ベテランスタッフとして熟成するレベルに入ります。

利用者・家族との接点におけるマネジメントの課題

　利用者や家族は専門機関からサービス提供を受ける客体です。新任やベテランは日常業務を遂行する上では、支援の対象となる利用者・家族と接点を持ちます。人事異動に伴い利用者や家族に負担をかけることがあります。例えば、分離不安が強い人などもいるため、退職や異動に際する担当変更等に関する説明などには時間をかけることが必要です。利用者や家族は、専門機関の人材の異動に対して苦情や意見を言いにくい状況にあり、意思表明することはめったにないと言えます。

新任・ベテラン自身や他のソーシャルワーカーとの接点におけるマネジメントの課題

　職員は、所属機関から託され業務遂行をする存在であり、組織や上司側からは、人材開発のマネジメント対象となります。職員の履歴書等の個人情報を他の職員に提供する範囲に関して、組織として規定がない場合、ハラスメントに発展し、職員の尊厳が傷つけられるなどのトラブルが生じることもあります。

　他のスタッフは、日常業務を遂行し、かつ、新任・ベテランスタッフと協働する存在です。特に、新任にとっては、その職場メンバーとして受け入れてもらう相手でもあり、各々のスタッフの方法論や考えを知る機会となります。新任・ベテランスタッフが長年蓄積してきた専門的知識・技術に対する扱いは、専門職の尊厳を傷つけることにもなりかねませんので、組織の考え方や組織規定などに織り込んでおく必要があります。

2)　メゾ・システム：上司（スーパーバイザー）、職員間、組織、専門的知識・技術

　新任・ベテランスタッフは自分の業務を意識し、メゾレベルのマネジメント機能を中心に考え、チームワークを大切にしていきます。その際、職域、職務の尊厳を保持し、プランニングを提言することなどを考えると、メゾ・システムは、分化体験・養成レベルを達成する上で、重要なシステムです。その後、統合体験を経験し、育成レベルに入ります。

　新任・ベテランスタッフは、上司（スーパーバイザー）から組織の運営管理面と専門的知識・技術の内容についてスーパービジョンを通じて、業務遂行状況の確認を受けます。部門の責任者は、人材開発のマネジメント・システムの主体として推進する人です。専門職としての責任と管理責任者としての部門長の責任が不明確な場合、部門長と組織、部門長とスタッフとの間で役割葛藤を起こすことがあります。

　新任・ベテランスタッフにとって、職員間の関係は大きく業務遂行に影響を与えます。職員

間の関係とは、日常業務を行っている部門内、部門間で形成されている人間関係や協働体制を含むものです。新任が入職してきたとき、特に、人材開発の事業計画への位置づけが不明確であると、他のスタッフとの関係に容易に巻き込まれ、思わぬトラブルが起こることがあります。職員間（特に部門間）で予算の取り合いが生じるなどの影響も出ると考えられます。

新任・ベテランスタッフは、所属機関という組織における業務を遂行します。これは、各部門を単位とした協働体制下で行われますが、日常業務の質・量の改善やとスタッフの育成に関しては組織方針から影響を受けます。そこで、組織は、新任・ベテランスタッフに対する人材開発の基本方針や計画の提示が求められます。部門としては、人材開発企画書を作成し、組織の決裁をとることも重要なマネジメントになります。

新任・ベテランスタッフの業務遂行にとって、メゾレベルの専門的知識・技術は重要な要素となります。所属機関が専門機関として蓄積してきた独自の専門的知識・技術は組織が生き残っていく上での強みでもあり、更なる発展を遂げるためにも、新任・ベテランスタッフがこの専門的知識・技術を明確に自覚し、その利点と不利点、限界を検証しながら、専門的知識・技術の開発への取り組みが求められます。また、外部環境の変化への適応力を増していくための開発的な役割は新任・ベテランスタッフにも期待されると思われます。部門長は、個々の専門職の専門的知識・技術の質を把握し、組織運営に反映させるように新任・ベテランスタッフをバックアップしていく役割です。そのための組織及び部門へのマネジメント技術の習得が必須となります。

3） マクロ・システム：専門情報・知識、社会資源および制度、職能集団、地域社会

新任・ベテランスタッフは、所有する専門的知識・技術に信頼を得ること、部下とともに揺れてくれる上司がいてくれることも大切であり、分化体験・養成レベルを経て、自律度が高まり統合体験・育成レベルへ到達していきます。その際、マクロ・システムは、新任・ベテランスタッフの実践領域の拡大にとっても重要なシステムとなります。

新任・ベテランスタッフは、マクロ・レベルの専門的知識・技術を、特に、学術的検証がなされた知識や概念、理論、方法、技術、理念、価値、倫理などを駆使しています。実践ではすべて専門的知識・技術を発揮しており、学術的立場の違いに関しては相互尊重を基本とします。新任・ベテランスタッフがもつ専門的知識・技術の深化や広がりを後押しできることが組織としてのバックアップです。各々に事業への活用や貢献に関する企画書にこのマクロ・レベルの専門的知識・技術を含めて作成すること、また、新任・ベテランスタッフが他のスタッフに指示をだすことなども、マネジメントには必要です。

新任・ベテランスタッフは、社会資源および制度を、機関、施設、サービス、制度、人、人の持つ技能などの総称であると捉え、活用する資源や制度情報を事前に整理し開拓しておきます。新任・ベテランスタッフは、業務の多忙さから目の前の業務に必要な社会資源の情報収集に終始する傾向があります。しかし、新任・ベテランスタッフには、他のスタッフや利用者の

可能性を広げるための人材開発を促進するマネジメントが求められており、この開発システム自体も社会資源であると言えるでしょう。

　新任・ベテランスタッフは、地域社会をマネジメント対象として、所属機関が存在する地域や地域文化との接点でマネジメントを展開します。地域を基盤とした包括ケアシステムは、地域住民のストレングスに焦点を当て、機関の機能を駆使した地域貢献が求められています。新任・ベテランスタッフは、所属組織の設立理念や社会的使命、事業目的と目標について、地域社会との接点で高い認知を得るための対策を計画し、組織の決裁を取りつけることも、人材開発に結び付くことになると思われます。

　新任・ベテランスタッフは、職能集団、職能団体や学会などで中心的役割を担う場合があります。新任・ベテランスタッフに対して、組織が学会や職能団体で活躍することへのバックアップは、組織の専門的知識・技術を深化させることになり、彼らがやりがいを持って働くことにもつながると考えます。

第2節　新任・ベテランスタッフのための
人材開発マネジメント・システムの定義

　新任・ベテランスタッフは、所属組織の業務遂行の役割を果たし、組織からのバックアップを得て、専門職として同化体験・活用レベル、分化体験・養成レベル、そして統合体験・育成レベルのプロセスを体験しながら、社会福祉領域の知識・技術・価値を実践環境に適用するプロセスを歩む人のことであると捉えます。

　ここでは、新任・ベテランスタッフのための人材開発マネジメント・システムの構造的理解、組織の位置づけについて述べます。本稿では人材開発マネジメント・システムとは人材開発体制を形成し、稼働させるシステムであると定義します。

（1）　新任・ベテランスタッフに対するマネジメント・システムの構造的理解

　新任・ベテランスタッフはどのような組織構造の中で日常業務を行っているのでしょうか。所属組織内の構造と組織外における構造を明らかにしていきます。

　新任・ベテランスタッフが統合体験・育成レベルに到達するためには、全て自分の行動は業務であり、仕事であることを意識し、職域、職務の尊厳を保持することが重要です。そのためには、人材開発マネジメント・システムについて構造理解をしておくことが不可欠です。

1）　構成要素である新任・ベテランスタッフ、部門長、組織長

　組織内で人材開発に関わるのは、主に新任・ベテランスタッフ、部門長、組織長です。新任・ベテランスタッフは、組織の部門の主任などとして配属されます。組織と雇用契約を結び、組織長、直属の上司と職員との関係は、組織の規定や組織図等に示された指示命令系統、に影

第3部　新任・ベテランスタッフのための人材養成・開発

響を与えます。新任・ベテランスタッフは、仕事上の立場や職位に基づき、専門的知識・技術をもち、職務や職責を担います。それらは、組織からのバックアップを得て果たすことができます。部門長や組織長は、新任・ベテランスタッフと必ずしも同職種とは限らず、同質または異質の専門職性のバックアップを得ながら業務遂行をすることになります。

　[例]　職種横断的な部門の新設により生じた職種間のコンフリクト
　　　ベテランスタッフを副部門長として多職種チームの部門がスタートしました。それぞれの職種が役割を果たすために取り組んでいますが、職種ごとに重視する考え方やその優先順位が異なり、職種の優位性を主張するようになりました。チームのそれぞれが各分野を擁護し、チームとしてのまとまりを失う事象が現れました。人材開発に関する方針の不明確さとマネジメント体制の未整備からコンフリクトが生じたのでしょう。

2)　専門的知識・技術と組織性の２層構造の理解

　新任・ベテランスタッフは、保健・医療・福祉の専門機関で、長年、独自の専門的知識・技術を蓄積してきた人です。所属機関が、外部環境に対して開放システムであれば、新任・ベテランスタッフは、知識や技術を外部から補給することも可能となります。特に、学会や職能団体、研究機関などの外部環境との接点を維持することで、所属機関の業務に還元でき、専門職性を担保することができます。

　新任・ベテランスタッフの専門職は、所属組織のミッションを果たすために、専門的知識・技術と組織の運営管理の二軸のバランスを維持することが肝要であり、人材開発マネジメント・システムの果たす役割は大きいと思われます。

　[例]　時期尚早と判断された専門的知識・技術の導入
　　　新任・ベテランスタッフは、新規事業を展開する上で必要な知識と技術を習得するために、外部のコンサルテーションセンターのセッションに自費で参加し、技術習得を試みました。
　　　そのコンサルテーションセンターのアプローチ方法を職場の業務に導入し、新規事業への効果を出したいと思いました。所属機関の上司に相談したところ、支援効果への理解は示してくれたものの、組織への導入は、予算、人員確保、導入後のコンサルテーションの必要性から、今年度の事業計画には間に合わないとの理由で却下されました。

3)　部門内の構造的理解

　部門とは、組織の事業を実施するための最小単位のシステムであり、部門長、部門員が存在します。部門長は、部門の機能が発揮されるように、部門員への協力を求め、バックアップ体制を形成し、部門内の管理運営の責務を負います。部門長にはその部門の決裁権が与えられています。また、部門長は、管理部門への人材開発事業企画書を提出して、組織の決裁を取付け

160

る役割、他部門との協働連携体制を形成する業務を果します。一方、新任・ベテランスタッフは、組織および部門の一員として専門的サービスの量と質を担う存在であり、各自が蓄積してきた専門知識や専門技術を駆使し、部門内のチームワークを促進させ、貢献する立場にあります。

(2) 組織上の位置づけ

第1部で紹介したBarnard（1968）の組織論に基づき、組織運営のための人材開発の体制づくりと稼働を促進させる3要素として：組織の共通目的、スタッフの貢献意欲、コミュニケーションについて述べます。

新任・ベテランスタッフには効果的な業務遂行をするために、組織を理論的に理解し、人材の尊厳を重要視したリーダーシップを発揮し、業務満足・自律性・生産性の向上を促進させていくことが求められます。

1) 組織の共通目的

新任・ベテランスタッフの人材開発は、組織の共通目的となるのでしょうか。新任・ベテランスタッフの人材開発を組織事業として取り組むためには、組織の目的との整合性を必要とします。人材開発に関する体制を新たにシステムとして形成しようとする場合は、組織内でコンフリクトが生じ、思わぬトラブルが起こることもあります。新しい人材開発システムは、どのような成果が期待されているのかを明確にし、組織としての決裁を取っておくことが重要です。

> **[例] 新任は、組織長から現在の職場のシステムについて改革案を求められた**
> 以前の職場で人材育成の業務の実績があり組織長から改革案を提示するようにとの指示を受けました。組織として、現在の人材育成の体制が果たしてきた役割や成果、体制の限界、新しい人材開発システムに期待する成果を確認したいと考えました。新任としては、前任者のベテランスタッフが行ってきた実績に敬意を表し、次のステップとしての体制作りに貢献したいと考えました。新任は、前任との間でコンフリクトが生じた場合、新しい人材開発体制を稼働させる上で支障が生じることを予測しています。

2) 新任・ベテランスタッフの貢献意欲（協働の意思）を支える仕組み

新任・ベテランスタッフは、組織の使命や理念、事業目的を具現化するための活動をします。組織内でこの活動をする専門職スタッフが組織に貢献したいと思う項目としては、認められた高い専門的知識・技術による貢献の機会が保障されること、専門的知識・技術の質の担保や向上に向けて組織からのバックアップが得られること、専門職として一定の守備範囲における役割や裁量、権限と責任を与えられること、組織の中で、自分のキャリアデザインを実現できる

第3部　新任・ベテランスタッフのための人材養成・開発

ようなキャリア形成が可能であることなどが挙げられます。さらに、組織として新任・ベテランスタッフの人材開発に取り組む必要があること、組織の事業計画書の中に人材開発にかかわる計画が含まれていること、新任・ベテランがもつ専門的知識・技術の中身を部門長と部門員で検討し計画書等の作成準備に取りかかり、部門の決裁を取り付けることなどが挙げられます。

　人材開発の仕組を用いて、事業の最適化及び新規事業への取り組みを考え、役割分担、責任の所在、他部門への協力依頼、経費、物品などを明確にします。組織からのバックアップ体制が形成されることによって、職員は力を発揮することができます。組織の決裁が下りていれば、人材開発は組織の事業として位置づけられますので、担当部門には人材開発企画書に基づいたプログラムなどの事業計画および実施、評価が求められます。

　　［例1］キャリア形成に限界がある場合の例
　　　組織内で高い専門的知識・技術が認められ、貢献の機会があるとしても、ポストの数には限界があります。法人の規模が大きい場合は、昇格と人事異動がキャリア形成の仕組みに含まれている場合がありますが、小規模法人の場合には、困難な場合があります。また、行政機構の中では、専門職の管理職ポストがなく、ヘッドハンティングの形で離職することも少なくありません。

　　［例2］組織内外での人材開発の機会の例
　　　新任・ベテランスタッフの専門的知識・技術の質の担保や向上のための手段とは、彼らが知識や技術を他者から提供されることだけとは限りません。組織内部におけるチューターやトレーナーの役割を担うことで自己学習が進むこともあります。さらに、教育機関や研修センターでの講師を務めることや職能集団や行政機関などの委員などを委嘱されることによって、マクロ・レベルの貢献の機会が得られ、専門職としての社会的責務や組織の代表としての振る舞いを身に着けていくことにもなると思われます。

3）　コミュニケーション

　組織運営を的確にする上で、コミュニケーションの質は非常に重要な要素です。特に、部門長は、人材開発マネジメント・システムの形成と稼働のために、部門内、組織内・外の様々な人とマネジメントのためのメディエーション機能（調整・媒介）などを促進させるコミュニケーションスキルが必要となります。

　組織内のマネジメントでは、まず、部門長と組織長、部門間、部門内の部門員と部門長、部門員同士のコミュニケーションが考えられます。その場合、組織長からは方針提示、上司からは指示命令・情報伝達・提案などの管理的コミュニケーション、専門職間の並行型で率直なコミュニケーション、相互尊重や労い等を表すサポート的なコミュニケーション、アドバイスなどの助言・教育的なコミュニケーションなど様々な性質のコミュニケーションが選択され、相互・交互作用が生じます。

[例1] 喪失体験からくる利用者の怒りの解釈（ベテランスタッフと部門長）

　部門長は、組織としての管理責任、部門としての管理責任を負わなければならない立場です。苦情相談部門からベテランスタッフに対する事例が上がってきました。時に、プライドを傷つけてしまうのではないかと恐れ、ベテランスタッフとの人間関係が崩れ、部門内のチームワークに影響があるのではないかと気が重くなってしまいました。部門長は、ベテランスタッフに対して事実を確認し、専門職としての焦点や計画性、意図、適用理論や技術の中身を確認し、ベテランスタッフの支援の妥当性と課題を明確にするスーパービジョンを行いました。一見苦情に見える事象は、喪失の怒りの段階にあり、ベテランがターゲットになっていることが浮き彫りになり、部門としてのバックアップが不足しているという結論に至りました。危うく、ベテランを処分するところでした。

[例2]　部門長と新任の支援方法論が異なる例（新任と部門長）

　朝のミーティングの時間帯は、スタッフ全員が顔を合わせる唯一の機会であるため、部門長は、リスクマネジメントを目的としたスーパービジョンの場として、新規ケースのラウンドをしています。新任が問題解決アプローチの立場で担当ケースの報告をした時に、部門長がエコロジカル・ソーシャルワークの立場からコメントをしました。新任は、どうしても、部門長の考え方を受け入れることができず悶々としています。新任としては、方法論の選択の理由を確認してほしかったのです。新任は部門長から、エコロジカル・ソーシャルワークの理論選択を強制されたと受け取ったようです。

第3節　リスクマネジメント

(1)　新任・ベテランスタッフのリスクマネジメントの捉え方

　対人支援の現場では組織の事業として福祉サービスなどを提供しています。支援の対象である利用者がさまざまな生活課題をもつ人であることを考えれば、サービスを安全に提供することは組織にとって最も重要なテーマであるといえます。特に組織の新任・ベテランスタッフの養成に焦点をあてて述べます。

1)　リスクマネジメントの必要性

　組織が目的を達成し、よい成果を得るためには、好ましい変化を続けていくことが望まれますが、そのために組織は事業計画や運営管理というマネジメントを重視します。　しかし、活動のさまざまな場面で好ましくない変化や影響が生じることもあり、事故が起きる可能性があります。複数の人間が共に生活し、協働する社会では事故が起きる可能性もより複雑になります。事故発生の確率頻度を導いたハインリッヒ（Heinrich, H. W.）の法則では、1件の人的被害を伴う重大事故の背景には29件の軽微な事故があり、さらにその背後には300件の事故に至

第3部　新任・ベテランスタッフのための人材養成・開発

らなかった危機事例があるとされています。組織においてヒヤリ・ハットとして取り組まれる活動は、この法則を事故や苦情発生のメカニズムととらえ、事故発生の原因が職員個人に帰するものではなく組織全体の問題として改善を目指すものです。たとえば、厚生労働省では医療安全対策として2001（平成13）年に「リスクマネジメント作成指針」を発表しましたが、医療事故情報の収集は公益財団法人日本医療機能評価機構が委託を受けて継続しており、このことからも事故発生の予防と再発防止が対人支援に関わる組織の最重要の課題であることがわかります。わたしたちは対人支援の現場においてはハインリッヒの法則が示す確率頻度だけでなく、さらに多数の利用者のサービスへの不満足を感知できなかった事例が潜在的にあることを意識して業務に従事する必要があるでしょう。

　わたしたちは、組織において事故を未然に回避するための行動をとっています。また、もし事故が発生したとしても、最小限の損害にとどめるようにさまざまな対応をしています。さらに、事故が再発しないように原因を検証することや、防止策を考えるなどの行動をとっています。もし、今はまったく事故が発生していないとしても、ハインリッヒの法則から考えれば、それは事故に至らなかった危機事例のレベルで防止できている状況かもしれません。つまり、顕在化していなくても事故の可能性はゼロではないということです。組織を運営するときには、置かれた状況を評価して理解し、事業を有効に進めていくための枠組みを構築せねばなりません。そこで想定される好ましい影響と好ましくない影響をともに考えることで、組織運営のための基盤もより確かなものになっていきます。

2)　新任・ベテランスタッフにとってのリスクマネジメントの定義

　ここで、ハインリッヒの法則をもとにこれまで考えてきたことをふりかえってみましょう。例えば、第1部で考えた実習生にとってのリスクマネジメントとは、事故発生の構造を理解し、実習先でどのようにリスクマネジメント体制が構築されており職員が活動しているかを理解し、実習生として状況を観察し判断して実習指導者や教員に報告ができるようになることでした。また、第2部で考えた新人職員にとってのリスクマネジメントとは、事故発生の構造を理解し、組織の一員として状況を判断して報告や対処など具体的な行動ができるようになることであり、自分が対人支援の専門職としてとる適切な業務行動が組織を健全に運営することへの貢献となり、何よりも利用者の利益につながることを理解できることでした。

　次に、新任・ベテランスタッフにとってのリスクマネジメントは、組織を構成するさまざまな人材がそれぞれの立場で求められる活動によって組織運営に貢献することです。新任・ベテランスタッフには管理的立場から具体的に各事業や業務を検討して、その成果を組織内で共有して行動できる取り組みとしてリスクマネジメントの体制づくりが求められます。これは、安心して業務に取り組むだけでなく、よりよい人材を養成・開発して組織や地域社会に貢献することができるという成果をもたらすと考えます。

　対人支援の現場では、組織（上司・同僚・担当者）と利用者（サービスを利用する本人と家族）

が人的資源として直接サービスの授受に関わりますが、それ以外にプロフェッションとしての専門的知識・技術、社会資源および制度、地域社会（文化を含む）、専門家集団という6つのシステムから成立します。つまり、わたしたちは常にこれらの6つの主体に対する業務上の法的・倫理的責任を有しており、業務で生じる事故のリスクを事前に予測して、予防策を講じておき、万一事故が発生した時の対応策を立てて、再発防止策を講じねばなりません。業務に従事する職員は人材としてさまざまな時系列レベルにあり、それぞれに応じたリスクマネジメントを行う必要があります。そのときに、システムを構成する6つの主体に注目し、本書における人材開発の認識の枠組みである人材開発体制グリッドとFKグリッドの考え方を用いると、ハインリッヒの法則に示されたメカニズムを網羅したリスクマネジメントを実践することが可能になります。

(2)　新任・ベテランスタッフによるリスクマネジメントの実際

　このテーマについては、本書における人材開発の認識の枠組みである人材開発体制グリッドとFKグリッドから考えてみましょう。

　職場における経験を積んだベテランスタッフや他の職場での専門職としての実務経験を有する新任スタッフは、プロフェッションの開発レベルのADI cycleを循環的に繰り返し成長した人材として尊厳を保持される必要があります。組織の一員としては、特に分化体験・養成レベルから統合体験・育成レベルの課題を涵養される人材です。また、FKグリッドにおける能力養成の段階でいえば観察から理論化（開発）に至る5つの段階を展開できる能力を開発できる人材といえます。

　今後の日本における対人支援の方向性は、地域包括ケアシステムに示されているように、地域全体で人を支える仕組みを構築することが地域において重要なテーマとなります。わたしたちは、所属する組織が単独で利用者を支援するのではなく、多機関連携によって業務を遂行する機会も多くなります。そこでは、協働する組織で同じ目的を共有して活動することとなり、活動の影響や結果についても共通理解を持つことが必要になります。

　支援目標を達成するための協働を続けると同時に、事故など好ましくない影響に関する運営管理が必要になります。それがリスクマネジメントです。リスクマネジメントは、事故に対する予防と事故発生時の対応から再発防止のための予想への循環ととらえることができます。予防にリスクの把握と分析があげられます。対応には状況の改善と対処があり損失の回避と軽減と重症化の防止があげられます。予想にはリスクと対応の再評価と改善策の監視があげられます。リスクマネジメントにおいても、PDCA（Plan-Do-Check-Act）サイクルが展開されるよう体制が構築される必要があります。

　このようなリスクマネジメント体制を構築することが、なぜ必要なのでしょうか。組織にリスクマネジメント体制が構築されていれば、もし事故が発生したとしても、事前に事故の可能

性を知っておくことで対応が可能になります。事故の可能性を何も考えていなかったとしたら、事故が発生してから対策を考えることになり、対応が遅れて被害が大きくなり、組織とサービス利用者の双方の損失が深刻になります。予想以上に大きな事故が発生したとしても、たとえ限られた範囲でも対応する手段を提示しておくことによって、組織的な取り組みが可能になります。

　組織的に事故に対応し、その原因を分析することは、今後の事故の可能性を減少することにつながります。職員がリスクマネジメントの担い手として判断し行動することは、職員が自律性を発揮することになります。また、職員がリスクを考えて業務行動ができることは資質を向上させることにつながり、結果として対人支援部門の生産性を向上させることにもつながります。さらに、部下への教育指導や組織の管理運営に貢献することも求められる立場となり、本人の豊富な技術や知識の活用だけでなくリーダーシップの涵養や業務を遂行する上での管理機能についてのリスクマネジメントも必要になります。人事考課制度など組織の人材開発プログラムも活用して、職員の成長課題設定と省察を促すこともリスクマネジメントの協働に役立つでしょう。適切なリスクマネジメント体制のもとで業務を遂行することで統合体験を重ねた職員は、自律度が高まることで本人だけでなく他のスタッフを育成する役割にあることを理解し、組織のリスクマネジメントを検証してさらなる業務開発を行う管理者として能力を発揮できることでしょう。

　リスクマネジメントによって、危機管理だけでなく業務の改善・開発も促進されます。わたしたちの組織の使命や理念を達成するためには、組織全体をマネジメントする仕組みが必要となります。同時に、組織の運営や活動に損失を生じないために、影響としてあらわれるリスクから組織を守るための仕組みが必要となります。リスクマネジメントを理解し、事故が起きることを前提にして対応できる人材を養成することは、組織にとって人的資産を増やすことになります。また、リスクが重なりあうことで事故が発生することを理解していれば、リスクマネジメントは事故の発生に直接かかわる職員の責任を問うものではなく、職員を管理する組織全体の責任を問うものでありサービスの質を保証するための活動であることがわかります。

　また、対人支援職の組織のリスクマネジメントには、支援に関するすべてのものに対する倫理的責任を保障するという重大な意味があります。倫理責任の対象は、専門職の倫理綱領にも明記されています。対人支援に従事する職員ひとりひとりがリスクマネジメントの考え方を取り入れて行動できるようになることは、サービス利用者の利益につながるものであり専門職として欠くことのできない大切なことです。

第4節　マネジメント環境の整備

　新任・ベテランスタッフの人材開発システムを形成し、稼働させていくために、マネジメント環境を整備していくことが必要です。マネジメント環境とは、人、もの、かね、情報を指し

第 1 章　新任・ベテランスタッフのための人材開発マネジメント・システム

ます。

（1）　人

　本項では、利用者や家族、新任・ベテランスタッフ、上司、スタッフ・部門チーム、他部門の長・フタッフ・チーム、所属組織、関係機関や地域住民、職能集団の客体と主体の両側面について述べます。

　ここでは、人材開発に関する主要概念の人材の尊厳に関する側面であり、新任・ベテランスタッフは、サービス分配者としてみなすのではなく、いかなる人材に対しても、尊厳の原則が貫かれるべきだという考えが前提になっています。

　新任・ベテランスタッフの立場から見ると、利用者や家族は客体ですが、人材を社会資源としてみると利用者や家族は新任・ベテランスタッフを活用する主体でもあります。

［例 1］ 客体としての利用者・家族

　新任・ベテランスタッフが、利用者や家族に対して支援する場合、本人や家族は支援の対象となります。新任・ベテランスタッフには、実習生や新人期とは異なる利用者・家族に対する観察・理解の深まりや幅、更には、難解な現象に対する分析・評価、応用、理論化が求められます。新任・ベテランは、利用者・家族との相互・交互作用を通して、育成されていく存在であると言えます。

［例 2］ 主体としての利用者・家族

　利用者や家族は、支援職にとって支援の対象者ですが、客体としてのみ存在するわけではありません。利用者・家族は、自分自身の課題に取り組みます。利用者・家族と新任・ベテランスタッフは支援関係を結びながら、相互に役割の期待と遂行する関係にあります。この関係の中で、利用者・家族は、新任・ベテランスタッフに対して自らを振り返り、意向を主体的に述べます。その意味では利用者自身は社会資源である新任・ベテランスタッフの活用者としてマネジメントの主体を担います。

　新任・ベテランスタッフは組織長や部門長から見ると、人材開発マネジメントの客体ですが、同時に、自身の人材開発に取り組む存在であり、マネジメントの主体です。

［例 1］ 客体としての新任・ベテランスタッフ

　組織長や部門長は新任・ベテランスタッフを対象にして人材開発マネジメントをします。組織の人材開発に関する規定を定めることや、新任・ベテランスタッフの尊厳を守るように人材開発に関する視点や組織および部門長側の倫理基準を確認すること、リスク管理（ハラスメント、個人情報の管理、事故など）をします。

第3部　新任・ベテランスタッフのための人材養成・開発

[例2] 主体としての新任・ベテランスタッフ

　新任・ベテランスタッフは、あらゆるマネジメント環境に対して、自身の人材開発の目的や目標を掲げます。その達成に向けて専門的知識・技術の中身に関するその時点での達成レベルと目標レベルを定めます。また、新任・ベテランスタッフが行なう人材開発のマネジメントは、利用者、組織・職場、専門職、社会の４つの領域に対する倫理的責任を果たすための基本的機能であることを理解しておきましょう。

　部門内のスタッフや部門のチームは、新任・スタッフの人材開発の成果を活用する立場でありながらも、人材開発体制を形成し、稼働させていく主体であり、同時に、部門内の新任・ベテランスタッフは、体制を整備する上で、マネジメントの客体でもあります。

[例1] 客体としての部門員

　組織や部門長は、新任・ベテランスタッフに対して人材開発に関する組織の考え方や部門の方針を具体化する人材としてマネジメントします。特に、部門長は、組織の中に人材開発の体制を形成していくことの意味やメリットを明らかにし、スタッフ・部門内に対して人材開発事業企画書や人材開発プログラムの作成への協力を求め、部門としての決裁を下します。

[例2] 主体としての部門員

　スタッフ・部門員は、各々の視点や専門的知識・技術からの貢献の可能性、予測されるリスクを検討し、新任・ベテランとの役割関係に基づいて、人材開発事業企画書やプログラムの原案作りに取り組み、部門会議に提案します。新任・ベテランのための人材開発体制の形成や稼働のために、部門長のみならず、部門員はマネジメントの主体です。

　組織として統合された専門的知識・技術の蓄積は、組織の特徴であり強みとなるため、人材開発の体制は、他の部門との協働体制の中にも形成されます。人材開発の内容には、組織人として部門共通のものと、専門職として独自のものがあり、それらの間で相互・交互作用が生じると、組織の機能の促進に寄与していきます。一部門や一専門職の内部でとどまるものではありません。

[例1] 客体としての他部門の長・多職種チーム

　新任・ベテランスタッフは、他部門長・多職種チームに対しても、人材開発体制の形成及び稼働のためのマネジメントを行います。組織の決裁が下りた人材開発事業企画書やプログラム内容などを提示し、相互の協力体制を形成し、稼働を促進させます。

[例2] 主体としての他部門の長・多職種チーム

　他部門の長や多職種チームは、人材開発のマネジメントの主体でもあります。共通点と独自の内

第1章　新任・ベテランスタッフのための人材開発マネジメント・システム

容、人材開発体制における役割分担、指示命令系統、利用者への影響への配慮、倫理的責任等を部門およびチーム内で確認します。

　組織とは、所属機関そのものですが、実質的には組織の最高決定権をもつ組織長を指します。人材開発体制の形成と稼働のために、部門長は、組織長に対してマネジメントを行い、組織長は、組織としてのトップマネジメントを行います。組織は、使命やビジョンを果たすための有効な人材開発体制を目指す上で意思決定を担います。

[例1]　客体としての組織
　　組織として有効な人材開発体制を形成し稼働させるためには、人材開発に関する組織方針は不可欠です。事業はそれをもとに、展開されるため、各部門からの人材開発企画書の提示は組織を助けます。部門長は、組織を対象として、マネジメントし、部門の人材開発に関する決裁を得ます。その意味において、組織は人材開発マネジメントの客体です。組織の理念や使命、事業目的に沿った、妥当性が高く、かつ、実効性のある人材開発事業企画書に決裁を下して、組織内の体制を形成し稼働させる任務を負います。

[例2]　主体としての組織
　　組織の人材開発体制の形成と稼働は、組織長の業務そのものです。組織長は、トップマネジメントとして有効で実効性のある人材開発体制の形成と稼働を目指します。組織の内外のあらゆる環境をマネジメント対象とし、組織としての成果やリスクなどを吟味し、決裁を下します。

　新任・ベテランスタッフは、関係機関や地域住民（他機関の利用者、民生委員や自治会、老人会の人々、親の会、当事者団体）を対象として、マネジメントを行います。同時に、関係機関や地域住民も社会資源としての人材開発の一端を担う存在であり、人材開発体制を形成・稼働させる主体でもあります。

[例1]　客体としての関係機関や地域住民
　　社会資源としての人材開発体制は、地域の関係機関や住民団体などとの関係においても、形成され、稼働させていきます。社会資源は、連携する外部機関や利用する地域住民との間で、発達・整備されていくものであるため、新任・ベテランスタッフは機関の窓口として、地域の関係機関や地域住民を対象としたマネジメントが必要となります。その意味では、新任・ベテランスタッフはこのマネジメントの主体です。この場合、地域住民は、地域貢献ができる社会資源としてマネジメントの客体であることの役割が期待されます。

[例2]　主体としての関係機関や地域住民
　　関係機関や地域住民は、社会資源である所属機関に対する期待や要望を持っており、彼らは、専

第3部　新任・ベテランスタッフのための人材養成・開発

門機関を有効な社会資源として育てるマネジメントの主体です。一方、新任・ベテランスタッフは、このマネジメントの客体ですが、組織として何をするべきかを計画するのが役割です。

職能集団は、組織の人材開発にとって支援的な資源です。保健・医療・福祉領域の専門的知識・技術の質の担保は、職能集団や学会、教育機関に支えられてきています。特に、現在の社会状況を考えると、人材養成体制の中でも、人材養成論や方法・技術の開発が喫緊の課題になっています。新任・ベテランスタッフがその役割を担わなければなりません。

　[例1]　客体としての職能集団
　　　新任・ベテランスタッフの所属機関が人材開発体制を稼働させる上で、職能集団との協働体制が必要です。組織は、職能集団や学会から影響を受けます。特に、組織の人材開発には職能集団からの支援が必要です。国内外の研究論文等、専門情報・資料の探索、現地調査、実践への効用・限界の提示等、職能集団は、開発チームに研究者・現場の実力者による諸会議を開きます。職能集団は、このマネジメントの客体です。これに関わるのが新任・ベテランスタッフです。

　[例2]　主体としての職能集団
　　　職能集団や学会、教育機関はそれぞれ組織の設立趣旨や社会的使命があります。新任やベテランスタッフが所属する組織と協働・連携体制を形成します。特に、専門職の質と量の担保を目指し、研修や研究プロジェクトへの取り組みや制度への提言など、マクロ・レベルのアプローチを行ないます。これを活用するのが、新任・ベテランスタッフです。

（2）　もの

ここでは、新任・ベテランスタッフのための人材開発マネジメント・システムに必要な物理的環境の整備について述べます。

組織で整える物理的環境には、キャリア形成に関するガイドライン、雇用契約書、職務規定書、相談室、カンファレンスルーム、机、いす、ロッカー、文房具などの消耗品、休憩室、ユニホーム、ネームプレート、社員証、PC、コピー機、図書、業務上必要な資料、所内PHS、外出時の移動手段（自転車など）、照明、室温、音、換気などが含まれます。

　[例1]　キャリア形成に関するガイドライン
　　　人材開発とキャリア形成は、専門職を要する組織の取り組むべき課題です。新任・ベテランは、所属機関の中で、どのようなキャリア形成が可能であるのかが示されれば自らのキャリアデザインとのすり合わせをすることが可能です。

［例 2］ 業務上必要な資料や情報

　業務上必要な資料には、長期間使用できるものと毎年買い替えるもの、辞書など様々なものがあります。また、専門職のジャーナルは、分野の動向や最新技術や知識、特化された技術や知識の習得などの情報を得る上で必要です。人材開発体制の中に業務上必要な資料の範囲を定めておくことも重要です。

　新任・ベテランスタッフが整える物理的環境の整備にはキャリアデザイン書、資格証、認定証、業績リスト（論文、書籍、社会活動、学会発表など）、研修会受講証、トレーニングプログラムの修了証などがあります。また、学会・職能集団・教育機関等の資料、業務上必要な参考書、資料に関するリスト、倫理綱領・行動指針などが考えられます。

［例 1］ 業績リスト

　新任・ベテランスタッフは、専門職として長年、実績を積み重ねてきた存在です。
　業績リストとは、専門職として自身が積み上げてきた専門的知識・技術を社会的に提示するものです。個々の職員の業績リストを集約し、更新することによって、組織としてどのような実績を持っている人材を擁しているのかが明らかになり、専門的知識・技術を発揮する人材活用が可能となります。

［例 2］ 倫理綱領

　専門職の人材開発の根拠は何に求めればいいでしょうか。たとえば、専門職でも、新任・ベテラン、職種ごとに倫理綱領や行動指針があります。利用者、組織・職場、専門職、社会に対する倫理的責任に準じて、人材開発に取り組む責務を遂行します。

（3）　かね

　人材開発体制の形成や稼働のために必要な経費として、新任・ベテランスタッフの経費、組織の経費には直接・間接的に投入されているもの、短期および長期予算があり、人材開発の体制上必要な要素としてマネジメントの対象です。

　新任・ベテランスタッフが負担する経費には、どのようなものがあるのでしょうか。専門職の賠償責任保険の保険料、専門書代、ライセンス取得に関する費用、学会参加費、研究会参加費などが考えられます。

［例 1］ 組織が承認する経費の範囲と自己負担

　人材開発の費用として、組織が認める経費の範囲はどのようになっているでしょうか。たとえば、学会参加費の場合、発表を条件に認める、年間の回数制限がある、年間費用の上限があるなど、経

第3部　新任・ベテランスタッフのための人材養成・開発

費として認める基準があると思われます。新任・ベテランスタッフが必要だと考えるものと組織が費用として認めるものの差異が生じることを想定した基準作りなどもマネジメントに含まれます。

[例2] 専門職の賠償責任

　新任・ベテランスタッフは組織の一員として、サービス提供をしていますが、業務上で賠償責任が発生した場合、組織としての責任と個人が取る責任の範囲があります。専門職賠償責任保険の加入は、組織として経費が認められているでしょうか。また、保険の賠償範囲や免責事項などの確認もしておく必要があります。専門職も訴えられる時代となってきている背景を鑑みると、賠償責任に関するリスクを想定したマネジメントも重要です。

　新任・ベテランスタッフのために、組織が準備する経費：予算計画はどのようになっているのでしょうか。業務を遂行するうえで使う水道、高熱費、電話代、コピー代、消耗品の費用、電気代、交通費、事業運営に必要な追加資格の取得費用、残業代、書籍代、研修参加費及び出張旅費、学会参加費、学会や職能団体の会費、新任・ベテランフタッフが講師として得た収入などがあります。

[例1] 資格取得の費用

　資格取得に関する費用に関しては、いくつかの考え方があるようです。資格は個人に帰属するものであるため、資格取得者を採用するという方針の場合と、経費として事業運営に必要な資格をベテランスタッフに取得させるという場合があります。

[例2] 新任・ベテランスタッフの講師謝礼の取り扱い

　新任・ベテランスタッフの場合、外部から講師依頼を受けることがあると思われます。その場合、業務、職免、有給休暇など、組織によってその規定は様々です。業務扱いの場合は、出張扱いになり準備時間も勤務時間内で保障されます。講師料に関しても、収入を得てはならない場合と、個人の収入とすることを奨励している場合など基準が異なります。

文献

Barnard, C. I.（1938）*The functions of the Executive*. Harvard University Press.＝山本安次郎訳（1968）『新訳　経営者の役割』ダイヤモンド社.

Cappelli, P.（1999）*The new deal at work*. Harvard Business School Press.＝若山由美訳（2001）『雇用の未来』日本経済新聞社.

Dessau, D.（1970）上野久子訳『ケースワーク・スーパービジョン』ミネルヴァ書房.

Drucker, P. F.（1973）*MANAGEMENT、TASK、RESPONSIBILITIES、PRACTICE*.＝上田惇生（2001）『マネジメント（エッセンシャル版）基本と原則』ダイヤモンド社.

福山和女（2002）『保健医療ソーシャルワーク——実習生とスーパーバイザーのための基礎』川島書店.

福山和女編著（2005）『ソーシャルワークのスーパービジョン——人の理解の探求』（MINERVA 福祉専門職セミナー・14）ミネルヴァ書房.

福山和女編著（2000）『スーパービジョンとコンサルテーション』FK 研究グループ.

黒川昭登（1992）『スーパービジョンの理論と実際』岩崎学術出版.

桑田耕太郎・田尾雅夫（1998）『補訂版　組織論』有斐閣アルマ.

Laloux F.（2018）『ティール組織マネジメントの常識を覆す次世代型組織の出現』英治出版株式会社.

Lee, R. E. & Everett, C. A.（2004）*The Integrative Family Therapy Supervisor: A Primer*, Taylor & Francis Book, Inc.＝福山和女、石井千賀子監訳（2011）『家族療法のスーパーヴィジョン——統合モデル』金剛出版.

松尾睦（2009）『学習する病院組織』同文館出版.

南彩子・武田加代子（2004）『ソーシャルワーク専門職性自己評価』相川書房.

中原淳（2010）『職場学習論——仕事の喜びを科学する』東京大学出版会.

仲村優一ほか編（1985）『社会福祉方法論　講座 II』誠信書房.

大野順也（2015）『タレントマネジメント概論——人と組織を活性化させる人材マネジメント施策』ダイヤモンド社.

社会福祉士養成講座編集委員会（2013）『新・社会福祉士養成講座(11)福祉サービスの組織と経営』中央法規.

武居敏（2015）『社会福祉施設経営管理論』全国社会福祉協議会.

田中千枝子・福山和女（2008）『新・医療ソーシャルワーク実習』川島書店.

田中千枝子（2014）『保健医療ソーシャルワーク論　第 2 版』勁草書房.

第2章　新任・ベテランスタッフのためのプログラミング・システム

第1節　新任・ベテランスタッフ育成プログラミング・システム概説

(1)　学習理論

　ここでは、対人援助職における新任・ベテランスタッフを人材活用・育成していくためのプログラミング・システムを考える上で、学習理論の幾つかを紹介します。

1)　デューイの経験学習モデルと新任・ベテランスタッフ育成

　実習や新人の部で、プログラミングのプランを立てるには、目的と目標の設置がいかに大切であるかを述べました。ここでは、新任・ベテランスタッフについてのプログラミングについて述べます。経験から学ぶことについて、「経験」（Experience）を2つの種類に分けることができ、その1つは、いきあたりばったりの「試行錯誤的」なものです。

　このことを、組織におけるスタッフの人材活用・養成に置き換えて考えてみるとどうでしょう。1つは、スタッフの活用や養成がいきあたりばったりでせっかくの人材を眠らせてしまうことになり、何年経ってもスタッフが成長しない職場があります。もう1つは、スタッフの活用や養成に目指すべき目的を掲げ、それを達成するための幾つかの目標を立てながら結果を予測し意図的に関わる職場があります。

　さらにここで、新任職員を例に考えてみましょう。新任職員は新人と違い、それまでの社会経験や対人援助職としての知識や技術を有していますが、いきあたりばったりな職場では、そのキャリアを上手く活用できず、新人と同じ扱いのために本人にストレスが掛かり、退職となってしまう最悪の状況が起こります。一方、新任者のもっている知識や技術など今まで積み重ねてきた経験や知識を熟慮し、スタッフが将来の一連の目的に向かい意図的に経験を積み重ねられるようにかかわることで、早期に職場の戦力として活躍してもらえるようになるわけです。

　さらに、コルブ（1983）は、デューイの考えを活用して、目的を遂行した際の結果についての見通し（anticipation）や展望（foresight）があってこそ、目的を遂げるための計画（plan）ができるとしています。また、理論と実践を統合するプロセスについては、①体験を用意し（Impulse）、②観察し（Observation）、③知識として獲得し、理論と結びつけ（Knowledge）、④判断でき、実践できる（ Judgment）という4つの過程を繰り返しながら目的に向け積み重ね

ていくこととしています。

　たとえば、1人のスタッフの人材養成・活用プログラムについて、このモデルで考えてみましょう。新任職員は対人支援職のキャリアがあり、4つの過程のうち②観察し（Observation）、③知識として獲得し、理論と結びつけ（Knowledge）、④判断でき、実践できる（Judgment）段階については既に獲得しています。よって新たな職場・地域環境に関する①体験（Impulse）を複数用意していきます。そうすることで新任職員は目的に向かい対人援助職として新たな職場環境で自立していきます（図3-2-1）。

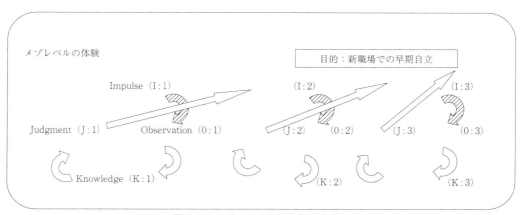

図3-2-1　デューイの経験学習モデル

出典：星野作成。

　このように目的（Purpose）を定め、人材養成のためのプログラミングをシステムとして捉え展開していくことは、組織の中で今後ますます求められるでしょう。特に、部門長は、スタッフ個々の能力が発揮され互いに協力し合い、組織の中で部門としての効果が出せるよう、プログラミングの目的・目標をメゾ（マクロ）レベルまで引き上げます。つまり、メゾ（マクロ）レベルの体験を用意⇒観察⇒知識として獲得（理論と結びつけ）⇒メゾ（マクロ）レベルで判断できる（実践できる）というプロセスを辿ります。結果、組織や地域の中で部門としての役割・機能を維持・向上させることが可能となり、その組織によって支援される対象者や地域を安定した状態（well-being）へと導く効果をもたらします。

　このようにプログラミングを個人技ではなく組織がシステムとして展開させることをプログラミング・システムと呼びます。

2）　コルブの経験学習モデルと新任・ベテランスタッフ育成

　コルブ（1983）は、デューイやレヴィンの学習理論の研究に基づき、「経験から学ぶプロセス」を経験学習サイクルとしてモデル化（図3-2-2）しています。

　これも知識付与型の学習とは違い、①「具体的経験（Concrete Experience）」：CEを、②「内省的観察（Reflective Observation）」：ROとしてじっくりと振り返り、③そこから得られた

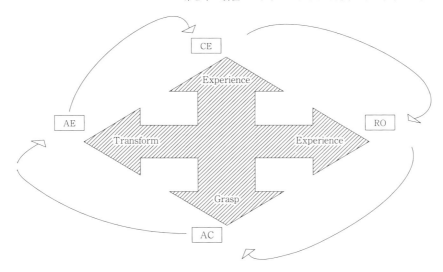

図 3-2-2　Kolb の経験学習モデル

出典：Kolb（1983）を基に星野が作成。

教訓を抽象的な概念に落とし込む「抽象的概念化（Abstract Conceptualization）」：AC を経て、④新たな状況下で積極的に試みる「能動的実験（Active Experimentation）」：AE に至るとしています。そうすることでまた新たな具体的経験を積むことになり、経験学習はサイクルとして循環していくという理論です。経験の解釈が重要視されるコルブのモデルは、単に「経験すること」が目的ではなく「経験をとおして学びとる」ために、「内省的観察」が必須となります。

(2) 新任・ベテランスタッフ育成プログラミング・システムと人材開発

福山（2016）は、新任・ベテランスタッフに関し「人材開発体制グリッド」において「統合体験・育成レベル」と位置付け、「同化体験と分化体験の折衷型の体験であり、自己の統合へのプロセスである」と規定しています。「分化度の確立、自立・自律へのプロセスを体験し、専門家を育成するレベル」と述べています。

以下、福山の理論を中心に新任・ベテラン育成プログラミング・システムについて明らかにしていきます。

1) 新任・ベテランスタッフの実践領域の規模（ミクロ・メゾ・マクロ）

ここでは、ソーシャルワークの実践領域の規模について検討します。

2) 専門性を保証する３つのレベル

ソーシャルワークは、ソーシャルワーカーの専門性を保証するための技術として位置づけら

第 3 部　新任・ベテランスタッフのための人材養成・開発

れており、それは次の３つのレベルに分類することができます。

① 　ミクロ・レベルの効果を出すために用いる技術

　　個人や家族に対してウェルビーイングを高める技術：ソーシャルケースワーク、ソーシャルワーク・リサーチ、ケアマネジメント、アウトリーチ、プレゼンテーション。

　　例えば、面接技術・アセスメント力の向上などを結果として引き出すために、スタッフのスキルの向上を目的としたプログラム。

② 　メゾ・レベルの効果を出すために用いる技術

　　事業所や職能集団などがウェルビーイングを高める技術：ソーシャルグループワーク、ソーシャルワーク・リサーチ、スーパービジョン、コンサルテーション、ソーシャルアドミニストレーション、ネットワーキング、アウトリーチ、ファシリテーション、ネゴシエーション。

　　例えば、対人援助職のチーム・部門として効果を引き出すために、チームや部門と組織の交互作用から効果を生み出すプログラミングが必要です。対人援助部門が組織の中で円滑に作用することで、利用者や地域に組織が役立つよう、組織をスタンバイ状態にさせることを目的としたプログラムなのです。

③ 　マクロ・レベルの効果を出すために用いる技術

　　地域社会のウェルビーイングを高めるための技術：ソーシャルアクション、ソーシャルプランニング、コミュニティーワーク、ソーシャルワーク・リサーチ

　　例えば、対人援助職の職能として社会の中で効果を引き出すプログラミング。例えば、地域ケア会議への参画など。職能として地域包括ケアシステムの構築のために地域活動をすることで、地域社会の新たなシステムを構築していきます。

3）　IFSW の「ソーシャルワークのグローバル定義」

　IFSW の「ソーシャルワークのグローバル定義」（IFSW; 2014. 7 より）では、社会福祉の対人援助職の従事者は、「ウェルビーイングを高める」ことを目指し、社会開発・変革、社会的結束、エンパワメントと解放を促進し、生活課題に取り組み、人々やさまざまな構造に働きかけるとしています。この定義によるソーシャルワークの効果について、福山（2014）は以下の通り示しています（図 3-2-3 参照）。

　ミクロ・メゾ・レベルの効果では、①生活課題に取り組むこと、②ウェルビーイングを高めるように人々と社会構造に働きかけること。メゾ・レベルの効果では、①エンパワメントと解放を促すこと、②実践に基づいた専門職、③ソーシャルワークの理論、社会科学、人文学、地域・民族固有の知を基盤とすること。マクロ・レベルの効果では、①社会開発・変革、社会的結束を促進すること、②社会正義、人権、集団的責任、多様性の尊重の諸原理に基づくこと。

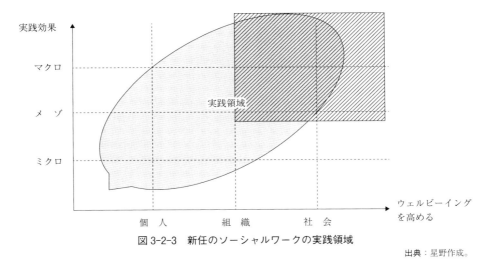

図3-2-3　新任のソーシャルワークの実践領域

出典：星野作成。

新任・ベテランスタッフ育成プログラミング・システムでは、主に実践領域のメゾ、マクロ・レベルを対象範囲として扱います（図3-2-3参照）。

以上の通り、対人援助職における人材養成のためのプログラミング・システムは、ミクロ、メゾ、マクロの視点で構成されます。対人援助職スタッフ個人・対人援助職のチーム・社会の中の対人援助職と捉え、対人援助職としての効果を引き出すようプログラミングします。

第2節　専門職を取り巻くシステム

(1)　医療・保健・福祉システムと新任・ベテランスタッフの育成プログラミング

福山（1996）は、対人援助職の実践現場を取り巻く医療・保健・福祉システムの相互関係を図3-2-4の通り示している。

福山によると、対人援助職はさまざまなサブシステムの影響を受けながら、業務をおこなっており、特に、①制度（医療、福祉、保健、保険、法規定、教育）の制定や改正により、②社会資源やサービスの不足、設置、開拓など、③専門的知識も技術も、学問の発達により進化します。④専門家が所属する職能集団（日本社会福祉士会、日本医療ソーシャルワーカー協会など）、⑤組織の機能や役割、方針、ミッションや活動範囲、⑥機関長の機能や使命、⑦スタッフの職種、種類と人数、⑧地域文化や住民の要望や習慣など、⑨対象者本人や家族の意向、生活状況、⑩専門家の機能や役割、業務内容など、これらは互いに相互作用し合いながら、他のサブシステムに影響を与え、再び専門家の支援業務の範囲、目標、計画、内容に大きく変化を与えると

しています。
　ここで、対人支援職の人材活用・養成のためのプログラミング・システムを考えるとき、この保健・医療・福祉システム全体やその中のサブシステムおよび相互作用に焦点化しプログラミングしていきます。　たとえば、ここで新任職員について考えてみましょう。彼らは、新たな機関に所属したことで、その機関の法的根拠や制度、地域文化などの背景、組織の構造、対象者・家族の特徴などに関しては新たに理解が必要になります。しかし、専門家としてのスキルや社会資源・知識・情報・職能集団での活動などは相応の蓄積がある場合が多いのです。そこで、入職初期のプログラミングは、機関理解のための体験を用意します。逆に専門家としての実践プログラムは前職でのベースを考慮し、１年目だからといって新人と同じプログラムを

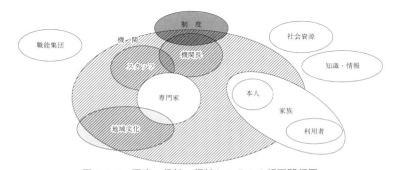

図3-2-4　医療・保健・福祉システムの相互関係図
出典：福山（1996）。

展開することは組織にとって非効率なものとなります。

(2) FKグリッドの構造と新任・ベテランスタッフ育成のプログラム

　ここでは、福山（2000）が作成したFKグリッド（表3-2-1）を使い新任・ベテランスタッフ育成のプログラミングの実際を考えます。
　専門家養成の枠組み項目の縦軸（関心の焦点）には、前述の医療・保健・福祉システムの10項目を、また、横軸（能力養成の段階）には、スーパーバイジー（専門家）の観察力、理解力、分析・評価力、応用力、理論化を布置しています。さらに10項目とスーパーバイジーの能力養成の5段階とを交差させたところで、スーパーバイジーが、学習した内容や質が把握できるとしています。
　また、プログラミングにこのFKグリッドを活用して、スーパーバイジーと養成プログラムの目的・目標を設定し、目標を達成するための体験・観察する対象を10の医療・保健・福祉システムから1つかまたは複数選択し、能力養成の段階を設定していきます。
　新任・ベテランスタッフは、メゾ・マクロ領域の応用・理論化の部分を扱います。

表 3-2-1　FK グリッド

関心の焦点	能力養成の段階	観察	理解	分析と評価	応用	理論化
ミクロ	新任・スタッフ					
	対象者					
	専門家					
メゾ	上司(スーパーバイザー)					
	職員間					
	組織					
マクロ	専門性（知識　情報　概念　理論　方法　技術　理念　倫理　など）					
	社会資源及び制度					
	地域社会					
	専門家集団					

出典：福山（2000）。

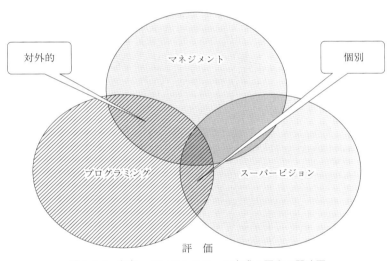

図 3-2-5　新任・ベテランスタッフ育成 4 要素の関連図

出典：星野作成。

実際のプログラミングを考えてみましょう。

　第 1 段階、人材養成のスーパービジョンの契約を取り交わし、事前にスーパービジョンが計画されています。第 2 段階、目的・目標を定めることに FK グリッドを使う場合を考えます。たとえば、目的：地域連携を理解すること、目標：地域包括ケア会議で地域の課題を抽出・検討できるとし、スーパーバイザーとスーパーバイジー間で、FK グリッドの「関心の焦点」を「専門家」「専門性」「地域社会」に置き、「能力養成の段階」を観察・理解・分析と評価・応用・理論化のどこまでをスーパービジョンで取り扱うかを決めていきます。

第3部　新任・ベテランスタッフのための人材養成・開発

（3）　業務としての新任・ベテランスタッフ育成プログラミング

1）　新任・ベテランスタッフ育成4要素間の関連と2つのプログラム

　人材養成は、マネジメント・プログラミング・スーパービジョン・評価の4要素のそれぞれが関連して存在していると捉えることができます（図3-2-5参照）。例えば、マネジメントとプログラミングとの関連について考えてみると、組織に対し部門の人材養成プログラムを提示し承認を得ることやそのプログラムを活用した結果の評価を組織に報告することは、組織体ではごく普通の営みです。

2）　業務としての新任・ベテランスタッフ育成プログラミング

　ここではバランス・スコアカード（BSC）（永田 2015）と新任・ベテランスタッフ育成プログラミングをとりあげます。医療・福祉の現場でも、この BSC を組織全体で導入している組織があります。BSC とは、財務、顧客、業務プロセス、学習と成長の4つの視点から戦略を立て、どのように実行できるかを評価するフレームワークで、この4つの視点から課題や目標への道筋を具体的に挙げ、それらが達成されたかをチエックすることで戦略の実践状況を評価します。

表 3-2-2　新任・ベテランスタッフ育成プログラミング業務の BSC の例

4つの視点↓	①戦略目標 （KGI）	②重要成功要因 （CSF）	③重要評価指標 （KPI）	④目標達成数値 ターゲット	⑤アクション プラン
財務の視点	退院支援加算の算定アップ	早期のスクリーニング・面接体制	前年の算定件数・点数比	前年比 10％増	MSW 増員
顧客の視点	入院早期の相談対応	相談体制の充実	初回面接までの日数	入院 7 日以内の面接	早期介入体制の見直し
業務プロセスの視点	**人材養成プログラムの標準化**	**人材養成プログラムの策定**	**人材養成プログラムの活用回数**	週 1 回	**人材養成プログラム説明・評価会議**
学習と成長の視点	スタッフの教育	教育プログラムの充実	勉強会開催数	年 12 回	勉強会への参加

出典：星野作成。

　目的を達成するために、①戦略目標（KGI ＝ Key Goal Indicator）をさだめ、この目標を成功させるための②重要成功要因（CSF ＝ Critical Success Factor）と、③重要評価指標（KPI ＝ Key Performance Indicator）を決め、その指標の目標達成数値（結果）を④ターゲットとして設定。最終的にどんな行動をすればよいかを⑤アクションプランとして決定します。これらを表にまとめ、4つの視点から各項目を埋めたものが BSC です。

　たとえば、人材養成のプログラミングを業務と考えると、この BSC にどう表現されるでしょう。ここでは、業務プロセスの視点に人材養成プログラムを組み入れて考えてみました。

PDCA サイクルからみるプログラミング・評価との関連

　PDCA とは、Plan（計画）、Do（実施・実行）、Check（点検・評価）、Act（処置・改善）の4つのプロセスの頭文字をとった言葉で、業務改善を図るためのフレームワークです（永田2015）。この4つは循環させることでさらに効果を発揮するので PDCA サイクルとも呼ばれています。これを人材養成のプログラミングで考えてみましょう。

① Plan（計画）：人材養成プログラム活用にあたり説明会を計画する。
② Do（実施・実行）：人材養成プログラムに関する説明会を実施する。
③ Check（点検・評価）：人材養成プログラムの活用状況を評価する。
④ Act（処置・改善）：評価結果から人材養成プログラムの改善を行う。

　このサイクルを繰り返していくことで、プログラム自体の改善や質の向上が望めることになります。人材養成の場でのプログラミングを日常業務として捉え活用していくことで、相談支援部門の充実が図られます。

第3節　新任・ベテランスタッフ育成プログラミング・システムの実際

　ここでは、新任やベテランスタッフが新人や実習生の養成に関わることで成長することに着目し、支援プロセスの専門技術指導である「ケースマネジメント指導計画書」を活用したプログラミングを紹介します。

（1）　新任・ベテランスタッフ育成のためのケースマネジメント指導

1)　ケースマネジメントとは

　ケースマネジメントは、「①ケース発見（アウトリーチの実施、資格条件の決定、インテーク）、②アセスメント（現在の状況、問題の確認）、③ケアプランニング（ニーズを基にしたプラン展開）、④コーディネーション（サービスの手配）、⑤フォローアップ（クライエントやサービスのモニター）、そして　②′再アセスメント（再評価）という段階を包含する。」（Morrow-Howell, Nancy and Leslie Haschie 2013）と定義されています。

2)　ケースマネジメント指導計画書

　この指導計画書は、ケースマネジメント指導を行う際に使用するものです。ケースマネジメントは、日常のクライエント支援プロセスそのもので実践過程であります。

第3部　新任・ベテランスタッフのための人材養成・開発

ケースマネジメント指導はなぜ必要か

　ケースマネジメント指導の目的を言語化しましょう。所属機関の中でケースマネジメントはどのように定義されているでしょうか。ケースマネジメントを行うことは、クライエントにとって、また、組織にとってなぜ必要なのでしょうか。所属機関ごとにケースマネジメントの目的・指導目的・指導の方法などを明らかにしておきましょう。

前もって計画すること

　専門家養成プロセスにある新任やベテランスタッフに更なる成長を促すためには、実習生や新人への養成プログラムを担当することが効果的です。その際、ケースマネジメント指導計画書を活用します。ここでは最初に、新任やベテランスタッフの日々支援している複数の事例の中から、実習生や新人スタッフの指導目的に適した事例について部門内で協議し選定します。特に、新任スタッフにとっては、前述した通り、専門家としてのスキルなど今までの蓄積されたものがあります。このケースマネジメント指導計画書を作成する作業を通して、新しい所属機関の法的根拠や制度、地域文化などの背景、組織の構造、対象者・家族の特徴などについて習得することが求められ、実践システムへの理解や適応の重要な機会となります。

ケースマネジメント指導で、何をどのように伝えるか明らかにしましょう

　部門の上司（スーパーバイザー）は、新任やベテランスタッフが策定した支援プロセスやケースマネジメント習得の枠組みについて、指導の目的及び目標を反映しているかを確認し、スタッフが実習生や新人に対しどのようにケースマネジメントに関して指導するかその方法について部門で共有・承認していきます。

　[ケースマネジメント指導計画書記入要綱]
　　ケースマネジメント指導計画書（図3-2-3参照）は、ケースマネジメント指導を行う際に事前に部門として策定されるものです。ケースマネジメントについて、その部門の何をどのように伝えるかを明確にします。以下、記入内容について説明します。
　　1)　機関名・部署名は、組織全体の中の担当部署を記載します。
　　2)　責任者とは、スタッフのさまざまなリスクや組織的対応に対して最終的な責任者であることを記載します。その責任者はこの指導計画書を承認し、計画の変更や中止の決定権限を持ちます。また、指導体制のマネジメントや個々の指導者への指導についてもスーパービジョンを行います。
　　3)　担当者の欄には、実習生や新人スタッフを指導する新任・ベテランスタッフの氏名と職位を記載します。
　　4)　指導連携チームメンバーとは、チームとして指導に関与してもらう範囲を定めます。担当者を中心にチームを形成し、共通の目的・目標や指導方法を共有します。
　　留意点：部署のリスクマネジメントなどと矛盾しないか確認すること。

5) ケースマネジメント指導の目的とは、所属機関においてケースマネジメントはどのように定義されているか、その活用がクライエントにとって、また組織にとって、なぜ必要かを明らかにするためにケースマネジメント指導の内容を明確化します。

6) ケースマネジメント指導の目標では、ケースマネジメント指導の目的を実現するために、具体的な目標を設定していきます。

[支援プロセス] の項

① ケース発見：新任スタッフにとっては新しい職場でどのような対象発見ルートを持っているかを確認し応用していくことになります。組織内のルート開発のための実践の歴史や組織の変遷を把握できるとよいでしょう。

② 事前アセスメント：発見した対象者に関して支援の必要性や緊急性の判断をし、課題や支援期間を予測、優先順位を考えます。部門で活用しているアセスメント項目や判断基準の活用など、新任スタッフも安心して指導ができるよう部門で共有しておきます。

③ インテーク（エンゲージメント）：新任・ベテランスタッフが支援の必要性や方針を提示し、対象者の支援を利用する意思を確認する面接です。ここでは、事前に新任スタッフに対し部門で策定した面接技術に関するツール（面接技術指導計画書など）を共有しておきます。

④ アセスメント：新任・ベテランスタッフが各方面からどのように情報収集をしているかその方法（ソーシャルワーカーの支援記録・カルテ参照やカンファレンスへの参加などの多職種連携など）を明らかにします。部門で活用しているアセスメントツールなどの活用方法も共有していきます。

⑤ 支援計画の策定：新任・ベテランスタッフは、アセスメントから支援の目標を設定し、それを実現するための計画を提示します。

⑥ 支援実施：新任・ベテランスタッフによって作成された支援計画をもとに、実際の支援を記載します。ミクロ・メゾ・マクロレベルの実践が展開される様子を実習生や新人スタッフが観察して理解できるように指導方法を工夫します。

⑦ 評価・終結：所属機関では実践評価・終結について、記録や評価のためのツールなどを使って具体的に指導できるように、新任スタッフも含め部門で共有しておきます。

[ケースマネジメント習得の枠組み]

　事例については各支援プロセスの指導時期、達成手段、達成程度、理論的根拠、具体的証拠を明確にしていきます。

・指導時期：限られた指導期間では、プロセス全体をリアルタイムで観察・体験することが難しい場合があります。そのため、機関の特徴に合わせ指導時期を工夫していきます。

・達成手段：各支援プロセスに関する達成手段を設定します。どのように実習生や新人スタッフに体験させるかを目的・目標に合うよう工夫します。

・達成程度：「FK グリッド」の「能力養成の段階」が活用できます。

・理論的根拠：この支援プロセスを指導するために使用する価値・知識・技術・機能などの理論的根拠を明示します。新任スタッフは、現在の組織でのキャリアは少ないですが新人と違い、これ

第 3 部　新任・ベテランスタッフのための人材養成・開発

までの実践経験から実践根拠について示すことができます。このことから、新任スタッフも組織の中で実習生や新人スタッフの指導に参加できることが確認できます。

・具体的証拠：各支援プロセスの習得が目的・目標に沿っているか、「何によってその目標達成が証明できるのか」について、実習日誌やレポート、プレゼンテーションなど具体的な証拠を提示します。これは、スーパービジョンの評価の根拠にもなりますので指導の目的・目標が達成されたことがわかる具体的な提示の工夫が必要です。

[新任・ベテランスタッフのプログラミングへの援用]

以上の通り、ケースマネジメント指導計画書を新任スタッフ養成に活用することが可能です。新任スタッフが実際に介入することはなく、他のベテランスタッフの行った実践を観察する中で、自身の中に取り込み応用していくことができるようになります。

また、新任・ベテランスタッフが、支援計画を作成するまでにどのような支援プロセスを経るかを実習生や新人スタッフに習得させるために、それぞれの実践の場で何をどのように伝えるかを検討し実施します。このことで新任・ベテランスタッフの指導能力が増し部門としてメゾレベルの効果をもたらします。

特に新任スタッフを活用することは、新任がその地域・機関・組織・対象者・家族の特徴の把握を早め、結果として、部門の組織の中で果たす機能を充実させる効果があります。

参考文献

福山和女（1996）『シリーズソーシャルワークを学ぶ：3次元の立体把握——役割システム的アプローチについての理解』FK 研究グループ、p. 14.

（一般社団）北海道医療ソーシャルワーカー協会（2014）『保健医療分野における者期福祉実習——実践的実習マニュアル』.

Kolb, D. A. (1983) *EXPERIENTIAL LEARNING Experience as the Source of Learning and Development.* Second Edition, pp. 34, 51.

（公社）日本医療社会福祉協会（2016）『2015 年度実習指導者養成認定研修【東京会場】』.

松尾睦（2006）『経験からの学習　プロフェッショナルへの成長プロセス』同分館出版.

Morrow-Howell, N. and Haschie, L. (2013) "Aging and Older Adults, Disabilities, Clinical and Direct Practice, Mental and Behavioral Health, Social Work Profession" *Encyclopedia of Social Work.*

永田豊志（2015）『フレームワーク図鑑』KADOKAWA.

中原淳（2013）「経験学習の理論的系譜と研究動向」日本労働研究誌 No. 639/October.

（社）日本医療社会事業協会監修（2008）『新医療ソーシャルワーク実習　社会福祉士などの養成教育のために』川島書店.

社会福祉士養成講座編集委員会（2014）『新・社会福祉士養成講座 8　相談援助の理論と方法 II』中央法規.

和栗百恵（2010）「『ふりかえり』と学習——大学教育におけるふりかえり支援のために」『国立教育政策研究所紀要』第 139 集.

第2章　新任・ベテランスタッフのためのプログラミング・システム

ケースマネジメント指導計画書　　　　　　　　年　　　月　　　日

1) 機関名 　部署名： 2) 責任者（職位／職種）　　　　　　／ 　責任者名：　　　　　　　　　　　印 3) スーパーバイザー（職位／職種）　　　／	5) 部門のケースマネジメント指導の目的
4) 指導連携チームメンバー（職位／職種）	6) 部門のケースマネジメント指導の目標

プロセス 段階	支援プロセス （スーパーバイジーに提示するサンプル）			ケースマネジメント習得の枠組み （指導内容のサンプル）				
	ケース内容	実践手段	必要な価値、 知識、技術	指導時期	達成手段	達成程度	理論的根拠	具体的証拠
①ケース発見								
②事前 　アセスメント								
③インテーク （エンゲージメント）								
④アセスメント								
⑤支援計画 　の策定								
⑥支援実施								
⑦評価、終結								

図3-2-3　ケースマネジメント指導計画書

出典：星野作成。

第3章　新任およびベテランスタッフのためのスーパービジョン

第1節　新任およびベテランスタッフのためのスーパービジョン・システム

（1）　新任およびベテランスタッフのためのスーパービジョン・システムの概説

　新任およびベテランスタッフへのスーパービジョンの目的は、「対人支援専門職が専門職となるために、組織のありようを学び、価値と倫理、知識や技術を学び、そして自信を持ってクライエントを支援できるようになる」ことです。それは、序章で述べたとおり、新任およびベテランスタッフが、専門職養成および人材活用の過程において、同化体験・活用レベルに始まり、分化体験・養成レベルを経て、統合体験・育成レベルに達することです。

　専門機関においては様々な形でスーパービジョン・システムが存在します。現場の対人支援専門職は、日々の業務について組織・部署や所属機関からの承認やバックアップ体制を受けて日々業務行動をしています。

　しかし、人材やマンパワーの不足から過度に組織的に効率性を追求し、その援助が既存のサービスメニューの中から適合しそうなものを紹介してつなげるやり方になってしまっていることがあります。そのような対人援助を「マクドナルド化」と称します（Ritzer, George が提唱）。すなわち、①効率性（作業過程の簡素化）、②計算可能性（定量化）、③予測可能性（システム化、ルーティン化）、④制御（他の3つから外れないように制御する）、を追及した組織体制が、対人援助専門機関でも見られるようになってきているとの指摘があります。

　そこで、スーパービジョン体制を各専門機関内でより意識的に構築し、その人材の活用を見出していく視点が必要です。「マクドナルド化」した支援は、組織の存在意義の喪失やリスクの増大を招き、専門職を活用できないところでは、組織（専門機関）自体を守れなくなります。またクライエントへの処遇が省みられることがないまま専門職の世代間で世襲されていく事態や体制が想定されます。そうした事態を事前に防ぐためにも、リスクマネジメントの一環としてもスーパービジョン・システムを構築する必要があります。

　現場の専門職が専門職として活動できるよう支援し、日々の業務について省察的に関わることによって「対人援助専門職の業務全てが専門技術である」（福山 2005）ことを証明するためのスーパービジョン・システムを構築していくことが必要です。

第3部　新任・ベテランスタッフのための人材養成・開発

(2)　新任およびベテランスタッフのためのスーパービジョン・システムの構造

1)　スーパービジョン関係

　新任およびベテランスタッフに対するスーパーバイザーは、上司や先輩ソーシャルワーカー、主任指導員、相談室長、主任相談員等が担うことになります。これらの職員は、様々な職務に携わっていますが、他の職員を養成することも職務内容の1つになっており、スーパービジョンも業務として実施します。

　スーパーバイジーである新任およびベテランスタッフが統合体験・育成レベルに向かっていることをスーパーバイザーは認識しておくことが必要です。また新任およびベテランスタッフは、すでに長年の社会人経験や対人援助専門職経験を有していますが、ベテランの立場に入った時点で、その立場では新しく任を果たすことになることから、再び組織という環境に再同化する体験・活用レベルから開始し、職場環境のサポートを得ながら自己の専門性をバランスよく発揮する分化体験・養成レベルを経て、専門職としての自律性を確立し、リーダーや管理者としての立場や責任を担うレベルに達するという意味では統合体験・育成レベルまで、十分に時間をかけて通過する必要があります。

　スーパーバイザーから、専門性（プロフェッション）を養成・育成できるようにスーパービジョンを受け、新任およびベテランスタッフとしての養成枠組み（マネジメント）を与えられ、養成方法としてはどれを選定するかについてのプログラミングされた計画に基づき、専門性を確立していくプロセスを辿るのです。つまり、人材として組織や部署でどのように専門性をもつ自己が活用され、また、リーダーやスーパーバイザーとしての役割を担うのかについての話し合い等が必要になります。

　新任およびベテランスタッフに対するスーパービジョン・システムには、同じ部署内の対人支援職とのスーパービジョン関係だけにとどまらず、また同じ職種との同質性スーパービジョン関係、他部署や組織上層部（方針決定機関等）との異質性スーパービジョン関係が含まれています。つまり、新任およびベテランスタッフには組織内部で、さらに重い責任や権限が与えられることになりますが、それらの承認についてはスーパービジョン・システムが活用されます。

2)　組織におけるスーパービジョン・システムの位置づけ

　スーパービジョンとは「専門職の業務全般の遂行をバックアップするための職場の確認作業体制」（福山 2005）であり、そのための組織内のシステムです。対人支援の専門職は、現場において様々な事柄と向き合うことになります。医療・保健・福祉システムにおける、サブシステム同士の相互・交互作用を意識し、その中で専門的な取り組みを提供し、人々の持つニーズ

190

第3章　新任およびベテランスタッフのためのスーパービジョン

を充足することが求められています。特に、新任およびベテランスタッフには、個別支援だけではなく、グループ活動や地域へのアウトリーチ、もしくは地域に密着した行事のプログラム等の活動、関係機関間協働会議への参画など、多様な業務を遂行することが求められます。

　新任およびベテランスタッフにとって、この多様な業務を遂行する上で、上層部からの承認やバックアップが不可欠であり、それを受けてこそスムーズに職務を果たすことができます。そのスーパービジョン体制のもと、組織の長への報告、組織の長からの業務内容についての確認を得て、組織全体にその成果が反映され、組織の他部門との連携体制が稼働するようになると考えます。

　例えば、昨今「医療と介護の連携」が重要視されていますが、そうした地域を範囲とした連携システムについては、1人のソーシャルワーカー、1人のケアマネジャーでは構築していくことはできません。ベテラン・ソーシャルワーカーが、地域の社会資源や関係機関との交流を目的とした懇親会を持ちたいと提案し、スーパービジョンにおいて上司からその遂行について許可を受けると同時に、組織としての立場や責任を明確にするようにとの指摘をスーパーバイザーから受けたとします。例えば、その懇親会を当該医療機関が中心に行うのか、単発のものなのか、今後も継続していくのか、予算が組めるのか、時間外の業務行動として認めてもらえるのか等、具体的な企画案の承認を受ける必要があります。地域への働きかけについてもスムーズに運ぶことができ、また経過については職場内で報告し、その都度上司からスーパービジョンを受けることが必要でしょう。そのスーパービジョンは、長時間にわたるものではなく、企画書を提出し、効果予測も記載しておくことなど、運営管理上の責務はすべて、明記されているので、上司であるスーパーバイザーはその報告を元にさらに部署の報告として、上部の運営会議等に提出し、組織・部署内へのフィードバックを得ることになります。

　このように新任およびベテランスタッフであっても、組織レベルの業務遂行に関しては、メゾレベルの業務効果を上げることが望まれます。その意味でも、ユニット・スーパービジョンの形態を活用し、職場内での承認を受けながら活動し、専門職としての人材を確立することができる体制がこの場合のスーパービジョン・システムであると言えます。

　さらに、新任およびベテランスタッフには、部下や新人をスーパービジョン・システムの下で、育成・養成することが新たな業務として分配され、責務が加わることになります。その意味では、人材開発の事業に参画することになります。

191

第3部　新任・ベテランスタッフのための人材養成・開発

第2節　新任およびベテランスタッフのための　スーパービジョンの機能

(1)　スーパービジョンの機能

1)　3機能の構造と特徴

　スーパービジョンには3つの機能があります。管理的機能、教育的機能、支持的機能、です。スーパーバイザーがスーパービジョンで確認すべき項目を以下、4点示します。

　① 　新任およびベテランスタッフとしての職務、職責、役割、機関の機能について確認する
　② 　新任・ベテランリーダー養成の目標・内容の計画性を確認する
　③ 　専門性に関する理論・情報・価値の活用を確認する
　④ 　新任・ベテラン育成事業の効果予測を確認する

　スーパーバイザーはスーパービジョンの3機能をそれぞれの視点や見方を用いて、上述の①から④の役割を果たします（福山他 2000）。

2)　管理的機能

　スーパービジョンにおけるこの機能は、新任およびベテランスタッフに、自らが所属する組織のありようを再確認させ、再習得させることを目的とするものです。つまり、新任およびベテランスタッフは、組織が期待する専門職のあり方や支援の及ぶ範囲、所属機関の目的や限界を踏まえて、対人援助職が果たすべき役割について何が良くて何が駄目なのかを、上司や先輩等によるスーパービジョンで再確認します。彼らは、スーパービジョンの管理的機能を活用し、組織の一員として、また専門職としてのアイデンティティを確立します。

　新任およびベテランスタッフに対するスーパービジョンの管理的機能を発揮するには、以下の①～④について確認することが求められます。

　① 　新任およびベテランスタッフの職務、職責、役割、機能を確認する。
　　　スーパービジョンを通して、スーパーバイザーは、新任およびベテランスタッフが業務を遂行する上で、組織レベルのどの目的を達成しようとしているのか、どの立場から行ったのか、行おうとしているのか、どの範囲の責任を担ったのか、担おうとしているのかについて明確に確認することが求められます。
　② 　新任およびベテランスタッフの業務・援助行動の計画性を確認する。

スーパービジョンを通して、スーパーバイザーは、新任およびベテランスタッフが利用者への支援計画を含む、業務の目的、期間、内容をどのように予測し、計画するのかを具体的に明確にする。また、スーパーバイザーは、新任およびベテランスタッフが業務行動の改善や対策プログラムを企画できる力をつけるように養成します。

③　新任およびベテランスタッフの専門性に関する理論・情報・価値の活用を確認する。

支援業務において、どのような専門性（理論や知識、情報、技術、価値など）を選定し、方法論の選択基準を何に基づいているのかなど、新任およびベテランスタッフが意識して実施できるよう確認し、専門性の向上を図ります。この場合、マクロ・レベルの理論や概念を駆使し、業務行動の妥当性や科学性を証明できるように促し、新任およびベテランスタッフが高度な専門性を持つ専門家として成長するようにスーパーバイザーが支援します。

④　新任およびベテランスタッフの業務・援助の効果予測を確認する。

計画に基づいて行う支援効果について、どのように予測し、評価するのかについて確認する。特に、マイナス効果あるいは限界について予測できているかどうか、リスクマネジメントの視点から確認することが重要です。

3)　教育的機能

スーパービジョンは対人支援専門職における人材養成の機能を果たしていると捉えられることから、教育的機能が多く用いられ、かつ強く求められるものです。

対人支援職として支援の価値や倫理を確認し、不足している知識について教授していく過程は「教育的」な側面を最も解り易く表現しています。また、それだけではなく、研修会や講演会、ワークショップ等へ参加することを促すことも教育的機能に含まれます。ただ、ここで言う「教育」とは、新たな知識、技術を教えることだけではなく、今まで得てきた理論や知識、技術を業務に結び付け、すでに業務に用いていることを意識化することも含まれています。

また、新任およびベテランスタッフがスーパーバイザーとしての役割を遂行するとき、教育的機能を発揮することになるが、「何が不足しているのか」「何を補足するべきなのか」について、上記の①～④の管理的機能における不足部分を確認して、専門的知識・技術を提供することで補うことをします。また、専門的知識、情報、技術等の不足のうち、緊急性の高い場合は、その場ですばやく補い、即座に実践に移せるように指導し、教えることも必要となります。もし、それほど緊急性のない場合は、他の専門家にこの教育や訓練機能を託すこともできます。

4)　支持的機能

対人支援職は、クライエントや他職種との関係に悩むことが多い職種です。ストレス源は、さまざまな役割を求められる組織であることもその一因です。特に、新任およびベテランスタッフの場合、ベテランだからということで、実力を発揮するように励ましを受けることや、自信を持つように叱咤激励されることも多く、自己の自信のなさや弱点をさらすことができない

第3部　新任・ベテランスタッフのための人材養成・開発

状況にあります。

　たとえ自身の感情や価値観等について自己覚知を十分に行っている専門職だとしても、そうしたストレスに押しつぶされてしまい、燃え尽き症候群（バーンアウト）となってしまうこともあります。またスーパーバイザーとしての役割を果たすときも、同様に、スーパービジョン関係で部下のストレッサーについて話し合うことは難しく、困ってしまうことも多くあります。

　スーパービジョン・システムでは、スーパーバイジーもスーパーバイザーも同様に、そのストレスに対して予防的に関わり、かつストレスを軽減・改善するように働きかけます。それが支持的機能を果たすことであり、新任およびベテランスタッフも自己の存在を認められ、自己の尊厳を保つことができるようになります。

　また、新任およびベテランスタッフは、職場において部下や後輩が業務への不全感を持ち、あまりうまくいっていない状況にあれば、スーパービジョンにおいて上記①～④（管理的機能参照）について、「何に悩んでいるのか」「何が不安なのか」「何に自信がないのか」を検討し、支持的な機能を発揮することが求められます。

（2）　新任およびベテランスタッフが果たしうる4つの役割

　保健・医療・福祉分野の領域で働く専門職は支援目的を達成するための貴重な人材です。各専門機関は十分なサービスを提供するために、この人材を有効活用することが必要になります。そのためには、専門職が組織の中で自らの専門性を十分発揮できるような環境を整える必要があり、人材活用のためのシステムを組織内に作っていく必要があります。

　ここでは、組織内において、新任およびベテランスタッフが果たしうる以下の4つの役割について検討します。

1）　組織・機関の理念を遂行する役割

　医療・保健・福祉分野における、サービス提供の基盤として、介護保険を初め様々な制度が措置から契約へと変化しています。サービス提供主体である各専門機関は、利用者の方の個別性を重視した、ニーズの充足とサービスの満足度が求められています。

　そのためには、組織の方針や理念を明確に利用者に伝えていくことや、利用者のニーズを組織へとフィードバックすることが重要であり、その役割は、新任およびベテランスタッフに委ねられています。彼らは、組織内のスーパービジョン体制を活用して、上層部に向かっても、部下や同僚に向かってもこの役割を遂行します。

2）　組織・機関として専門性を伝承する役割

　組織にとって適切なサービスを提供するためには、新人からベテランまでを含む専門職スタッフがその実力を発揮できるように促すことが必要となります。そうした人材活用をするため

のスーパービジョン・システムが有効です。新任およびベテランスタッフが専門職として自らの独自性を発揮し、専門職として援助・支援の内容や意図を確認し、これを援助・支援計画作りに反映することで、その専門性が継承されることになります。

3) 危機管理──リスクマネジメントの役割

リスクマネジメントの重要性については、各部の1章（マネジメント参照）で述べられている通りです。リスクを予測し、クライシスに対して万が一の対応策を立てておくことは、組織運営には欠かせません。新任およびベテランスタッフには、現場の専門職とその対応策を共有し、いざというときにフォローできる体制を作っておくことが組織からは求められています。

4) 専門職として専門性を伝承する役割

専門職にはそれぞれ「倫理綱領」が設定されており、援助職においてはそうした倫理綱領が専門職の同一化を担保しています。

日々の実践おいて、新任およびベテランスタッフが対人援助専門職として、個々のケースへの対応について、「倫理綱領」に基づくスーパービジョンを行うようにスーパーバイザーから指示を受けて、部下・同僚が実践の中で磨かれてきた専門職の姿勢を支える原理、原則や価値を身につけることができ、組織における「求められる援助職」像に応え、コミットすることができるように促すことができます。

スーパービジョンは日々の業務の中で突然企画され行われるものではありません。特に、新任職員やベテランスタッフに対するスーパービジョン・システムは、専門職の活用において不可欠なものですので、日々の業務における業務計画等にスーパービジョン業務が位置づけられる必要があります。また、新任およびベテランスタッフがスーパービジョンの管理的機能を発揮することで、業務の目標や目的が明確に位置づけられ、それに沿う形で部下や同僚が業務を遂行することができるようになると思われます。

第3節　スーパービジョン・システムの展開と形態

(1)　実践の振り返りと省察（リフレクション）

実践を省察しつつ振り返る力は新任およびベテランスタッフとして必須のものと言えます。つまり、スーパービジョンを受けた専門的技術や知識について、自身の中へ内在化させていく過程は、FKグリッドにおける能力養成段階における「応用」「理論化」へ向かう必須条件であると言えます。また、専門職として分化体験・養成レベルから統合体験・育成レベルへ移行するための重要な要件です。スーパーバイザーはスーパーバイジーが省察しながら実践と取り

第3部　新任・ベテランスタッフのための人材養成・開発

組めるようにマネジメントやプログラミングされたものに基づき、スーパービジョンの目的や目標が設定されます。

　新任およびベテランスタッフには、スーパービジョン・システムやスーパービジョン関係の中だけではなく、自身の実践内容を、自身で考察し、意味を捉えなおして言語化していく力が求められます。そうすることで、統合体験・育成レベルへ到達し、自身がスーパーバイザーとして実践していくことになります。

(2)　多職種連携とコンサルテーション

　新任およびベテランスタッフに対するスーパービジョン・システムには、コンサルテーションの要素が組み込まれることが多くなります。特に医療・保健・福祉分野において、また地域包括ケアシステム等においては多職種連携が前提とされており、コンサルテーションの機会がスーパービジョン・システムに組み込まれています。

　例えば、医療機関におけるコンサルテーションはかなり頻繁に行われています。医師同士や看護師同士といった、同職種間におけるコンサルテーションもありますが、むしろ他職種とのコンサルテーション、つまり、医師や看護師、MSW、リハビリテーションスタッフ、そして地域のケアマネジャーや訪問看護師といった、他職種との連携によるカンファレンス形式のコンサルテーションが盛んになっています。そうした多職種連携を職場内外のコンサルテーション体制として活用することで、スーパービジョン・システムの強化・補完が行えるようになります。

(3)　スーパービジョンの形態

　スーパービジョンには以下の形態がありますが、特に、新任およびベテランスタッフの場合、どの形態が適切であるかについて検討します。

1)　個人スーパービジョン

　個人スーパービジョンでは管理者のスーパーバイザーが新任およびベテランスタッフに1対1で行います。また統合体験としてリーダー格の新任およびベテランスタッフがスーパーバイザーの立場で部下のスーパービジョンを行なうことの両方があります。個人スーパービジョンでは、新任およびベテランスタッフと管理的側面の諸課題について確認をするだけですので、時間的には短時間で、新任およびベテランスタッフの独自性とレベルに合わせたスーパービジョンが展開できます。

　また、日常的に行われている上司や先輩との関わりを活用し、的確な指示やリスクアセスメントが行われることから、新任およびベテランスタッフは上司との情報共有が頻繁に、端的に

行われることになり、日常業務の中でのスーパービジョンが繰り返し行われていると言えます。

2) グループ・スーパービジョン

　グループ・スーパービジョンは、1人のスーパーバイザーに対し、多数の新任およびベテランスタッフで構成されるものです。基本的には、1つの事例やテーマに対し、新任およびベテランスタッフ同士で検討や議論を行うことにより、グループダイナミクスを活用でき、より多くの視点や方法論から検討することができます。また、組織内で行われる場合には、所属するスタッフ全員での支援の方向性についてコンセンサスを得ることもできます。

　グループのコンセンサスの形成や専門性の向上を目的とするときは、新任およびベテランスタッフの持つ個人的なニーズについては、やはり個別スーパービジョンでのフォローが必要となります。

3) ピア・スーパービジョン

　ピア・スーパービジョンとは、新任およびベテランスタッフが2人以上（8人以下）で行われ、参加者同士が仲間として対等であり、互いがスーパーバイザーでもあり、意見や考えを検討するものです。ただし、検討結果については、上司に報告することでスーパービジョンとして成り立つのです。

　新任およびベテランスタッフ同士で行うピア・スーパービジョンでも、時間や場所の設定、時間配分、プロセスなどについてのルールを設定し、スーパービジョンの意義やグループへの期待、希望を明確にし、なぜ話し合うのか、グループにおける役割期待や貢献できることを明確にすること、互いの発言やその立場等が守られることなどを明確にしておく必要があります。

4) ライブ・スーパービジョン

　ライブ・スーパービジョンとは、スーパーバイザーが実際に、利用者への援助（面接や介護技術等）を行い、スーパーバイジーも同席して目の前でスーパービジョンを行う形態です。新任およびベテランスタッフの場合、このスーパーバイザーの立場となって、部下や同僚に面接場面に同席させることが多くなるでしょう。この場合も、事前に個別スーパービジョンを実施して、観察ポイントと達成目標について考えさせておくことが求められます。また、ライブ・スーパービジョン後にも個別スーパービジョンをして、観察結果やスーパーバイジーの習得した事柄を確認しておくことが求められます。利用者への倫理的配慮が求められることは言うまでもありません。

5) その他のスーパービジョン

　その他には、ユニット・スーパービジョンやセルフ・スーパービジョン等の形態が挙げられます。

第3部　新任・ベテランスタッフのための人材養成・開発

　ユニット・スーパービジョンでは、新任およびベテランスタッフは、自己の職位、職責、業務内容、目的、目標など明確に提示して、意見や考えを述べることが求められます。1人のスーパーバイジーに対し、複数の新任およびベテランスタッフがスーパーバイザーとして関わりますが、このスーパーバイザーグループは多岐の職種に及ぶ場合が多く、組織として、当該のテーマを検討するというチームアプローチです。

　セルフ・スーパービジョンは基本的には1人で行うスーパービジョンのことであり、新任およびベテランスタッフは、主に自己点検や自己評価、振り返り等を自力で行うよう求められます。

第4節　FK グリッドを使ったスーパービジョン

　FK グリッドの構造については、序章及び第1部第3章を参照して下さい。

（1）　FK グリッドを使った新任およびベテランスタッフのための　　　　スーパービジョン

　新任およびベテランスタッフに対するスーパービジョンでは、組織や部署の責任範囲を示し、目標や課題を共有し、組織の枠組みを伝えます。また新任およびベテランスタッフに対して、支援専門職としての本分や姿勢、態度を共有し、支援活動におけるサービスの質についても共有できることを目指します。特に、新任およびベテランスタッフに対するスーパービジョンでは、メゾ・マクロ領域への展開方針や方法について共有し、組織や地域をベースに協働することで、新任およびベテランスタッフの活動の幅を広げることとなり、さらに安心して業務に当たることができるようになります。

（2）　FK グリッドを使ったスーパービジョンの実際

　　［事例1］地域会議に参加する準備のためのスーパービジョン
　　○所属機関：基幹型地域包括支援センター
　　　・スーパーバイザー：所長　A
　　　・スーパーバイジー：新任ソーシャルワーカー　B（社会福祉士、7年目）
　　○背景：
　　　　包括支援センターの担当区域内の「高齢者あんしんネットワーク」に初めて参加することになった新任ソーシャルワーカーへのスーパービジョン
　　○概要：
　　　　地域内の民生委員や地域包括支援センター、社会福祉協議会の職員、医療機関のソーシャルワーカー等が、地域の問題を共有し、解決に向けて議論検討できる場として「高齢者あんしんネッ

第3章　新任およびベテランスタッフのためのスーパービジョン

トワーク」を形成しています。その会議に基幹型地域包括支援センターの職員として、新任スタッフBさんは、先輩ソーシャルワーカーと一緒に初めて参加することになりました。事前に、新任ソーシャルワーカーBさんに対して所長A氏がスーパービジョンを行いました。

○スーパービジョン内容会話例

＊〔数字〕は、場面データ番号を表記している。この例は、実際のスーパービジョン会話に基づくが内容は部分的に加工されたものである。スーパーバイジーは新任B、スーパーバイザーは所長Aと明記する。

所長A　「高齢者あんしんネットワーク」については知っていますか?」（1-1）

新任B　「以前、別の地域で参加したことがあります。ただ基幹型地域包括支援センターの職員としての参加は初めてです。」（1-2）

所長A　「会議の内容自体は知っているということですね。では地域包括支援センターの会議での、基幹型センターの役割はどのようなものだと思いますか?」　（1-3）

新任B　「基本的には地域の住民の方の意見を尊重して、その意見をできるだけ実現できるようにすることだと思います。」（1-4）

所長A　「そうですね。主役は地域住民である民生委員さんです。その方々の問題意識をできるだけ引き出し、みんなで共有して何か問題があれば検討します。特に、この地域では民生委員さんが活発に活動されていますので、その活動のサポートができるように基幹型地域包括支援センターとしてできることを提案していきます」（1-5）

新任B　「分かりました。ただ、予算などはどこから出るのでしょうか?」（1-6）

所長A　「市の委託事業になっていますので、市の委託費が予算になります」（1-7）

新任B　「それは毎回予算として決まっているのですか?」（1-8）

所長A　「毎回の予算ではなく、1年間の予算計上になります。ですので、あまり最初からお金のかかることはできませんね。それについては社会福祉協議会が会計を行っています。」（1-9）

新任B　「なるほど。では社会福祉協議会の方とも話をしてみなければいけませんね」（1-10）

所長A　「そうですね。後は、ネットワークに参加する顔ぶれはそんなに変わりませんので、参加者の方を覚えていくことも必要ですね、また、新任であることの紹介が大切ですから名刺を使ってご挨拶をしておいてくださいね。」（1-11）

新任B　「はい、わかりました。参加メンバーはそんなに変わらないのですね。できるだけ多くの方と話をしていきたいと思います。」（1-12）

所長A　「そうですね。まずはそこから始めてください。」（1-13）

新任B　「はい」（1-14）

（続く）

FK グリッドに基づく解説

　新任ソーシャルワーカーに対する管理的スーパービジョンの一例です。まず、場面（1-1）で所長Aさんは、新任Bさんに、これから参加する地域のネットワーク会議の内容理解について質問しています。これは、Bさんが新任ソーシャルワーカーであることの値打ちを見出し

第3部　新任・ベテランスタッフのための人材養成・開発

た質問です。次に、所長Aさんは、Bさんの会議に関する理解度を探っています。続いて、その理解度を把握した上で、当該事業所である基幹型包括支援センターの立場や考え方について明確にしています。

次に、場面（1-6）では、新任Bさんが自分の関心を話題に出すことで、場面（1-10）に続くような積極的な気づきを得ることができています。そして、「顔を覚える」といった今回の目標について上司Aさんと合意形成に至っています。新任Bさんも、目的意識を明確にもち、スーパーバイザーの指示を受けて会議に参加することになりましたので、スーパービジョンの支持的機能も果たされているといえます。

ここでは、FKグリッドにもとづき新任Bさんの関心と能力について把握します。Bさんの関心は「予算」といった「組織」としての活動経費のことから、それによる「専門家」としての行動、そして「専門性」の理解、「社会資源」、「地域社会」の理解へと、ミクロからメゾに至る関心の幅の広がりが見られました。またソーシャルワークの能力は、地域アセスメントを確認したり、活動の企画を検討するための情報収集をしたりなど、今までの経験を応用して観察・理解・分析・応用とつないでいることで、今後の活動の企画化や理論化を見越しての会話のやり取りが行なわれていることがわかります。

このようにスーパービジョンでのテーマの焦点に対する合意形成のプロセスが、FKグリッドを使って辿ることができました。

文献

相澤譲治著、北川清一他監修（2006）『スーパービジョンの方法』相川書房.

浅野正嗣（2007）「医療ソーシャルワーカーの困難とソーシャルワーク・スーパービジョン」『金城大学論集』(4).

Butrym, Z. ／ 川田誉音訳（1986）『ソーシャルワークとは何か——その本質と機能』川島書店.

Dessau, D. ／ 上野久子訳（1970）『ケースワーク・スーパービジョン』ミネルヴァ書房.

Dessau, D.（2008）『スーパーヴィジョンの必要性』（復刻版）日本医療社会事業協会.

福山和女（2001）『スーパービジョンとコンサルテーション——理論と実際』（改訂版）FK研究グループ.

福山和女（2005）『ソーシャルワークのスーパービジョン』ミネルヴァ書房、pp. 197, 198.

福山和女（2009）『3次元の立体把握——役割システム的アプローチについての理解』FK研究グループ.

堀越由紀子（2010）「対人援助職へのスーパービジョン実践の考察」(1)『ソーシャルワーク研究』vol. 35-4、相川書房.

堀越由紀子（2012）「対人援助職へのスーパービジョン実践の考察」(2)『ソーシャルワーク研究』vol. 38-4、相川書房.

石田敦（2006）「ソーシャルワーク・スーパービジョンの定義の混乱の背景にある諸問題」『吉備国際大学　社会福祉学部研究紀要』第11号.

川田誉音（1994）「ソーシャルワークとは何か」『ソーシャルワーク研究』vol. 20-3、相川書房.

南彩子（2007）「ソーシャルワークにおける省察および省察学習について」『天理大学社会福祉学研究室紀要』.

森章博（1992）『日本におけるジョン・デューイ思想研究の整理』秋桜社.

村田文世（2014）「市場化における社会福祉法人の社会的アカウンタビリティ」『社会福祉学』54巻-4.

日本社会福祉教育学校連盟監修（2015）『ソーシャルワーク・スーパービジョン論』中央法規.

Obholzer, A. 他（2014）『組織のストレスとコンサルテーション』金剛出版.

岡本民夫（1990）「ライフモデルの理論と実践」『ソーシャルワーク研究』vol. 16-2、相川書房.

Ritzer, G.（1995）『マクドナルド化する社会』早稲田大学出版部.

坂本雅俊（2006）「社会福祉機関におけるスーパービジョン実践研究」『長崎国際大学論集』第 6 巻.

Schon, D. ／佐藤学他訳（2001）『専門家の智恵』ゆみる出版.

Schon, D. ／柳沢昌一他訳（2007）『省察的実践とは何か』鳳書房.

早稲田大学学術集（2010）『ジョン・デューイの経験主義哲学における視紅論』.

山本和郎（2000）『危機介入とコンサルテーション』ミネルヴァ書房.

柳沢昌一（2013）「省察的実践と組織学習―― DA ショーン『省察的実践とは何か』（1993）の論理構成とその背景」『教師教育研究』vol. 6、全国私立大学教職課程研究連絡協議会.

第4章 新任・ベテランスタッフの ための評価システム

第1節　新任・ベテランスタッフ育成事業における「評価」と その必要性

　対人支援の専門職の人材養成・開発を組織として、とくに新任・ベテランスタッフの育成事業を考える場合、彼らは育成される対象であると同時に、養成する主体でもあるという両方の局面からとらえ統合される必要があります。そのためにサービス利用者や組織に対して、また社会に対してもベテランスタッフ育成事業の有効性や専門性の高さを担保できる、根拠を持った評価システムを構築する必要があります。そうでないと「あの組織のスタッフになるのは遠慮したい」とみなされ、人材が留まらず集まらず、育たず部署としての活動性や専門性の向上が大きく損なわれます。

　ここでいう新任とは、その組織には新規に入職してきた相談職経験者を指し、ベテランスタッフとは、新人を卒業してから数年経った中堅以上をいいます。どちらも新人とは異なり、それなりのリーダー役を期待されます。しかし彼らに対する「評価」は、当該組織や部署に定められ期待された評価基準に、スタッフを機械的に当てはめる、ないしは上司やスタッフの人間関係としての好みやスタイルに影響されて、任意にまた無意識に行なわれます。またすでに一人前だからあえて、評価をしないとする場合もあると思われます。

　Kadushin, A.（カデューシン）はスーパービジョンに関する著作で、評価に1章分をあて「評価とは限られた時間内で発揮される、スーパーバイジー（以下、バイジーとする）の総合的な機能や業績に対する、客観的で継続的なまとまった正式な判断の機会である」と定義しています。さらに①体系的な手順とプロセスを踏むこと　②信頼性と妥当性をもっていること　③明確で当該環境内で達成可能な具体的指標が示されていることが重要であると述べています。また「評価」は新任・ベテランスタッフにおいても、専門職としておよびマネジメントリーダーとしての成長を可能とする運営管理的な手法であり、スタッフ自身の明示的なフィードバックを促すプログラムでもあることから、管理的・教育的・支持的どの角度からのスーパービジョンでも活用することができます。またベテランスタッフがリーダーとしてスーパーバイザー（以下、バイザーとする）の役割を担うときも多く、管理者は彼らが評価を行う側でもあると心得ておく必要もあります。バイジーとバイザーの両方の立場を行き来しながら、評価体験をしていることを常に考慮にいれていきます。

　この20年で専門職による「評価」の視点は、学問的精緻性よりも実践の全体性を大切にするようになりました。客観的評価の限界性が指摘され、主観への注目がなされるようになりま

第3部　新任・ベテランスタッフのための人材養成・開発

した。Fetterman, D. M.（フェターマン）はエンパワメント評価を唱え「当事者やコミュニティーの知を重視し、それらを柱にしたキャパシティー・ビルディングのプロセスを、パートナーシップによる相互交流のもと、当事者と地域で継続的に繰り返し行うもの」としています。その際管理者の役割は、ティーチャーからコーチに変化し、徒弟的教育の意味合い以上に繰り返しの訓練機会の確保や実践環境整備等のマネジメントを強調しています。また人事考査につながりながら、評価システムの目的が継続的に新任・ベテランスタッフ育成事業で展開できることとなり、彼らがスーパーバイジー／スーパーバイザーと立場の両面を円滑に行き来できることに変化しています。

　また人材養成と人事考査とを一体化させる工夫として、ベテランスタッフの養成・育成事業を、組織全体としてマネジメントし、部署・チーム・上司部下ユニット各レベルに、上司部下の上下関係のみならず、同じ職位や部門・チームごと多様な横ならびの同僚関係を、システムとして機能させ総合的に活性化を図るようにしている法人があります。そして個別・グループやピアなど多様なスーパービジョンの形態を軸に、システム内に相互作用を起こしながら多層的に評価システムを動かす試みが行われています（田中 2015）。その内容はグループによる実践の振り返りを通じた1年間の自己及び事業の評価を、バイジー／バイザーの縦関係と同僚ピアチームの横関係の相互評価を通じて、マトリックス状に多層的に行なわれています。その際の話し合い相互作用を起こすためのテーマは、「ひとを大切にする」といった組織の使命や理念を柱にした評価基準をとって行なわれており、人やシステムの尊厳を活かす意味にもつながっています。

第2節　新任・ベテランスタッフ育成における評価システムの枠組み

　福山の人材開発体制グリッドによれば（p. 6）、新任・ベテランスタッフのプロフェッションの開発段階は、同化の第1段階から始まり第2を経て第3レベル統合体験・育成レベルに至るものです。新任といえども軽い職場環境の同化体験・ベテランとしての自己活用から始まることは必要であり、そこからベテランとしての分化体験を環境のサポートを得ながら自ら推し進めることによって、その職場における専門職として自己アイデンティティが確立されます。さらにその自己をリーダーとしてバイザーの立場を取りながら発揮し、他スタッフの養成に入ります。そうした両方の立場をバランスよく繰り返す統合体験・育成レベルに至るというサイクルをおくります。

　とくに新任スタッフが入職した時点では、まず職場環境で得た知識（職場の仕組みや仕掛け、その組織や地域における社会制度・社会資源の使い方等）や専門性に関わる刺激を自己の構造に取り入れ、その自己を活用するレベルを踏みます。それはごく最初の導入時期で、オリエンテーション時の確認程度で通過することのように感じますが、ひとによってはその同化体験がないと感じるがゆえに、次の分化体験に進む上の大きな障壁になる場合があります。管理者が中間

第4章　新任・ベテランスタッフのための評価システム

管理職として期待し「前の職場でもやっておられたことですから」と、バイザーが何も指示しないと、新任スタッフはかえって不安になり自分の判断や実践に迷いが生じます。同化体験を経ないまま分化体験が強いられることで、しかもそれがベテランをスカウトしたのだからと人事考課とも直接つながるというプレッシャーは、新任に何でも知っているとして振舞う「良い子」を強いることにつながります。

　この際新任スタッフが、同化体験を通過したという評価を上司として実施する機会をシステムとして設定しておくことは重要です。それがあればたとえ上司が異なる専門性をもつ場合でも、新任やベテランスタッフが組織環境上の決まりごとや支援の姿勢・体制の理解について同化したという認定評価のお墨付きをもらって落ち着きます。

　また逆に分化体験が奨励されることで、自分のスタイルや判断で動いていいという免罪符をもらったと解釈する場合もあります。その場合はリーダー格として管理職に突然舞い降りたことと同様なので、職場環境側のサポートの保証がない中でバイザーの役割をとることがうまくいかない場合もあります。その際同化をきちんと通過して、分化に至り、専門職としての自己の自律性を認めるという評価を、スーパービジョンの機能を入れてシステムに組み込むことで、管理者としてスタッフの独善的な解釈に修正がかかることになります。

　一方組織の一員としての同じ行動と、専門職としての個のユニークな行動の両方がバランスよく自由裁量で動けるベテランスタッフであるにもかかわらず、中間管理職として、バイザーとして振舞うことに拒否的になることもあります。そうした役割を取ることをためらう理由は、組織や部署の方針が不明確、組織環境のサポートが不十分、元来リーダーシップをとる経験が不足や苦手、管理職イメージが悪い、自律したリーダーの成功経験を積めないうちに管理職になることを組織から強いられるなど様々です。そこでバイザーや管理職にあげる時に、公的「評価」をスタッフと上司とで話し合う機会として設けることが重要です。あらためて今までの実践を振り返り、そのスタッフが今まで同僚であった仲間に対してリーダーシップを発揮し、専門家として自律性が高まる統合体験に入ってきたことをお互いに確認します。その振り返りによって、組織として公的な総合的な業績評価として、バイザーや管理職業務を委託するという手順を踏みます。こうした評価システムを体系的に機能させることは人事考査と結びつき、リーダー役割をとることをためらうベテランスタッフにとってはエンパワメントとなります。

第3節　新任・ベテランスタッフのための評価システム整備の実際

［事例1］評価システムの業務への組み込み

　組織によっては、人事や運営・財務に至る決まりごとを公式に文書や指針としてまとめる風習や規則がないまま、部署が成立していることがあります。その場合とくに新任スタッフは、上司や指導者にどんな権限があり、誰にどこまで指示や報告をしたらいいのか、部署にとって自分がどのように振舞うことが正しいのかまた必要なのかについて迷います。部署としての評価基準や方針が不

205

第3部　新任・ベテランスタッフのための人材養成・開発

明なまま、非公式の評価に怯えるのです。またベテランスタッフの育成事業に関して、「評価」をする／されることは、上司とベテランの業務として組織が事業として取り組む一環である認識が必要であり、最終的に「業績・業務評価」として人事考査に影響していることも公式化されることを文書にして、入職の最初からお互いの契約にしておく必要があります。

　新任スタッフのAさんは、入職に当たって組織体自体の業務管掌の説明を受けさらに、部署の長から部署の業務管掌について説明され、疑問があれば質問するように言われました。Aさんは「組織から3ヵ月の仮採用期間があると書いてあるのを確認しました。その間の相談職としての私の業務に制限はありますか」と質問しました。上司は「仮採用期間の間は上司のスーパービジョンを週1回受け、この組織やこの分野で分からないことやおかしいと思うことについて、御自分の経験に照らして話をしてください。3ヵ月評価の後はご自分の判断を主にして、周囲のスタッフやチームメイトを見ながら遂行する予定です。しかし評価の結果その期間や目標の変更が必要かも知れません。これが3か月の評価として業務管掌に書かれているものです。これで御理解いただけますか」と話がなされました。

[事例2] 継続的評価によるリーダー格としての成長

　評価システムはとくにベテランスタッフにとって、尊厳を活かすものとして機能するために、エヴァリエーションが事後の評価に留まらず、継続的に繰り返されるプロセスとして、評価の機会や会議を何度も設定する仕組みでなければなりません。リーダーとしてバイザーとして業務を任せるよう、正式な評価がなされるまでの時間が確保されると、リーダーの責任を逃れたいと思っている有能なベテランスタッフは、リーダーとしての責任をとるという達成課題に対して、どのように取り組むのかについて計画が立てられる。また上司以外の人にも相談しアドバイスを受け、工夫することが可能になります。

　ベテランスタッフBさんは、年2回評価面接を行なう組織に所属しています。その部署におけるここ1年のBさんの課題は、地域相談部門の長として動くことでした。Bさんは1年前の評価面接で、リーダーとしての業績を評価され管理職として任命されることを打診されました。その際「私がやるのは荷が重い、他の同僚が付いてきてくれるだろうか。とくに同期に命令するのは厳しいことだ。」と就任を渋りました。しかし他に人はなく心が決まらないまま管理職になってしまったBさんはその後も上司と相談を続け、半年後の評価で「同期以外は統率が取れてきた。」ことを評価され、同期の処遇を含めてその対応を課題として、さらに半年後の評価を迎えました。Bさん自身は同期との関係の持ち方に一応の自信が付いた旨話が出来ました。上司からは、「同期の人から、自分からBさんのように、リーダーをやりたいと評価面接で話があった」ことが話され、「Bさんが上司となったことで、同期の人の成長を促した」との評価を受けました。「それは私にとっても、成長と感じられてうれしいです」とBさんはこの1年にわたる課題の達成について自己評価をしました。

[事例3] 評価システムの内在化による自己成長の契機としての捉え

　評価が人事考査であり、外から与えられ宣告されるものとして捉える限り、ベテランスタッフでも萎縮する可能性が否定できません。自分が成長していることが外部からも内部からも確認できる

ような評価の仕組みを工夫することが重要です。

　Ｃさんはベテランスタッフとして、厳しい人員のやりくりを考えながらバイザーとして、業務に消耗している部下のスタッフへのスーパービジョンを大切にしてきました。その結果部下を支え守ることは、組織方針に反対することにつながることが分かり、最近は特に経営管理者との摩擦が増えてきました。その際のＣさんに対する業務評価が低くならなかった体験は、Ｃさんに自分のやり方が間違っていなかったことを意味するものと感じられほっとしました。そして、組織に対してあえて課題を設定するようなスタッフ対応のあり方に対する考察として、部署でさらに検討することにしました。

引用文献

Fetterman, D. M. (1995) *Empowerment Evaluation*. Sage, pp. 4-24.

Kadushin, A. & Harkness, D. (2014) *Supervision in Social Work 5th*. Columbia University Press, p. 246.

田中千枝子 (2015)「社会貢献につながるスーパービジョンを軸とした武蔵野会の理念経営」『日本福祉大学提携社会福祉法人サミット論集』日本福祉大学.

お わ り に
日本医療ソーシャルワーカー協会の歩みに寄せて

　我が国では少子高齢化の進行により超高齢社会から人口減少社会に入るなかで、1990年代からの長期不況、2008年秋のリーマンショックを背景に社会経済環境も大きく変化してきました。さらに2019年末からの新型コロナウイルス感染症の流行によるコロナ禍が保健医療をはじめとした社会体制に影響を与えました。病気・障害・介護・失業などをきっかけに、家族や地域コミュニティとの関係が希薄となり、居場所や社会参加の機会も奪われて孤立する人々がさらに増えてきました。それらの生活困窮の状況を多層的かつ重層的に捉え解決に向けて介入する支援専門職であるソーシャルワーカー（社会福祉士等）への期待は高まり、その養成および人材の開発は、社会的な重要命題となっています。

　（社団）日本医療ソーシャルワーカー協会では、主に保健医療分野におけるソーシャルワーカーの人材養成・開発体制整備の一貫として、専門職を目指す実習生への指導方法の確立とその指導者の養成を目的に、他の専門職団体に先駆けて、1990年に実習指導者養成研修のプロジェクトを発足させました。この実習指導者養成認定研修運営委員会では、福山和女先生の理論的概念とその枠組みを基盤とした、実習指導体制の整備と実習生に対する指導方法の確立を中心に、指導者養成研修を実施しそのプログラムを開発してきました。そしてこの指導者養成研修は2006年社会福祉士の実習指定施設に医療機関が入ったことにより、厚生労働省の認定プログラムとして認可されました。

　プログラム開発の一環として協会の監修により、実習指導者養成認定研修のテキスト本『保健医療ソーシャルワーク実習（2002）』、『新・医療ソーシャルワーク実習（2008）』とを続けて刊行してきました。社会福祉士養成の現場実習を受け入れる医療機関の増加や医療現場への実習ニーズに加え、実践力をつける実習教育方法の開発や体系的な実習プログラムに対する社会的ニーズに応えたものです。このテキストを使って行われる実習指導者養成認定研修の修了者は、すでに2000名に達し、フォローアップ研修でのフィードバック作業も含めて、保健医療ソーシャルワーカーの業務として、また事業としての実習生指導に関する人材養成・開発体制が体系化されつつあります。

　現在の実践現場には人が根づかない、バーンアウトをおこす、サービスの質の担保ができない、専門性の十分な発揮が困難といった、人材に関する諸問題が多く発生しています。今や実習生ばかりで無く、新人スタッフやリーダー格を求められる新任スタッフやベテランスタッフ

おわりに

までも含んだ、人材養成・開発体制や指導方法のプログラムが切望されています。そこで当協会では従来の実習指導プログラムにおける知見を生かして、福山和女先生の『人材養成・開発グリッド』にもとづき本テキストを制作しました。その意味で保健医療領域のみならず、またソーシャルワークのみならず広く、多くの支援専門職の皆さんにとって、人材養成・開発の大きな課題に取り組むのに有効な指針となると考えます。

　　2024 年 11 月 30 日

　　　　　　　　　　　日本医療ソーシャルワーカー協会
　　　　　　　　　　　実習指導者養成認定研修運営委員会テキスト編集委員会

事項索引

あ 行

育成プログラミング………………………… 177
運営管理……………………………………… 13
　　──の側面………………………………… 15
エンパワメント評価……………… 91, 147, 204
拡大チーム…………………………………… 12
環境との接点………………………………… 12, 13
関係者との協働……………………………… 22, 23
緩衝の役割…………………………………… 16
関心の焦点…………………………………… 84, 181
管理的機能……………………………… 77, 133, 192

か 行

機関間連携体制……………………………… 31
キャパシティー・ビルディング……… 91, 147, 204
教育的機能……………………………… 78, 133, 192
業績・業務評価……………………………… 206
業務の委譲…………………………………… 18
業務のサイクル……………………………… 19
業務の調整…………………………………… 23
業務のプランニング………………………… 20
業務のマネジメント………………………… 17
業務のモニタリング、評価………………… 23
業務配分……………………………………… 17
業務満足……………………………………… 2, 10
経験学習サイクル…………………………… 52, 117
経験学習モデル……………… 51, 52, 175, 176
継続的評価…………………………………… 206
ケースマネジメント………………………… 183
　　──指導計画書…………………… 183-187
権利擁護……………………………………… 16
貢献意欲……………………………………… 105, 161
コミュニケーション……… 2, 11, 33, 105, 162
コンサルテーション…………… 80, 139, 196
コンピテンスの質…………………………… 7

さ 行

3 機能…………………………………… 91, 147
自己アイデンティティ……………………… 204
支持的機能……………………………… 78, 133, 192
実習計画書…………………………………… 59, 61
実習契約……………………………………… 35
実習事業企画書……………………… 43, 45, 46
実習指導計画書………… 43, 45, 47, 48, 60, 62-66
実習指導…………… 3, 27, 52 62, 63, 91
実習スーパーバイザー会議………… 44, 48, 78
実習スーパービジョン関係………………… 74
実習スーパービジョン業務………………… 75
実習スーパービジョン・システム………… 73
実習スーパービジョン体制………………… 74
実習生………………………………………… 2, 41
実習体制……………………………………… 31
実習評価システム…………………… 91, 92
実習プログラミング・システム………… 51, 54
実習マネジメント………………… 42, 46, 57
社会資源…………………………………… 2
省察（リフレクション）………… 79, 195
情報交換……………………………………… 13
職位…………………………………………… 132
職種…………………………………………… 136
自律性…………………………………… 2, 10, 205
人材開発…………………………… 4, 15, 23, 54
　　──企画書……………………… 115, 169
　　──計画書……………………………… 111
　　──体制グリッド………………… 5, 92, 165
　　──マネジメント・システム……… 99, 102, 155
人材の時系列的レベル…………………… 5, 7
人材の尊厳………………………………… 2, 9
人事考査…………………………… 204, 205
新人…………………………………… 3, 97, 99
　　──スーパービジョン・システム………… 131
　　──のための人材開発マネジメント・システム…99
　　──養成………………… 121, 123, 147

211

事項索引

新任およびベテランスタッフ………… 155, 189, 203
スーパーバイザー会議………………………44, 46, 74
スーパービジョン……5, 12, 22, 57, 76, 132, 133, 189, 190, 192
ストレス……………………………………………16
生産性…………………………………………2, 10
専門性……………………………………………13
相互交流…………………………………… 147, 204
ソーシャルワークのグローバル定義………55, 178
ソーシャルワーク理論……………………… 125
組織……………………………… 112, 136, 171
　　──間契約………………………………………35
　　──の共通目的………………………… 104, 161

た　行

多面的評価………………………………………95
段階的評価…………………………………… 149
地域連携の要……………………………………17
同化体験・活用レベル…………………………2, 92
同化体験（自己活用レベル）……… 73, 84
統合体験…………………………………… 205
　　──・育成レベル……………………… 2, 204

な　行

内省的観察………………………………… 176
2層の協働体制…………………………………27
2層協働構造……………………………………31
2層構造…………………………………… 105, 162
能力養成の段階………………………………85, 181

は　行

パートナーシップ………………………91, 147, 204
ハインリッヒの法則………………………… 164
ハラスメント……………………………………45
バランス・スコアカード（BSC）………58, 122, 182
評価………………………………57, 127, 147, 203
　　──システム……………………… 91, 92, 204
　　──面接………………………………… 206
プライバシー保護………………………………45
プランニング………………………………… 5
プログラミング………………………… 57, 117
プロフェッション………………………… 3, 6, 92

分化体験・養成レベル……………………… 2, 99, 148
ベテランスタッフ…………………………………… 4
変化の仲介………………………………………17
保険加入………………………………………35
ボランティア…………………………………… 2

ま　行

マクドナルド化……………………………… 189
マクロ・システム………………………30, 102, 158
マクロ・レベル…………………………54, 124, 178
マネジメント………………………………… 5
　　──環境………………………39, 110, 166
　　──・システム………………… 27, 103
ミクロ・システム………………… 28, 100, 156
ミクロ・レベル…………………………54, 124, 178
メゾ・システム………………… 29, 101, 157
メゾ・レベル…………………………54, 124, 178
メディエーション………………………… 2, 11, 12
面接技術指導計画書……………………… 125, 127
燃え尽き症候群……………………………………16

ら　行

リーダーシップ………………………… 2, 9, 205
リスクアセスメントシート………………………36
リスクマップ……………………………… 109
リスクマネジメント……… 16, 34, 106, 107, 163
　　──計画書………………… 37, 45, 46
リフレクティング………………………… 8
累積的評価………………………………… 150
連携……………………………………………13
倫理綱領………………………………… 171
倫理的責任………………………………… 169

アルファベット

ADI cycle ………………………………… 5
FK グリッド ……… 56, 80, 84, 88, 120, 142, 149, 180
IFSW ……………………………………… 178
ISO31000 …………………………………34
Off-JT …………………………………… 131
OJT ……………………………………… 131
PDCA（Plan-Do-Check-Act）サイクル…… 59, 123, 165, 183

人名索引

Barnard, C. I.（バーナード）……………………32
Bowen, M.（ボーエン）………………………… 5
Dessau, D.（デッソー）……………………………73
Dewey, J.（デューイ）………… 51, 117, 175, 176
Fetterman, D. M.（フェターマン）… 91, 147, 204

Kadushin, A.（カデューシン）……… 91, 147, 203
Kolb, D.（コルブ）……………… 52, 115, 175, 176
Lewin, K.（レヴィン）………………………… 52, 176
Piaget, J.（ピアジェ）………………………………… 5
Schon, D.（ショーン）……………………………79

執筆者一覧

福山和女（ふくやま・かずめ）　序章　人材開発概論
1943 年生まれ
同志社大学大学院修士課程，カリフォルニア大学バークレイ校修士課程修了（公衆衛生学修士 MPH），
アメリカ・カトリック大学大学院博士課程修了（社会福祉学博士 DSW）.
現　在　ルーテル学院大学名誉教授・大学院付属包括的臨床コンサルテーションセンター顧問
主　著　『ソーシャルワークのスーパービジョン』（ミネルヴァ書房, 2005）
　　　　『新医療ソーシャルワーク実習』責任編集（川島書店, 2008）
　　　　『統合的短期型ソーシャルワーク』監訳（金剛出版, 2014）

田中千枝子（たなか・ちえこ）　第1部2部3部　各第4章
1956 年生まれ
上智大学大学院社会学専攻博士前期課程修了，東京警察病院・社会保険中央総合病院ソーシャルワーカー，
東海大学社会福祉学科教授・日本福祉大学社会福祉学部教授を経て
現　在　日本福祉大学社会福祉社会開発研究所　研究フェロー，社会福祉士.
主　著　『新医療ソーシャルワーク実習』執筆担当（川島書店, 2008）
　　　　『保健医療ソーシャルワーク論 第2版』単著（勁草書房, 2013）
　　　　『社会福祉・介護福祉の質的研究法』責任編集（中央法規出版, 2013）

山田美代子（やまだ・みよこ）　第1部2部3部　各第1章　各3節除く
1959 年生まれ
ルーテル学院大学大学院修士課程修了，社会福祉学（修士）.
現　在　西片医療福祉研究会代表，社会福祉士.
主　著　『介助に役立つ人間理解と社会制度の活用　改訂版』（文光堂, 2005）
　　　　『新医療ソーシャルワーク実習』（川島書店, 2008）
　　　　『躍進するソーシャルワーク活動「震災」「虐待」「貧困・ホームレス」「地域包括ケア」をめぐって』（中央法規出版, 2013）

鳥巣佳子（とりす・けいこ）　第1部2部3部　各第1章　各3節
1966 年生まれ
日本福祉大学大学院博士課程修了，社会福祉学（修士）. 天理大学人間学部准教授，社会福祉士を経て
2018 年 11 月逝去
主　著　『社会福祉の理論と制度（福祉の基本体系シリーズ8）』（勁草書房, 2010）
　　　　『ソーシャルワーク実習　養成校と実習先との連携のために』（久美出版, 2011）
　　　　『介護福祉学への招待』（クリエイツかもがわ, 2015）

星野由利子（ほしの・ゆりこ）　第1部2部3部　各第2章
1964 年生まれ
北星学園大学文学部社会福祉学科卒業，社会福祉学（学士），社会福祉士.
現　在　札幌麻生脳神経外科病院（ソーシャルワーカー）
主　著　『ソーシャルワーク・トリートメント；相互連結理論アプローチ』共訳（中央法規, 1999）
　　　　『保健医療機関における社会福祉実習マニュアル』（北海道医療ソーシャルワーカー協会, 2007）

佐原直幸（さはら・なおゆき）　第1部2部3部　各第3章
1973 年生まれ
日本福祉大学大学院修士課程修了，社会福祉学（修二），社会福祉士.
現　在　大阪府立急性期総合医療センター（ソーシャルワーカー）
主　著　『医療福祉総合ガイドブック』日本医療ソーシャルワーク研究会監修（2015, 2016）

責任編集者略歴

福山和女（ふくやま・かずめ）
1943年生まれ
経　歴　同志社大学大学院修士課程，カリフォルニア大学バークレイ校修士課程修了（公衆衛生学修士 MPH），アメリカ・カトリック大学大学院博士課程修了（社会福祉学博士 DSW）．
現　在　ルーテル学院大学名誉教授・大学院付属包括的臨床コンサルテーションセンター顧問
主　著　『ソーシャルワークのスーパービジョン』（ミネルヴァ書房，2005）
　　　　『新医療ソーシャルワーク実習』責任編集（川島書店，2008）
　　　　『統合的短期型ソーシャルワーク』監訳（金剛出版，2014）

田中千枝子（たなか・ちえこ）
1956年生まれ
経　歴　上智大学大学院社会学専攻博士前期課程修了，東京警察病院・社会保険中央総合病院ソーシャルワーカー，東海大学社会福祉学科教授を経て現職，社会福祉士．
現　在　日本福祉大学福祉社会開発研究所　研究フェロー
主　著　『新医療ソーシャルワーク実習』執筆担当（川島書店，2008）
　　　　『保健医療ソーシャルワーク論 第2版』単著（勁草書房，2013）
　　　　『社会福祉・介護福祉の質的研究法』責任編集（中央法規出版，2013）

介護・福祉の支援人材養成開発論　第2版
尊厳・自律・リーダーシップの原則

2016年8月20日　第1版第1刷発行
2025年3月10日　第2版第1刷発行

監　修　（公社）日本医療ソーシャルワーカー協会
責任編集　福山和女
　　　　　田中千枝子
発行者　井村寿人
発行所　株式会社　勁草書房
112-0005 東京都文京区水道2-1-1　振替 00150-2-175253
（編集）電話 03-3815-5277／FAX 03-3814-6968
（営業）電話 03-3814-6861／FAX 03-3814-6854
本文組版 プログレス・精興社・中永製本所

©FUKUYAMA Kazume, TANAKA Chieko　2025

ISBN978-4-326-70134-6　Printed in Japan

　＜出版者著作権管理機構 委託出版物＞
本書の無断複製は著作権法上での例外を除き禁じられています．
複製される場合は，そのつど事前に，出版者著作権管理機構
（電話 03-5244-5088，FAX 03-5244-5089，e-mail: info@jcopy.or.jp）
の許諾を得てください．

＊落丁本・乱丁本はお取替いたします．
　ご感想・お問い合わせは小社ホームページから
　お願いいたします．

https://www.keisoshobo.co.jp

副田あけみ・菅野花恵 3,080円
介護職・相談援助職への暴力とハラスメント 70123-0

臨床死生学テキスト編集委員会 2,640円
テキスト　臨床死生学 70083-7
日常生活における「生と死」の向き合い方

二木　立 2,750円
地域包括ケアと医療・ソーシャルワーク 70107-0

二木　立 2,530円
コロナ危機後の医療・社会保障改革 70116-2

二木　立 2,750円
2020年初頭の医療・社会保障 70124-7
コロナ禍・全世代型社会保障・高額新薬

松田晋哉 3,850円
ビッグデータと事例で考える日本の医療・介護の未来 70119-3
複合ニーズに対応する地域包括ケア構築のために

藤井博之 5,500円
地域医療と多職種連携 70110-0

田中美穂・児玉　聡 3,520円
終の選択 70101-8
終末期医療を考える

浜田陽太郎 2,420円
「高齢ニッポン」をどう捉えるか 65426-0
予防医療・介護・福祉・年金

税所真也 6,050円
成年後見の社会学 60328-2

―――――――――――――――――――――――勁草書房刊

＊表示価格は2025年3月現在，消費税10%が含まれております。